大学话题圆桌

主　编　铁　铮　李艺英

副主编　于　洋　卜　珺　翟　迪　苑聪雯

九州出版社
JIUZHOUPRESS

图书在版编目（CIP）数据

大学话题圆桌／铁铮，李艺英主编 . -- 北京：九州出版社，2021.9

ISBN 978 - 7 - 5225 - 0426 - 1

Ⅰ.①大… Ⅱ.①铁… ②李… Ⅲ.①高等教育—研究 Ⅳ.①G64

中国版本图书馆 CIP 数据核字（2021）第 168251 号

大学话题圆桌

作　　者　铁　铮　李艺英　主编
责任编辑　陈春玲
出版发行　九州出版社
地　　址　北京市西城区阜外大街甲 35 号（100037）
发行电话　（010）68992190/3/5/6
网　　址　www. jiuzhoupress. com
印　　刷　唐山才智印刷有限公司
开　　本　710 毫米×1000 毫米　16 开
印　　张　23
字　　数　410 千字
版　　次　2022 年 1 月第 1 版
印　　次　2022 年 1 月第 1 次印刷
书　　号　ISBN 978 - 7 - 5225 - 0426 - 1
定　　价　99.00 元

话题圆桌，这九年

这九年，2013 年—2021 年。

时间的长河穿过崇山峻岭，奔涌向前。在这段时光里，世界在各种矛盾的交织、对抗、转化以及各方力量的竞争、比较、选择中阔步前行。新科技革命以人工智能、物联网、能源互联网、生命创制等为核心孕育突进，为人类社会带来前所未有的影响和变革。风起云天，潮涌东方。港珠澳大桥、探月工程、南水北调、"一带一路"、改革开放 40 周年、中华人民共和国 70 华诞、脱贫攻坚战取得全面胜利、抗击新冠肺炎疫情斗争取得重大成果……一项项惊艳世界的成就，彰显着中国的成就与速度。

作为时代的"同行者"，《北京教育》（高教版）"话题圆桌"围绕"关注现实、与时代同步、为高等教育立言"这一立意，见证着高等教育的盛事，也聆听着最细微的声音。《中国高教如何借力"一带一路"》《思政课如何叫好又叫座》《负面新闻来势汹汹，我怎么看？》《当"青春"遇见"马克思"》《贯彻全国教育大会精神——北京在行动》《百年"五四"——青春有担当》《教育规划（2010 年—2020 年）这十年——思考与实践》《"双一流"建设服务国家战略"再出发"》《教育如何引领"时代"》……9 年，77 期，132 个话题，20 万字。回首过往，以时间为坐标，我们与亲爱的作者和读者朋友一起，见证着高等教育前行的每一次跨越，记录着高等教育变迁的每一个节点。

2013 年第 2 期，《北京教育》（高教版）尝试推出"话题圆桌"栏目，每期就一个或两个高等教育热点问题组织专家学者、管理人员等进行讨论，话题有关"痛痒"，既讲明道理，又发表言论，解疑释惑，有锐气，接地气，最终为问题的解决提供多种角度和思路。教育改革与发展这项工作"一直在路上"，我们要创造公平而有质量的教育，同时还面临着诸多问题和挑战。我们知道，教育改革越是向纵深推进，就越需要正面舆论引导，越需要通过加大教育宣传凝聚社会共识。在众说纷纭的舆论环境中，"关注教育之需、聚焦时代之变、立言高等教育、服务高教改革"，是"话题圆桌"栏目开办与建设的初心。

党的十八大以来，以习近平同志为核心的党中央对新闻宣传、思想文化工作提出新的更高要求。同时，媒体格局、舆论生态、受众对象、传播技术都在发生着深刻的变化。与祖国同龄的《北京教育》，作为首都教育事业发展的亲历者、见证者和参与者，见证了多个必将载入首都乃至中国教育史册的关键时刻，亲自参与和记录了无数"教育大事件"的专业期刊，面对新形势新要求，要把巩固壮大主流思想舆论的责任扛在肩上，主动正面发声、敢于正面发声、善于正面发声，致力于在北京教育领域打造最具公信力的传播阵地。

立足于"立言高等教育、服务高教改革"之初心，《北京教育》（高教版）尝试打破专业期刊的单一面孔，积极筹备"另类"的"话题圆桌"栏目，在理念和形式上进行深入研究与大胆探索，力争以"有意思"的方式生产"有意义"的内容，以"有态度"的方式传播"有热度"的信息。一方面，力图把价值引导与专业内容结合起来，因时、因势、因需主动发声、释疑解惑，发挥教育媒体的专业透析力，如《回顾高教40载——见证与期待》是在隆重纪念改革开放40周年之际，我们邀请了9位中国高等教育历史的经历者、见证者、参与者、研究者，回顾改革开放40年来我国高等教育的变化，从不同的侧面展示改革开放40年来高等教育取得的成就……我们用专业视角深度挖掘高等教育现象背后的规律，解读高等教育好政策，传播高等教育好声音，弘扬高等教育正能量。另一方面，我们开创了教育学术类期刊常设多人述评栏目的新模式，大胆尝试同一话题多人、多角度讨论的方式，以思辨性、说理性的多方评论准确发声，如《疫情之下——"乘风破浪"的毕业季》是面对2020年因新冠肺炎疫情影响的特殊毕业季，我们解读从国家到地方层面的促进就业政策、梳理首都高校毕业服务的有益经验、探索"在危机中育新机，于变局中开新局"的育人契机……既以学理思考、深刻洞察和专业解读及时对社会关心的高等教育改革与发展问题进行理性分析和引领，又凝聚多方智慧有效引导主流舆论，赢得共识，推动高等教育改革顺利前进。

"话题圆桌"的九年，是怀着"关注教育之需、聚焦时代之变、立言高等教育、服务高教改革"的初心一路走来的。这样的初心，赋予了我们独到的办刊定力，也使"话题圆桌"成为许多高等教育领域同仁的必读栏目之一，形成了良好的专栏品牌效应及社会效应，得到频频点赞。从话题到现象，栏目的精彩呈现得益于编辑部与栏目主持人、作者、审读专家一起探索实施的全新策划运行机制。一是及时关注高等教育重点、热点、痒点、痛点。直面现实开展策划选题，进行前瞻性观点分析，是"话题圆桌"创办以来一直遵循的理念。在每一期的选题会上，编辑部人员围绕最近一个月内国内外高等教育领域的时事政策、大众热议的公共话题、突发事件等重点选题以及诸如"两会"等专题类系列选题进行充分讨论，以专业性、重要性、显著性、普适性、争议性、可开掘性为依据落实选题方向，充分讨论甚至争论后进而提炼出"言之有理、言之有物、言之有味"的话题。二是注重时效，再造生产流程。为了保证及时传递出思辨而有力的声音，引导、引领社会舆论，在坚持三审三校的基础上，优化出版流程，在临近出版的一周内完成选题策划、组稿、审稿、编辑加工、排版、校对等全流程环节，努力以最快的速度对社会热点予以最精当的回应。三是依托杂志平台优势，探索特色组稿方式。栏目创办伊始，在策划组稿过程中，编辑部借助刊物密切联系首都高校的平台优势，就相关内容与精准遴选的专家进行了定点约稿，保证每一期策划成功"落地"。自2013年10期始，为广开言路、博采百家，特邀时任北京林业大学党委宣传部部长铁铮教授作为栏目特约主持。铁铮教授充分发挥其在高校宣传思想工作领域的学术影响力和人脉号召力，不断更新作者群，组建专属的作者队伍。铁铮教授组织了全国100多所高校的近200位作者撰写言论，为栏目持续发展注入生机与活力。铁铮教授是《北京教育》（高教版）不"在册"的资深编辑，他不但是一位有担当、高效率的主持人，更是一位高产且优秀的作者，九年如一日，"话题圆桌"期期有他睿智的声音。九年来，作为优秀理论的"搬运工"，我们邀请教育专家、高校党委书记、校长、宣传部部长及其他职能部门负责人、高校教师，建有效之言、献精准之策。他们有深邃的思考、丰富的实践经验；他们用生动的言语、深刻的笔触和贯穿在字里行间的热情和思索，放大了"话题圆桌"的声音，架起了学者与读者之间的桥梁。

　　与时间有约，在"话题圆桌"结集成册的过程中，我们感恩九年来与我们一起坚守、耕耘的主持人、作者、读者及亲爱的朋友，我们将跟您一起乘着记忆之舟在时间的长河里逆流而上，追寻着时代潮头涌起的一朵朵浪花。大浪淘沙始到金，那些在时间的长河中渐行渐远的高教热点，非但没有褪去颜色，反而将历史瞬间凝固为永恒，经过岁月的细细磨洗之后，呈现出清晰的面貌，带着可以触摸的温度，等待着我们一起去探求其本真。

《北京教育》（高教版）编辑部

2021 年 10 月 1 日

主持专栏，这九年

不经意间，九年过去了。

这九年，值得回忆的经历很多很多。主持《北京教育》（高教版）"话题圆桌"栏目的点点滴滴，是其中最值得回忆的经历之一。

已经记不清楚当时是在怎样一个具体的情景中接下这项任务的了。只是记得从 2013 年最后一个季度起，每个月下旬的工作日历上又多了一项：为"话题圆桌"栏目组稿。每期杂志一个或者两个话题，每个话题大体约四位作者。一般都是在几天之内，根据选题的内容确定作者，把选题告诉他们，然后催或者不催，总之要在规定的时间内，把作者的稿子全部发给编辑部。

选题，是一个栏目能否成功的关键。每到一个月的下旬，编辑部的微信都会不约而至。我知道，任务来了。大多情况下，都是编辑部经过反复认真的讨论，确定好"话题圆桌"讨论的题目后告诉我。也有的时候，编辑部给的是两个题目，让我从中进行选择。这些题目都非常具有话题性，有供作者各抒己见的空间，而且还具有时效性、时宜性，或者是针对重大事件请作者及时议论，或者是重要的时间节点让作者发声。当然，这些话题都直击高等教育界的热点或者焦点，题目本身往往就成了这个栏目的亮点。如果拿到的题目我拿不准时，就会向编辑们请教，以便准确把握编辑部确定题目的初衷，并在约请作者时做适当的解释。我虽然没有直接参加过编辑部的讨论，但我想那个过程一定是非常严肃和特别认真的。正是编辑部确定的这一个个选题，为这个栏目奠定了成功的基石。当然，还要感谢编辑部的后期编辑。我发给编辑部稿子之前，虽然会做一定的修改或完善，但肯定没有达到正式刊用的要求。字数多了，需要删节和压缩。一些内容还需要核对和修改。这些工作显然并不轻松，而且也非常重要。

这九年我能够坚持做下来，主要归功于编辑部。他们对工作的热情和执着，对我的包容和谦让，都成了我继续努力的动力。特别需要强调的是，我和编辑部的合作是非常愉快和轻松的。九年来没有过任何摩擦和不悦。每次联系时，编辑的微信用的都是谦辞和敬语。遇有个别作者没有及时提交稿子的情况，编辑们也会保持一贯的耐心。我知道，这会给他们后续工作带来很大麻烦。在媒体融合时代，除了每期杂志刊用之外，杂志微信公众平台的及时推送，对"话题圆桌"的内容进行了非常好的二次传播，对于扩大栏目影响、团结作者起到了积极作用。而这些显然又增加了编辑们的工作量。

还有一点需要说明的是，有的话题是编辑部直接组稿的，但刊发时却在主持人那里依旧署了我的名字。无功得名，受之有愧。

总之，要感谢编辑部的诸位同仁，他们是真正的幕后英雄。

作者，是栏目成功与否的根本。没有这些作者的付出，这个栏目将一事无成。写过稿子的人都知道，写大文章不易，写短文字亦难。这区区几百字，同样是作者深思熟虑的结果，同样是他们厚积薄发的呈现。专栏的作者中，有些是高校负责人，百事缠身，公务繁忙，但每次约稿从不拒绝。他们的谦逊常常使我忘记了他们的领导者身份，一次次约稿、一次次提醒，有时还会冒昧地催促，但他们从无怨言，真的非常感谢他们。这些作者中，有不少是知名学者，是写大文章的专家，能够在限定的很短时间内，屈就写400字左右，实在是难为他们了。但他们没有推辞，而是非常认真地按时完成，真的非常感谢他们。这些作者中，有不少是高校党委宣传部的部长们。他们在一线奋斗，常常是"5＋2"、白加黑，忙得不亦乐乎。每次约稿对他们来讲，的确是增加了负担。他们总是非常爽快地答应，而且在百忙中挤时间撰稿。我常常"倚老卖老"，有时催稿还不大客气。他们不急不恼，十分宽容，而且下次约稿时依然十分爽快。他们是这个栏目的主力和中坚，真的非常非常感谢他们。由于我的疏忽，有时一忙起来就忘记了约稿，或者确定的作者无法履约，就需要临时救场者。这时求助的作者真的就是救星。如果不是他们出手相助，杂志真的要开天窗。真的非常非常感谢他们。由于某种原因，组来的稿子未能刊用，虽然这种情况极少发生，但我还是要对这几位作者再多说几遍"对不起"，尽管他们没有抱怨，但我还是感到非常内疚，真的非常非常感谢他们。

这九年，约了多少位作者我没有细细统计过。但我知道，他们每一位都是无比真诚的，由衷地感谢他们。没有他们，就不会有这个栏目的九年。

　　还需要感谢的是那些从未谋面的读者们。没有他们的阅读和默默关注，这个栏目还有什么存在的意义？我要对所有读过这个栏目的读者们真诚地说一声感谢。

　　人生能有多少个九年？一件事能够坚持九年，虽然算不上奇迹，但也非常难得。因此，需要用一种形式更好地将其保存起来。于是就有了出版这本书的想法。非常感谢《北京教育》李艺英主编、于洋主任和每一位编辑的赞成和支持。虽然如今是碎片化的时代，但当这些短文荟萃在一本书里时，或许会凝聚成更大的力量，或许会给读者带来更多的思考。

　　感谢这九年！

　　感谢主持"话题圆桌"专栏的这九年！

铁　铮
2021 年 10 月 1 日

目 录
CONTENTS

教育之计

《中国高等教育质量报告》 的喜与忧*

@ 程华东（华中农业大学党委宣传部部长）：

《中国高等教育质量报告》的发布，成为首份"国家质量报告"，具有里程碑的意义。进入 21 世纪的中国高等教育实现了跨越式发展，要实现由大到强的质变，必须更加注重增强质量自信和自省，更加注重增强质量意识，把提高质量上升到国家战略高度，把提高质量沉淀到高校办学行为之中。中国走高教强国之路，必须更加注重更新质量理念，坚持和完善"五个度"（即社会需求的适应度、培养目标的达成度、办学资源的支撑度、质量保障的有效度、学生和用户的满意度）的评判维度，用数据和事实说话，用科学方法和国际视野衡量，在实践中落地、落细、落实。"质量的实现既要求建立各种质量保障体系，形成多种评价模式，同时更需要在机构内部形成一种质量文化。"应以这次质量报告发布为契机，以充分的教育自信和冷静的教育自省为主要基调，更加注重以开放促进高教改革，用"国际实质等效"标准助推中国质量提升；以创新提升高教能效，支撑引领创新驱动发展战略实施，实现高教强国梦。

@ 何进（北京科技大学党委宣传部部长）：

首次发布的《中国高等教育质量报告》，紧扣"全面提高质量"的战略主题，用事实和大数据精准地展现了国家对高等教育现状的全面、系统、深入的思考。一是向全社会充分展示了高等教育事业的重要成果，举办了世界最大规模的高等教育，为国家经济发展和社会进步作出了重大贡献。二是初步建立了一整套具有"中国特色、世界水平"的高等教育质量标准体系，在推动中国高等教育综合改革与可持续发展方面提供了科学依据、有效路径和评价标准。三是梳理出影响中国高等教育质量提升的突出"短板"和"软肋"，为今后提高

---

* 本文刊发于《北京教育》（高教版）2016 年第 5 期

教育质量在聚焦问题和精准发力方面大有助益。但破解"四不够、一不高"的关键，首先是理念先行。要以学校为主体进行系统性制度设计，体现学生为中心、成果为导向，追求质量至上。其次，积极破除制约学校发展的不合理束缚，鼓励各类学校办出特色、分类发展。依靠一流大学和一流学科建设，带动提升高等教育综合实力和国际竞争力。最后，人的因素是第一位的。要健全教师评价制度，给教学和科研人员更多经费使用权和成果的使用、处置、收益权。

@田阳（中国林业教育学会常务副秘书长）：

此份"国家报告"是对高等教育全景式的扫描诊断，为高等教育"十三五"改革发展提供了重要的参照系。报告既总结了成绩，也提出了亟待解决的问题。我们也要一分为二、辩证看待。应该说，我国高等教育在"学生规模世界第一、高校数量世界第二"等方面取得了巨大成就，我们必须坚定发展信心，扎根中国大地，发展高等教育。同时，我们更应坚持问题导向，立足大学的学术逻辑和社会需求逻辑，直面报告中的问题诊断，自觉对号入座，主动使"十三五"规划的编制和实施更加聚焦发展短板，以精准的改革有效激活学校内涵发展和质量提升的内生动力。为此，不同类型的大学要主动回应国家和社会的需求，回归人才培养的本质属性，坚持特色发展，重点抓好教学能力的提升，以创新创业人才的培养，为大众创新、万众创业提供多规格、高质量的人力资本红利。此外，高水平大学要坚持面向世界、面向未来，加强一流学科建设，用高水平的科技创新、社会服务和文化传承创新，实现对创新驱动战略的"全面支撑"和"率先引领"。

@铁铮（北京林业大学党委宣传部部长）：

《中国高等教育质量报告》这份世界上首次发布的高等教育质量"国家报告"，让我们亦喜亦忧：既看到了21世纪以来中国高等教育在跨越式发展中取得的成绩，也看到了其与"双一流"还存在一定的差距与不足。报告显示：我国在学总规模位居世界第一，各类高校数量位居世界第二，毛入学率高于全球平均水平及全球中高收入国家平均水平；我国高等教育的布局结构与区域经济社会发展步调协调；新建院校助推中国高等教育大转型；全国高校各安其位、各显其能、特色发展等方面的成绩。同时也应看到，报告中真正能够体现高等教育质量的指标还不够充分和具体，专业和社会发展脱节、"重科研轻课堂"等问题在一些高校仍普遍存在；与世界一流大学相比，人才培养质量还不能盲目乐观：一方面，评估指标体系的局限性和倾向性，使得评估结果与现实状况容易存在误差；另一方面，质量的评估有许多难以具体和量化的指标，使得评估本身具有较大改进、完善的空间。所以，中国高等教育还没有到庆功的时候，在数量迅速提高的进程中，加快提升质量，是当前面临的首要和重要任务。

学术不端，咋办？

@李洪波（江苏大学副校长）：

解决学术不端问题可从以下几方面着手：第一，抓基础，加强学术规范教育，解决学术不端的"不想"问题。完善学术规范教育体系，增强科研人员对学术规范和知识产权的了解，避免"无意"的学术不端；切实加强学风建设，积极倡导科学创新精神，提升科研人员的研究能力；强化科研团队的文化氛围建设，使科研人员在潜移默化中树立起良好的科学道德和学术规范价值观念。第二，立制度，建立科学合理的学术评价制度和学术管理制度，解决学术不端的"不能"问题。改革现行的科研管理评价体制，全面建立科研成果盲审评价制度；完善科研人员的考核和晋升制度，对科研产出不做数量要求，重在高质量的科研成果；改革学术出版体制，避免出现学术刊物权力异化。第三，重惩戒，加强对学术不端行为的监督和惩罚，解决学术不端的"不敢"问题。完善科研人员的信用信息体系，形成信息联动，切实提高学术不端行为的违纪成本；实行学术评价人员的责任追究制度，实现科研评价科学性和可信度；落实出版单位的连带责任，增强出版单位对学术成果审核的责任心。

@蒲怡［中国矿业大学（北京）纪委办公室、监察处］：

从高校纪检监察的角度看，要对学术不端行为进行党纪政纪处理，也就是通过处罚来达到学术上的"正义"。在程序上，首先，须经由高校学术委员会，或者是学术道德委员会对学术不端违纪线索进行调查，认定被调查对象是否属于学术不端行为，并依据严重程度提出处理意见。其次，由高校校长办公会对学术不端违纪的人员，依据《中华人民共和国高等教育法》赋予校长对高校人员的处罚权，根据学术不端行为的相关处理规定，进行行政处分。若是党员，还涉及党纪处分，须由学校纪委根据《中国共产党纪律处分条例》进行党纪处理。最后，要依照"处理一个，教育一片"的原则，将案情在高校内部通报，消除学术上的不良影响，教育广大教师恪守学术诚信。在实际操作中，学术不端行为的认定往往比较容易，而在违纪的严重程度的认定上，却有较大的自由裁量空间。相对应的政纪党纪处分，也从最低的通报批评到警告，直至最严重的解聘或者开除。因此，学术不端违纪程度的认定，需要统一的尺度来统一处罚的力度，最终达到在处理上的公平公正，实现学术上的"正义"。

@**封林**（三峡大学学生处处长）：

当代大学生是我国社会主义事业的建设者与接班人。他们能否遵守学术道德，不仅关系着个人的前途和命运，而且还会影响整个民族乃至国家的发展与未来。大学生若从学生时代就开始弄虚作假，参加工作后很容易依赖学术不端等不良"捷径"。所以，必须在萌芽阶段就得到整治和改善。遏制学术不端行为，笔者认为应该从两方面来考量：一要加强学术道德建设。良好的学术道德是大学生进行科研的基本素质要求，是学校严谨治学的道德底线和生命线，是可持续科学研究健康发展的重要保证。通过学校层面举办各种各样的学术道德建设宣传活动，树立学术道德模范典型，起到学术道德的标杆引领作用。二要对学术不端"零容忍"。现今学术不端现象屡禁不止，究其原因，还是在于对学术不端、诚信缺失没有做到"零容忍"。诚然，培养杰出人才是高校使命中的重中之重，但教会一个人如何"诚实做人"，才是最重要也是亟待解决的问题。倘若国内高校都能够对学术表现差或学术不诚实者采取"零容忍"的态度，从学生阶段就造就其严谨对待科研的态度，培养出来的大学生才能真正称得上是杰出的。

@**铁铮**（北京林业大学党委宣传部部长）：

教育部根据相关法律、法规研究起草的《高等学校预防与处理学术不端行为办法》，向社会公开征求意见工作已于4月29日结束。据悉，该办法体现了坚持预防为主、教育与惩戒结合的原则。预防与处理学术不端是个巨大的系统工程，要综合治理、协同作战。仅靠高校的力量是不够的，全社会都要为形成积极、健康、向上的学术风气贡献力量；要深入开展相关的教育活动，从小学、中学抓起，而不能等到大学再算总账；要认真分析学术不端发生的深层次原因，并采取有效措施尽快加以解决；领导要以上率下，教师要为人师表。对于教师和担任领导职务者发生的学术不端行为，要从严处罚，而不能与"庶民"同罪；要以预防为主、关口前移，加强监控，不要等到出问题之后才开始处理；要研究、实施行之有效的办法进行全面预防。例如：广泛推行论著答辩前、结题前、发表前、出版前的查重机制，能在很大程度上预防抄袭和剽窃等行为；要建立预防与处理学术不端的长效机制，警钟长鸣，未雨绸缪，明确主责单位和责任人，全面实行责任制，真正做到"守土有责、守土负责、守土问责"。

我看十九大：数一数内涵发展的关键要素[*]

@铁铮（北京林业大学教授）：

习近平总书记在党的十九大报告中要求，加快一流大学和一流学科建设，实现高等教育内涵式发展。因此，"双一流"建设和"内涵式发展"是党和国家赋予我国高等教育的新使命。一是内涵式发展要落到实处。内涵式发展不是一句口号，要切实落实到办学的具体行动上。内涵式发展要有明确的目标，建设"双一流"要有明确的路线图、时间表。各高校应该根据本校实际，研究制订科学的发展方案，提出切实可行的措施，确定可以量化的考核指标。二是内涵式发展要满足需要。要满足党和国家对中国特色社会主义人才培养的需要，满足广大人民日益增长的美好生活的需要，满足大学生成长、教师成才的需要。三是内涵式发展要有中国特色。在建设"双一流"的进程中，既要认真学习、借鉴世界一流大学、一流学科的先进做法，也要准确把握中国的国情、社情、民情、校情，用中国智慧、中国方案和中国行动，建设好具有中国特色的一流大学、一流学科。

@蓝晓霞（北京交通大学党委宣传部部长）：

把高等教育真正从以规模扩张为特征的外延式发展道路转变到以质量提升为特征的内涵式发展道路上来，不仅需要突破旧的思想束缚和制度藩篱，更需要抓住关键环节，其中很重要的是要以党建工作为重要抓手，站在办人民满意的高等教育的高度来谋划高校党建工作，为高等教育的内涵发展注入"灵魂"。一是把牢方向。高校党组织特别是高校党委要紧密结合国家经济社会发展和高等教育发展的新形势，紧密围绕"建设什么样的大学"和"怎样建设这样的大学"等问题深入思考，团结带领师生员工在明确学校办学定位和发展战略上统

---

[*] 本文刊发于《北京教育》（高教版）2017 年第 11 期

一思想，明确目标，鼓舞和激励全体师生为促进学校各项事业科学发展而努力奋斗。二是深化改革。党建工作要在全局中思考问题，深化教育综合改革，破解难题，与时俱进地解决一系列关系学校发展的关键性问题，不断推进学校各方面工作迈上新的台阶。三是建好班子。党建工作还应在高校内涵发展的伟大进程中，注重建好领导班子，提升能力，引领发展。

@**黄国华**（北京林业大学教务处处长）：

内涵式发展要提高人才培养能力。内涵式发展就要坚持把立德树人作为中心环节，把思想政治工作贯穿教育教学全过程，实现全员育人、全程育人、全方位育人，让学生在思想水平、政治觉悟、道德品质、专业本领、文化素养方面全面成长。内涵式发展必须牢牢抓住全面提高人才培养能力这个核心点，并以此来带动高校其他工作，办好我国高校，办出世界一流大学。内涵式发展要走中国特色高等教育发展道路。要根据我国独特的历史、文化与国情，立足高校实际现状，面向党和国家未来发展需要，围绕学生、关照学生、服务学生，遵循规律，破解好"对接人才需求不足""重智育轻德育""重科研轻教学"等发展中不平稳、不充分的问题，实现高等教育的均衡发展。内涵式发展是深化高等教育改革的重要内容。高等教育的内涵式发展就要深化教育教学改革，创新培养理念、创新人才培养模式，突出实践教学、增强能力培养、打造创新团队，做好人才的个性化培养，特别是做好创新创业教育。

@**蒋朗朗**（北京大学党委宣传部部长）：

内涵式发展要求始终聚焦人才培养的质量，以社会主义合格建设者和可靠接班人的标准，塑造和培养学生。从师德引领、成长环境、职业发展、人才激励等着手，打造好教师队伍。扎根中国大地推动高层次国际化合作，培养全球化时代引领未来的人才。内涵式发展要求持续营造一流学术研究环境。以现代大学制度建立为契机，巩固党委领导下的校长负责制，持续增强高校自我治理能力，发挥学术组织的创造力，吸收国际先进经验探索人才引进选拔评价的创新，为科研创新和中国特色哲学社会科学体系的构建营造优质环境。内涵式发展要求深入把握社会发展的结构性特点和历史性机遇，强化"四个服务"意识，增强一流人才培养的系统性、针对性，面向基础国策、重大产业和创新需要，培养德才均备、全面发展的人才。内涵式发展要求立足基础学科优势，发挥好文化传承创新功能。保护和发展"绝学"、冷门学科，发挥哲学社会科学学科的文化传承辐射作用，传承和弘扬中华民族传统文化，回应新时代人民不断丰富的文化需要。

我看十九大：说一说体量与质量的辩证法[*]

@陈鷟（中国海洋大学党委宣传部部长）：

体量与质量，是一切事业中的一对既相互制约又相辅相成的矛盾。通常情况下，单纯强调哪一面都不合适，而应该保持好一个度。应该说我国高等教育近20年来在体量与质量关系的把握上总体是恰当的。一方面，通过扩招增加体量，推进高等教育的大众化，既满足人民对教育的需求，也服务经济社会快速发展对人才数量的需求，同时也促进了国民素质的整体抬升；另一方面，通过"211工程""985工程"和"双一流"建设提升质量，集中投入，重点建设一批学科和学校，实现局部突破，并起到示范带动作用。应该说总体上是成功的。当然，在具体执行过程中，一些学校扩招速度过快，教学条件跟不上，人才培养质量受到影响；有的重点建设学科和高校资源过于集中，特别是经费投入已经超出了边际效应，这也是我们应该正视的问题。但无论如何，事业的推进要看大局，要看主流。我们要批评和努力改进那些具体工作中的不足之处，但必须肯定我国高等教育整体上在体量与质量的关系把握中是成功的。

@田阳（中国林业教育学会常务副秘书长）：

量变和质变的辩证关系是唯物辩证法的基本观点。事物发展由量变到质变，又在新的质的基础上开始新的量变，如此循环，不断前进。党的十九大做出了我国进入中国特色社会主义新时代的历史新定位，破解人民日益增长的美好生活需要和不平衡不充分的发展之间的矛盾，迫切要求经济体量已达世界第二的中国推进更高质量、更有效率、更加公平、更可持续发展。教育同样面临从体量大到质量强的深刻变革。加快教育现代化，办好人民满意的教育，要适应人民群众从数量型教育向质量型教育的需求变化，更加重视教育发展的质量效益。

---

[*] 本文刊发于《北京教育》（高教版）2017年第11期

"努力让每个孩子都能享有公平而有质量的教育"是党的十九大提出的教育质量要求，也是教育现代化发展需要把握的大逻辑。着力打好学前教育、义务教育阶段控辍保学、建立中国特色的高考招生制度体系、建设一流高等教育等补齐短板的攻坚战，成为提质量、强内涵的关键所在。在此过程中，特别要摒弃教育现代化仅仅理解为规模扩张、数量增长等形而上发展观的错误认识。

@**铁铮**（北京林业大学教授）：

"宁要好梨一个，不要烂梨一筐。"人们常用这样的话来表达对于体量和质量的看法。由教育教学本身的特殊性所决定，其质量尤为重要，应该摆在首位。党的十九大报告中指出，我国社会主要矛盾已经转化为人民日益增长的美好生活需要和不平衡不充分的发展之间的矛盾。就教育而言，广大群众已经不满足有大学上，而希望能上高质量的大学。学生们也不满足一般性的学习，而是期望得到一流的教育。也就是说，办人民满意的教育，就首先要在提高质量上下功夫。习近平总书记在党的十九大后指出，教育要培养中国特色社会主义的合格建设者和可靠接班人，而不是旁观者和反对派。这就是说，教育质量的评价中要有政治指标。培养什么人？怎样培养人？为谁培养人？是中国特色社会主义教育的核心和关键；与此同时，要致力解决教育发展不平衡不充分的突出问题，注意向教育薄弱地区、教育不发达地区倾斜，在注重质量的基础上扩大教育的体量。要科学规划，统筹考虑，不能以所谓的保证质量为借口，限制应该补上教育短板地区的发展。

@**邓军**（广西师范大学党委书记）：

党的十九大报告指出"加快一流大学和一流学科建设，实现高等教育内涵式发展"。高等教育的发展，既要有大楼，更要有大师。改革开放以来，高等教育改变了中国，在学规模世界第一，高校数量世界第二。而随着中国经济的提质增效，高校发展生态也在发生悄然变化。从"211工程""985工程"，再到"双一流"建设，打破身份固化、实行动态调整，以增量方式统筹推动建设，以存量改革激发建设活力，这是高等教育从大体量到高质量的转变，是我国从教育大国向教育强国的转变，更是从规模扩张向内涵式发展的转变。走高等教育内涵发展之路，要在办学结构上不断优化，在管理体制上不断改革，在资源分配上兼顾公平效率，在特色发展上不断打磨，在人才培养上不断创新，紧扣经济社会发展需要，追求高等教育体量、质量的双提升，把高等教育做大做强，主动服务国家发展战略和引领、服务区域经济社会发展，为实现"两个一百年"奋斗目标和建设社会主义现代化强国提供人才、智力和科技支撑。

大家谈：全国教育大会*

@郑水泉（中国人民大学党委副书记）：

习近平总书记在全国教育大会上的重要讲话为高等教育的未来发展指明了方向。扎根中国大地办教育，必须坚持中国特色社会主义教育发展道路。一旦在办学方向上走错了，在培养人的问题上走偏了，那就像一株"歪脖子"树，无论如何都长不成参天大树。扎根中国大地办教育，必须坚持把服务中华民族伟大复兴作为教育的重要使命。发达国家高等教育成功的根源在于遵循教育规律，面向本国实际和时代要求。当前，我们必须围绕中华民族伟大复兴的战略需要，更好地为人民服务、为中国共产党治国理政服务、为巩固和发展中国特色社会主义制度服务、为改革开放和社会主义现代化建设服务。扎根中国大地办教育，必须学习借鉴国外先进教育发展和办学治学经验。扎根中国大地办教育，并不意味着关门办教育，强调世界一流大学建设的中国特色，并不排斥要遵循世界一流大学建设的基本规律——尊重学术自由、体现教授治学、实行民主管理等办学经验。认真分析、积极汲取一流大学建设的办学经验，加快实施"双一流"建设计划，提升我国高等教育的办学质量和水平。

@李洪波（江苏大学副校长）：

未来中国高等教育的发展必须明确方向、分类发展、激发活力。高等教育的发展必须扎根中国大地。坚持正确的政治方向和中国特色，努力汲取中华优秀传统文化和改革开放40年的成就，借鉴发达国家办学经验，正面现实需要，建立科学的评价体系。高等教育的发展必须坚持分类指导。充分考虑各个学校办学层次、发展水平，指导高校分别确立为高水平大学、骨干特色高校、应用技能型高校的发展方向；统筹高等教育区域协调发展；建立优秀人才的合理流

---

* 本文刊发于《北京教育》（高教版）2018年第10期

动机制；建立合理的投入机制。高等教育的发展必须激发高校活力。明确政府的角色定位，调动高校办学自主性和积极性；鼓励社会和企业按实力而不是"名校效应"选聘毕业生、进行产学研合作；加快高校内部治理体系改革，推动高校的改革"动真格"。

@张树辉（中国社会科学院大学副校长）：

　　未来中国高等教育必将更加注重人的全面发展。高等教育要把服务于人的全面发展作为终极目标，满足青年学生乃至全社会主动学习、持续学习的需要，让获得知识成为快乐和享受，通过自主自觉的学习丰富人类精神世界的良性局面有望真正到来。通过加快"双一流"建设，调整优化学科结构、专业设置，推动信息技术与教育融合创新发展，知识文化的传承与创新将迎来崭新的局面。"人人皆学、处处能学、时时可学"的学习型社会将真正到来。高等教育必将实现校际间、国际间、领域间的深度协同和合作，迎来教育扩大开放、全面融通的局面。高校将立足于培养创新型、复合型、应用型人才，积极推进产教融合、校企合作、产学研协同创新，实施创新驱动发展战略。大学将有可能真正打破"围墙"。高等教育必将全面提升服务社会的能力。在经济社会发展规划上优先安排教育的坚实举措将收到成效，高校在强化基础研究、原始创新和突破关键核心技术中的重要作用将充分显现，力促科研成果转化，真正推动社会进步。

@刘向兵（中国劳动关系学院党委副书记、校长）：

　　习近平总书记在全国教育大会上关于"劳动"的重要论述，具有重大的时代价值和鲜明的现实针对性，对高校提出了加强劳动教育的新课题、新任务。我们要深刻理解和把握德智体美劳的辩证关系以及新时代劳动教育的崭新意蕴，建立健全高校劳动教育的体制机制，加强劳动科学学科建设、学术研究和智库建设，将劳模精神、劳动精神、工匠精神纳入师德、师风建设范畴，坚持大中小学劳动教育一体化、学校教育、家庭教育、社会教育协同化，同向同力，多措并举，切实把加强高校劳动教育这一功在当代、利在千秋的事业做实做好。

@邓军（广西师范大学党委书记）：

　　中国高等教育的未来发展，必将是扎根中国、融通中外的，是立足时代、面向未来的，是凸显中国特色、具有世界水平；必将更加注重深化教育改革创新，更加注重高等教育改革的系统性、整体性、协调性，更加注重以改革激发活力和增强动力，以创新推动高等教育高质量发展；必将更加自觉地坚持党对高等教育事业的全面领导，坚持立德树人的根本任务；必将更加自觉地坚持优先发展教育事业的战略地位，坚持社会主义办学方向；必将更加自觉地坚持以人民为中心的发展思想，坚持服务中华民族伟大复兴的重要使命；必将更加自觉地坚持把加强教师队伍建设作为基础工作抓好、抓实，加快"双一流"建设，实现高等教育的内涵式发展。

@ **周晔**（北京邮电大学马克思主义学院院长）：

2018 年全国教育大会到底要唤醒什么？如何铺实教育的"中国特色＋政治底色"，坚固国家从教育大国迈向教育强国的"四梁八柱"，而绝不能在走近世界舞台中央的时候被"偷梁换柱"。我们要从红色江山永不变色的政治高度和历史远度上，来思考这次教育大会的深刻现实意义与深远历史意义。东欧剧变到苏联解体，充分验证自 1953 年起，和平演变正式成为美国重要的国家战略以来，西方瓦解社会主义的企图从未停歇。我们要培养的是社会主义建设者和接班人，不是培养"旁观者"和"反对派"，也不是培养"破坏者"和"掘墓人"。选择在第 34 个教师节召开全国教育工作大会，具有里程碑意义和划时代意义。习近平总书记"9·10"讲话的深刻内涵就是在于培养什么人，这是教育的首要问题，要在青年人坚定理想信念上下功夫。这关键是教育，教育理应承担起社会的引领作用。"用一个灵魂唤醒另一个灵魂"，让社会主义大旗永远在全世界高高飘扬！

@ **董竹娟**（北京工商大学党委副书记）：

习近平总书记在全国教育大会的重要讲话，为高校教师队伍建设和基层党组织建设擘画了蓝图：一方面，聚焦高素质，突出专业化，抓好教师队伍建设。始终把教师队伍建设作为学校的基础性工作，把师德师风作为教师评价的第一标准，激励广大教师坚定理想信念，潜心立德树人，努力成为传播知识、传播思想、传播真理，塑造灵魂、塑造生命、塑造新人的好老师、大先生和引路人。另一方面，提升组织力，突出政治功能，加强基层组织建设。进一步落实党委领导下的校长负责制、院（部）党组织会议和党政联席会议制度。基层党建要对标争先，聚焦落实重点任务。

@ **高金萍**（北京外国语大学国际新闻与传播学院教授）：

习近平总书记在全国教育大会上，指出教师是人类灵魂的工程师，承载着"三传播""三塑造"的时代重任。这一要求为新时代高校教师实现人生价值、建功立业指明了方向，铺设了路径。高校教师是未来中国高等教育发展的决定性因素。从高校教师角度来说，明确自身社会角色和责任使命，求真理、悟道理、明事理，长期奋斗以实现人生价值，完成建功立业目标；从高校的管理者和服务者角度来说，党和政府尊重教师、维护其创造热情、有效引导其发挥不可替代的作用，以建设教育强国、实现中华民族伟大复兴的中国梦。高校教师要在传播知识、传播思想、传播真理，塑造灵魂、塑造生命、塑造人的过程中发挥主导作用：一方面，需要教师政治素质过硬、业务能力精湛、育人水平高超，能够高效发挥教育引导作用，发挥协调育人功能；另一方面，需要全社会形成尊师重教的社会风尚，从政府到教育机构，协同发力提高教师政治地位、社会地位、职业地位。两个方面合力形成"优秀人才争相从教、教师人人尽展其才、好老师不断涌现的良好局面"。

@铁铮（北京林业大学教授）：

习近平总书记在全国教育大会上的重要讲话，自始至终贯穿着"立德树人"这条红线。鉴于此，一是要在坚定理想信念上下功夫，要在厚植爱国主义情怀上下功夫。不能只讲大道理，而要润物细无声。二是要在增长知识见识、培养奋斗精神上下功夫。现在一些学生并不珍惜学习时光，更没有做到心无旁骛、求知问学。学校要严格管理、积极引导，使学生做到以学为主，要受得挫折和摔打，具有乐观向上的人生态度。三是要在增强综合素质上下功夫。习近平总书记首次将"劳"与德智体美相并列，提出树立健康第一的教育理念。这些都必须尽快加以弥补和完善。

@刘长旭（北京师范大学党委宣传部常务副部长）：

学习贯彻全国教育大会精神，我们要在三个方面下功夫：一是要在统一办学指导思想上下功夫。旗帜鲜明地用习近平新时代中国特色社会主义思想，尤其是习近平总书记关于教育工作的重要论述来武装头脑、指导办学治校实践和履行"四个服务"的使命。二是要在谋划教育超前布局上下功夫。聚焦党的十九大为实现中华民族伟大复兴做出的战略规划，聚焦"互联网＋"时代的教育发展趋势，使高等教育同党和国家事业发展要求相适应。三是要在培养堪当民族复兴大任的时代新人上下功夫。改革完善学校人才培养的学科体系、教学体系、教材体系和管理体系，努力培养德智体美劳全面发展的社会主义建设者和接班人。

贯彻全国教育大会精神——北京在行动*

编者按

为深入学习贯彻习近平总书记关于教育的重要论述和全国教育大会精神，北京市于2018年10月18日在全国率先召开全市教育大会，研究部署北京市教育事业改革发展各项任务，加快推进教育现代化，努力办好人民满意的教育。在京高校主要负责人参加会议。他们认真交流思考，分享学习体会，结合工作实际，热议贯彻落实。《北京教育》（高教版）诚邀七位在京高校主要负责人分别围绕"以奋斗回应时代之问""培养德智体美劳全面发展的社会主义建设者和接班人""推进高校德育工作""教育现代化和教育强国建设的关键是创新能力培养""培养跨文化交流人才""高职人才特色培养""树立健康第一的教育理念"等议题，畅谈北京高校如何以深入学习贯彻习近平总书记重要讲话和全国教育大会精神为指引，坚持党对教育事业的全面领导，坚持把立德树人作为根本任务，坚持社会主义办学方向，全面贯彻党的教育方针，把加快推进教育现代化、建设教育强国、办好人民满意的教育等各项战略部署做实、做深、做细。

面向新使命 服务新需要 着力培养跨文化交流人才

@**顾晓园**（北京第二外国语学院党委书记）：

坚持"五化"办好特色大学，打造具有中国特色、二外特点的国际化办学模式。着力推进学科专业国际化，加强非通用语专业人才培养，深化特色学科国际合作共建；着力推进学者人才国际化，坚持"走出去""请进来"，强化内育、外引国际路径；着力推进学生国际化，提升中外联合培养力度，做大、做

---

* 本文刊发于《北京教育》（高教版）2018年第11期

强来华留学教育；着力推进学术国际化，持续创新特色品牌学术会议，积极服务国际文化交流；着力推进服务国际化，强化特色智库服务国家和首都发展战略，建好孔子学院助推京华文化走出去，做好国际使团接待助推中外文化互信融通。坚持服务首都国际交往中心建设，着力培养跨文化交流人才。围绕首都国际交往中心建设需要，坚持外语特色院校办学初心，全面推进人才培养模式改革创新。着力培养"多语种复语、跨专业复合"的具有国际视野、家国情怀的高层次、复合型人才，着力培养既精通外语又通晓国际规则，既掌握多语种又具备专业知识的新时代跨文化交流人才，讲好"中国故事"、传递好中国声音，服务首都国际交往中心建设，助推首都文化走出去。

以奋斗回应时代之问

@**冯培**（首都经济贸易大学党委书记）：

习近平总书记在全国教育大会的重要讲话中，曾引述 1935 年时任南开大学校长张伯苓在开学典礼时对学生的"三问"："你是中国人吗？你爱中国吗？你希望中国好吗？"这三个看似简单易答的问题，作为历史之问、时代之问和未来之问，要真正回答好，其实并不容易。因为它并不是一时的热血，而是需要毕其一生的执着信守。换句话说，这"三问"的正确答案不是喊出来的，而是持续奋斗出来的。因此，2018 年以来，首都经济贸易大学党委针对学校发展的困扰与难题、师生思想存在的短板与偏差，经过系统的顶层谋划，在全校党组织、师生群体中，结合纪念改革开放 40 年的重要契机，通过具有明确指向性、鲜活体验性和互动参与性的各种活动，广泛开展了以"无奋斗、不青春"为主题的多层面、全方位的思想教育活动，提升广大教师立德树人的使命认知，引领广大学生励志奋斗的家国情怀。我们认为，唯有将奋斗的意识与精神状态融入学校深化改革发展的全过程，才能将这"三问"的正确答案化作京华大地上的生动实践。

培养德智体美劳全面发展的社会主义建设者和接班人

@**罗学科**（北京印刷学院校长）：

作为我国高层次印刷出版传媒人才培养的行业特色院校，北京印刷学院长期坚持立德树人根本任务，贯彻"以文化人、以德育人，建设对学生最好的大学"的育人理念，通过"书记引航""校长有约""校长赠书""校长公开课""一封家书"等主题教育，坚定学生的理想信念，厚植学生的爱国情怀，教育引导学生始终听党话、跟党走，立志扎根人民、奉献国家；围绕学生知识能力素质的全面提高，构建全面培养课程体系，编写特色教材，提高课堂教学质量，建设实习基地，实施创新创业教育，积极探索"分层教学、分流培养、分类成才"的个性化因材施教人才培养模式，增长学生的知识见识，提高学生的综合素质，促进学生全面发展成长成才。新时代、新征程，新气象、新作为。以习近平新时代中国特色社会主义思想为指导，以贯彻全国教育大会精神为契机，学校将全面贯彻落实党的教育方针，坚持社会主义办学方向，总结经验成绩，履行使命责任，围绕立德树人中心环节，形成更高水平的人才培养体系，培育德智体美劳全面发展的社会主义建设者和接班人。

贯彻落实全国教育大会精神 着力推进高校德育工作

@**吕晨飞**（北京建筑大学党委副书记）：

习近平总书记在全国教育大会上指出，育人的根本在于立德，再次强调了德育的突出重要性。身为高校工作者，我们要以改革创新的勇气和担当着力推进德育。一是进一步建强德育工作队伍。做好德育工作，要以师德师风为第一标准，建设高素质的教师队伍，特别是要注重建设好一支肯干、会干的思政队伍。二是进一步改进德育工作方法。当前，"00后"已进入高校，"95后"成为在校主体力量。作为网络原住民的他们，其表达方式、思维习惯、行为模式都有着深刻变化。简单、传统的交流和调研方式已经很难准确把握其内心状况。只有通过"融入式、嵌入式、渗入式"的工作方法，深度了解德育对象，才能浇花浇根、育人育心，确保德育实效。三是进一步健全德育工作格局。高校不是超脱的象牙塔，随着信息技术的发展，学生的成长更呈现为学校、家庭、社会的综合效果。在德育领域，这一特点更为鲜明。高校应当主动担当，利用自身集中式、系统化、持续性进行教育的优势，助力学校、家庭、社会三方协同育人格局的构建。

树立健康第一的教育理念

@钟秉枢（首都体育学院校长）：

习近平总书记在全国教育大会的讲话充分体现了以习近平同志为核心的党中央对学生健康成长的高度重视，"要树立健康第一的教育理念"，始终将学生的健康放在第一位，注重学生的身体健康、心理健康、道德健康、社会适应良好；提出了新时代对学校体育的新要求，"开齐开足体育课，帮助学生在体育锻炼中享受乐趣、增强体质、健全人格、锻炼意志"。各级各类学校都应积极行动起来，深入学习贯彻全国教育大会精神，让教师真正教好体育课，让学生真正上好体育课，成为德智体美劳全面发展、能够担当民族复兴大任的时代新人。首都体育学院作为北京市唯一一所市属体育类高校，深知重任在肩，将大力宣传"体育对青少年的思想品德、智力发育、审美素养的形成都有不可替代的重要作用""体育强中国强"；深感大有可为，将切实提升体育师范专业学生适应新时期学校体育发展需要的能力，大力培养全面掌握"体育＋健康""体育＋产业""体育＋旅游"等众多领域的复合型人才，传播体育精神，弘扬体育文化，倡导健康文明的体育生活方式。

因材施教　人人出彩

@王成荣（北京财贸职业学院校长）：

在全市教育大会上，蔡奇书记肯定了广渠门中学和朝阳实验小学因材施教的做法，强调立德树人，尊重学生的个性、差异，各美其美、美美与共。高职学生虽然文化基础与学习能力参差不齐，但接受新鲜事物能力强、感悟能力强、动手能力强且兴趣爱好广泛。根据多元智力理论，每个学生都有独特优势或潜力。北京财贸职业学院基于校长提出的"人人是胜者"育人理念的"扬长教育"模式，着眼于发现每个学生的特点与优长，坚定每个学生成功的信心。在教育教学实践中，学校依据高职人才培养规律，在实施财贸素养教育、提升职业道德、淬炼工匠精神的同时，在专业教育方面，探索改变标准化流水线式的培养模式，开发"上班式"课程和"研学结合"课程，实施项目化教学，通过增加选修课、组织专业社团、开展技能大赛、实施普惠和差异化兼顾的高职创新创业教育，给学生搭建多样化的成长平台，充分满足人人渴望成才、尽展其才、追逐梦想、成为胜者的需求，取得较好的人才培养效果，毕业生就业率连续十年达到99%以上。

教育现代化和教育强国建设的关键是创新能力培养

@褚宏启（北京开放大学校长）：

　　习近平总书记在全国教育大会上要求加快教育现代化，建设教育强国。在建设社会主义现代化强国、实现中华民族伟大复兴的大背景下，教育是民生，更是国计。民生求公平，国计求卓越。教育不仅要追求公平，更要追求卓越，教育现代化要为国家现代化提供有力支撑。教育现代化服务于国家现代化要通过培养人来实现，要通过"人的现代化"来实现。人的现代化，不能脱离时代，要适应21世纪全球化、信息化、知识经济的挑战，让学生具备21世纪"核心素养"，即创新能力、批判性思维、公民素养、合作与交流能力、自主发展能力、信息素养等。这些素养反映了创新精神、科学理性精神、民主法治精神、尊重宽容精神、独立自主精神等具有鲜明特征的"现代精神"，是人的现代化、国民性改造的核心清单。其中，创新能力最为重要。习近平总书记多次强调，一个国家和民族的创新能力，从根本上影响甚至决定一个国家和民族的前途命运。我国教育尤其要重视培养学生的创新能力，只有这样，我国的教育才能具有国际竞争力。

回顾高教 40 载——见证与期待*

@ **周晔**（北京邮电大学马克思主义学院院长）：

1978 年，我刚上初一，清晰地记得召开的全国科学大会，提出了"四个现代化"，重申了"科学技术是生产力"；也清晰地记得党的十一届三中全会的召开，为科技教育事业的大发展提供了制度保障。脑中的画面感就是，知识分子们振臂高呼，科学的春天来了。改革开放 40 年，中国百姓最关注的就是高考，改变自身命运，牵动整个家庭。改革开放 40 年，改变中国、影响世界，不能不为中国高等教育点赞：输送人才源源不断，构筑民族脊梁；引领社会前行，铸就民族之魂。改革开放 40 年，中国高等教育的发展一路凯歌，无论人才培养、师资建设、规模发展、办学条件，还是科研转化、社会服务、综合改革以及国际竞争力都取得了长足进步，尽显王者荣耀，如高校获国家科技三大奖占比稳定在 2/3 以上，产出一批具有国际影响力的标志性成果。中国高等教育正由高等教育大国豪迈地走向高等教育强国。衷心祝愿中国高等教育事业，继续扎根中国大地、面向时代发展，为中国人民谋幸福，为中华民族谋复兴，为人类、为世界谋大同。

@ **陈鷟**（中国海洋大学党委宣传部部长、教授）：

如果说改革之初，靠的是体制机制改革对能力存量的盘活，那么社会持续发展、高水平高质量的跃升和发展，则离不开高层次人才的培养和高层次智力的支撑。而后者只能依托于高等教育的改革发展。40 年来，我国高等教育从规模到内涵，都发生了翻天覆地的变化：已经形成精英教育与大众教育相结合，分层次、分类别，各具特色、百花齐放的合理格局，其水平质量和规模数量都为中国从教育大国迈向教育强国打下了坚实的基础，为国家各行各业培育了充

---

　　* 本文刊发于《北京教育》（高教版）2018 年第 12 期

足的创新发展的生力军，在国际高等教育舞台上逐渐走向前列。40 年来，如果没有高等教育的上述贡献，中国经济社会的飞速发展是不可实现的事情。在改革中不断发展的高等教育，是中华民族伟大复兴的马前卒！面向未来，中国理念的不断明晰，中国道路的持续延伸，中国方案的日臻完善，中国文化的返本开新，都离不开高等教育的创新发展。中国高等教育在世界高教舞台上，必将从学习追赶迈向创新引领。因为中国发展的需要是高教发展的"巨大引擎"，中国发展的空间是高教发展的"巨大课堂"。

@ **李爱民**（中央财经大学高等教育研究所研究员）：

1978 年，我读小学；1990 年，参加高考进入大学读本科，此后陆续获得硕士、博士学位，毕业后一直在高校从事管理、教学和高等教育研究工作，是高等教育事业改革发展的亲历者、参与者、见证者、研究者和受益者。40 年来，中国高等教育发展平台整体抬高，实力显著增强，表现在：高等教育规模居世界第一位，质量水平显著提高，高校科研创新实力明显增强，高等教育公平取得实质性进展，高等教育国际影响力日益扩大，世界高等教育开始倾听中国声音、融入中国元素。站在新时代的起点上，我们也应该看到，与高等教育发达国家相比，我国高等教育发展还不能完全适应人的全面发展和经济社会发展的需要，仍然存在着发展不平衡、不充分，核心竞争力有待增强，治理结构尚需健全完善，管理水平和资源配置效率不高等问题。认真总结改革开放 40 年来高等教育发展的成功经验，以全国教育大会精神为指引，以问题为导向，全面深化改革，稳步提升我国高等教育国际竞争力和影响力，站在高等教育强国建设的地平线上，不断引领新一轮世界高等教育的发展。

@ **程华东**（华中农业大学党委宣传部部长）：

回看我国高教 40 载的发展历程，远眺党的十九大擘画的教育现代化蓝图，环顾世界高教的发展态势，作为高教中人，感触最深的是"教育获得感"，可用三个关键词加以阐释：一是"教育自信"，这是"四个自信"在教育领域的生动体现，我国举办着世界最大规模、发展速度最快、最具特色的高等教育，高教水平处于世界中等偏上，逐渐走向世界舞台的中心，我们有充分理由树立教育自信。二是"中国特色"，办"中国特色、世界一流"高等教育，这是我国高教发展的方向，特色就是质量、就是竞争力，我国正在推动"双一流"加快建设、特色建设、高质量建设，我们找到了高教特色发展、争创一流的正确路径。三是"全面振兴"，刚刚召开的第五次全国教育大会是一次具有历史性、划时代、里程碑意义的大会，开启了我国教育现代化和教育强国建设的新征程，新时代本科教育工作大会胜利召开，"新时代高教40条""六卓越一拔尖"计划2.0出台，标志着我国高教吹响了全面振兴的号角，我们充满期待。

@张春萍（北京工商大学宣传部常务副部长）：

　　40年的改革开放历程是一个时代发展的浓缩。恢复高考，为青年学子重启改变人生的大门。40年前的那场重大变革，标志着知识和教育重获尊重，从此中国教育事业迎来了快速发展的春天。积蓄已久的渴望，转变成回应呼唤的系列举措，筑牢教育优先发展的基石，全面推行素质教育，不断完善依法治国、依法治教，持续扩大教育规模、促进教育开放……一幅幅波澜壮阔的画卷从此展开。随着中国改革开放的不断深化，教育在不断探索中实现了跨越式发展，中国教育的综合实力快速提升，国际竞争力日益增强。我们是改革开放的亲历者、受益者，也是高等教育改革的参与者、见证者。如今，时代的发展和进步对高等教育发展提出了更高的要求，对加快推进教育现代化、建设教育强国具有深远的历史意义。发展高等教育要在变革中坚守育人根本，开拓创新、扎根中国、面向世界。只有不断提高高等教育的质量，提高自主创新能力，大力培养科技人才，才能厚植中国改革发展的沃土，为中华民族的伟大复兴奠定坚实的基础，助力中国教育发展。新时代，我们再出发。

@铁铮（北京高校新闻与文化传播研究会理事长、教授）：

　　40年前，我通过高考实现了上大学的梦想。我是中国高等教育事业飞速发展、不断强大的见证人和受益者。40年间，中国高等教育取得了长足进步，其巨大成就有目共睹。昔日的赴外留学潮已出现了反转，越来越多的留学生学成归来，选择在中国大学任教。但是，也应该看到，中国高等教育与世界强国相比还有很大差距，与广大人民群众的期望相比还有许多不足。我们期待，中国大学与世界名校的差距小些再小些，教育教学质量高些再高些，与社会的结合紧些再紧些，大师级人物多些再多些，培养出的学生强些再强些。认真研究和遵循高等教育规律，把"双一流"建设的规划、设想、口号，加速转化为推动高等教育改革创新的具体行动。

@罗涤（重庆大学马克思主义学院党委书记、教授）：

　　改革开放40年来，中国共产党领导中国人民成功开创了中国特色社会主义的伟大事业，中国特色社会主义进入了新时代。40年来，大学生入党动机先是经历了 1978 年至 1988 年信仰型动机占绝对主导的一元化时期，再是经历了 1989 年至 1999 年信仰型动机下降和功利型动机抬头的二元化时期，2000 年至今是信仰型、功利型、情感型、盲从型等多元化时期。40 年来，一代又一代大学生之所以怀揣崇高理想自愿加入中国共产党，之所以在实现中国梦的伟大征程中放飞青春梦想，之所以在为人民利益服务的伟大事业中书写华丽人生，其中，尤为关键的一点在于高校抓好了大学生思想政治教育工作这条"生命线"，发挥出高校的政治优势和理论优势。回首过去，展望未来。赢得时代青年，重在抓好思想政治教育。在学生党员的发展上，高校应始终恒守"三个坚持"，紧紧把握大学生思想政治教育的方向性；始终遵循"三个规律"，不断提升大学生思想政治教育的科学性；始终坚持"三因理念"，永远保持大学生思想政治教育的时代性。

@李洪波（江苏大学副校长）：

　　40 年来，高教事业发展与改革开放同向前行，发生了天翻地覆的变化，也让人充满期待。一是从规模扩大到内涵提升。二是从同质竞争到差异发展。三是从影响国内到享誉国际。新时代，高等教育对外开放格局不断扩大，人力资源、教学资源的跨国流动会更加频繁，我国高校在国际上的影响力、吸引力更大、更强。四是从严把进口到进出并重。40 年来，高等教育所培养的大学生在各行各业为我国经济社会发展贡献了力量。新时代，全面振兴本科教育已成共识，需要坚持立德树人，本着"三全育人"的原则加强过程管理，严把毕业出口关，切实构建好高水平人才培养体系。

@韩宝志（天津大学档案馆馆长）：

　　小时候，觉得天安门就在太阳升起的地方，而大学则是神奇的天堂。1990 年，虽然高考录取率很低，但我依旧考上了南开大学。工作的 20 多年，见证了招生规模的扩大，学校战略布局的调整；更知道了当前教育正在围绕"立德树人"这个灵魂，努力实现"四个回归"。可以预见，在实现中华民族伟大复兴的过程中，高校将在人才培养、科学研究、社会服务、文化传承与创新、国际交流合作等方面，做出更大的贡献。到 21 世纪中叶，我国将有更多的高校跻身世界一流大学，更多的留学生来到我国学习，而我国高校随着发展，特色将更加明显、定位更加鲜明，中国梦将引领中华民族更加繁荣富强。

在文明的多样性和互鉴中：高等教育的角色[*]

@ **蔡劲松** [北京航空航天大学人文社会科学学院（公共管理学院）院长、
人文与社会科学高等研究院院长]：

习近平总书记指出："文明因交流而多彩，文明因互鉴而丰富。文明交流互鉴，是推动人类文明进步和世界和平发展的重要动力。"对于当代中国大学来说，在世界文明的多样性和互鉴中积极承担高等教育不可替代的角色，特别是发挥大学文化传承与文化创新的价值与作用，具有十分重要的意义。文化能使人的理想价值得到充分体现，大学文化传承创新，就是能使大学及大学人的理想价值诉诸现实的一种基本精神、理念及实践体系，它不仅是理论层面的论"道"，更是实践建设层面的明德有为、知行合一。我们在深入推进"双一流"大学建设的历史进程中，应当从建设维度和预期目标层面，自觉将大学文化传承创新提升到促进中华文明与世界文明交流互鉴的高度：一是在传承弘扬中华优秀传统文化，推动社会主义先进文化建设方面取得显著成效；二是不断增强文化自信，深入发掘中华文明文化的内涵与力量，通过高等教育实践与中外合作交流产生较强的国际文化传播影响力；三是涵养师生认同的优秀教风、学风、校风，拓展文化视野和文化创新能力，形成引领社会进步、特色鲜明的大学精神和大学文化。

@ **程华东**（华中农业大学党委宣传部部长、马克思主义学院党委书记）：

文明因交流而多彩，文明因互鉴而丰富。在文明的多样性和互鉴中，高等教育担负着重要角色，可以用"对话桥""建构库""创新源"三个关键词概括。"对话"为桥，取决于高等教育在文明交流互鉴中的基础性、先导性和引领性作用，体现在教育合作、人文交流、精神传承、心灵融通等层面，正如教育

* 本文刊发于《北京教育》（高教版）2019 年第 6 期

部陈宝生部长在亚洲文明对话大会论坛上提出的"做实人文对话、做深教育对话、做细心灵对话、做好精神对话",架起世界文明交流互鉴的桥。"建构"成库,取决于高等教育在文明交流互鉴中的文化属性、文明特质,应在世界文明发展的大视野中更好地认识各种文明的价值和意义,建构多样开放的文明体系,积淀多姿多彩的文明成果,更好地为世界文明对话、人类文明共生发展服务。"创新"为源,取决于高等教育的文化传承与创新职能,高等教育应凸显思想先导性、精神指引性和文化引领性,大力弘扬中华优秀传统文化、革命文化和社会主义先进文化,着力推动文明的创造性转化和创新性发展,为人类文明发展提供源头活水。

@ **陈鷟**(中国海洋大学党委宣传部部长、教授):

在人类文明的多样性和互鉴中,高校既要做本土文明的守望者和文明多样性的守护者,也要做不同文明互鉴的"熔炉"。要做好本土文明的守望者,高校必须扎根本土办大学,坚定"民族的就是世界的""民族的才是世界的"理念,为本土文化的保护、发掘、传承和创新做出应有的贡献。在中国这样地域辽阔、民族众多的国家,各地的大学都应自觉承担起这个责任,对华夏文明,对学校所在地地域文化、民族文化有意识地用与时俱进的研究方法、呈现形式加以保护、研究、传播和发展,从而保护好可贵的丰富多彩的文化根脉,保护好文化的多样性。要做好不同文明互鉴的"熔炉",高校要有开放的姿态和广阔的视野,要有为人类文明进步做出贡献的追求和学习借鉴外来先进文化、人类共同文明成果的意识,特别是要深刻认识国际化、全球化内涵,努力加大学校在国际学术活动中的参与度,加大优质国际教育资源和优秀生源的引进力度,加大师生国际交流的力度,在正确理念的指导下办好国际化乃至全球化的大学,为文明互鉴做出新贡献。

@ **铁铮**(北京林业大学教授):

高等教育承担着文化传承与创新重要使命,在促进文明交流、互鉴中发挥着不可替代的作用。特别是在"双一流"建设的背景下,高等教育对此应该做出更大的努力。一是要扩大对外交流与合作的广度。交流的领域应该更加扩大,合作的内容应该更加丰富,要不断解放思想、实践创新,只要有利于人类发展和进步的都应该纳入交流与合作范围。二是要讲求对外交流与合作的深度。不能仅仅满足于请几位知名专家到学校做讲座,更要在办学理念、教育规律、教学方法、科学研究等深层次交流和合作上下功夫。三是要增加对外交流与合作的频度。尽管我国高等教育对外交流与合作取得了一定的成绩，但其频度仍不能满足"双一流"建设的需要。要增加对外交流与合作的经费投入，创新体制和机制，创造更优的条件和环境，使对外交流与合作日常化。四是要强化对外交流与合作的温度。对外交流与合作表面看是学术上、专业上、技术上、文化上的交流，其本质却是情感上的"融合"。要加大对跨文化传播研究的力度，消除隔阂和障碍，用真情实感影响人、打动人、感召人，使我们的"朋友圈"越来越大。

教育公共性和自主性之我见[*]

@ **韩宝志**（天津大学档案馆馆长）：

　　教育的公共性与自主性，实际上是两个不同层面的问题，分析教育的这两个属性，离不开教育的对象——人。笔者认为，公共性是指从整个社会的分工来讲，教育担负着传承文明、塑造未来的重任，这是整个民族、国家，甚至全世界都面对的问题，所以具有公共性，因此国家法律从多个方面给予了规定。但在实际工作中，教育是由家庭、学校、社会共同完成的，人才本身的自由发展需求以及家庭、学校和社会的不同，使教育又呈现出了"自主性"的特点。但这些自主性的前提，是因为人类普遍存在的对教育公共性的认识、对教育重要性的认识。可以说，公共性是自主性的前提，而自主性则是公共性在每个受教育的个体上的具体体现。当前，公共性已经成为人们的基本认识，在自主性方面，则有不同的理解。但总体上讲，正因为有了自主性，才有了个性的张扬，才有了不同个体的特点，才让这个世界更加丰富多彩，才让社会不断勇往直前。

@ **李爱民**（中央财经大学高等教育研究所研究员）：

　　公共性是教育事业的基本特征，自主性是办好教育的根本保障。教育这一社会现象自产生之日起，便成为人类所必需的一种社会实践活动，承载着传播文化、教化国民的重任，影响着社会的发展，推动着社会的进步。教育事关国家发展、事关民族未来。《中华人民共和国教育法》明确提出：教育活动必须符合国家和社会公共利益。这是国家从法律上对教育公共性原则的明确规定。教育事业是党和国家的共同事业，肩负着服务中华民族伟大复兴的重要使命。在2018年召开的全国教育大会上，习近平总书记以"教育是国之大计，党之大计"的新论断把教育的公共性内涵阐释得更加明晰。办好教育事业，必须保障好教育的自主性。我

---

　　* 本文刊发于《北京教育》（高教版）2019年第6期

理解所谓教育的自主性，就是要尊重教育规律和教育事业发展规律，充分发挥学校办学主体作用和教师的教学主体作用，深化教育领域"放管服"改革，厘清"办教育"与"管教育"的界限，扭转不科学的教育评价导向，真正释放基层教育改革的活力和创造力，调动学校和教师的积极性，形成良好教育生态，促进教育事业发展。

@卿涛（石河子大学党委宣传部副部长）：

孔子在《论语·为政》中讲道："道之以政，齐之以刑，民免而无耻；道之以德，齐之以礼，有耻且格。"他的观点是"教育可以感化人，既使百姓守规矩，又使百姓有'羞耻之心'，形成道德信念的力量，收到德治的效果"。同时，孔子还提出"有教无类"的教育思想，收弟子不论身份，教弟子各有所长，可以说是我国教育自主性思想最早的探索者。对教育规律的尊崇和实践是办好中国特色社会主义教育的前提和要义。教育的公共性保证了教育事业向着促进人类社会整体发展的正确方向行进。坚持党对教育事业的领导，可以保证我们的教育为中国特色社会主义事业培养人才，同时可以保证国家未来成为构建人类命运共同体的重要力量；而自主性则保障了每一个个体自主选择、自由发展的权利，保证了不同个体对不同发展方式的需求，是每一个公民成长、成才规律的体现。为党育人、为国育才，在一定层面上是教育公共性和自主性的有机统一。"为谁培养人，培养什么人"回答的是方向性问题，更加强调公共性；"如何培养人"回答的是方法性问题，更加强调自主性。

@铁铮（北京林业大学教授）：

公共性和自主性是教育同时兼具的两个属性。二者不是对立的，而是有机地统一于教育的整个过程之中。在遵从教育公共性的基础上，充分发挥自主性，是扎根中国大地办大学、办中国特色社会主义大学的根本。公共性决定了教育的基本性质和主要特征。在办学方向上，公共性决定了中国大学的办学方向和必须遵守的基本原则。在"培养什么人"的问题上，要特别强调培养拥护中国共产党领导和我国社会主义制度、立志为中国特色社会主义奋斗终生的有用人才。这是教育工作的根本任务，也是教育现代化的方向目标。这在任何时候、任何情况下都是毋庸置疑的。以发挥自主性为由，企图摆脱党的领导和社会主义方向，在中国是行不通的。与此同时，大学还应该立足国情、党情、民情、校情，最大程度地发挥办学的自主性。要不断创新、大胆实践，深入研究教育教学规律，不断推出新的举措、闯出新的路径。有关管理部门应该尽量扩大各高校的自主权，鼓励和激励各高校充分发挥各自的优势、特点，办出自己的风格和特色。

高等教育现代化——中国经验*

@ 马陆亭（教育部教育发展研究中心副主任）：

如果说形而上者谓之"道"、形而下者谓之"器"，那么，形而中者即谓之"路"。中华人民共和国成立 70 年，我们的教育事业走的是一条世界先进经验与中国国情相结合的"建设—实践"之路。作为一个后发型国家，教育现代化是一个有着目标指向的发展过程，外部目标体现在支撑社会主义现代化建设和满足人民教育需求上；内部目标，即发展教育事业和实现人的全面发展。"建设"代表着对目标、方案、蓝图设计的主观追求，"实践"体现了达成目标、创造未来、实现蓝图的客观探索，二者共同构成我国教育现代化的实现特征。这里面，既要宏观有序、又要微观搞活，体现着价值观和方法论的统一及顶层战略规划设计和基层责任担当创新的统一。这一过程，伴随着前进中的不断纠"左"纠"右"，从而实现长期的"居中"发展，居中即正确的道路，保证了我们取得的巨大教育成就；伴随着突出重点建设，重点即政策，是工作抓手，保证了我们的实际工作成效。这一"建设—实践"模式或道路，需要我们好好地进行总结。

@ 杨杏芳（华中师范大学教育学院）：

"高等教育现代化的中国经验"是个非常好的话题，既可以从宏观，也可以从微观层面来探讨，如"大学校长的办学实践"就是从微观的视角来归纳总结。而大学校长本身又可分为两类——"开创型"或者"守成型"，不同于"守成型"的校长，每个"开创型"校长的办学活动虽精彩纷呈、各具特色，但其实都可以用一根主线来贯穿——"实践理性"智慧。哲学语境中的"实践理性"，源自对"现代性"的两种不同诠释：一种是"科学理性"（"know what"）；另一种是"实践理性"（"know how to do"）。若以"实践理性"的理解来透视，

* 本文刊发于《北京教育》（高教版）2020 年第 1 期

在当代中国一些杰出的大学校长身上都充分彰显了"实践理性"的智慧，如华中科技大学原校长朱九思将大学分为"省部级或地方级别"的划分方式、武汉大学原校长刘道玉在全国率先推出"选课制"和弹性的"学年—学分制"等。总而言之，一所大学能否在激烈的竞争中脱颖而出，与这所大学的校长是否具有卓越的实践理性之智慧、在办学理念上是否具有远见卓识和超常的谋略有很大的关系。

@**方芳**（北京师范大学高等教育研究院）：

在我国高等教育即将迈入普及化阶段的重要时期，高等教育现代化逐渐探索出富有中国特色的发展路径。第一，将立德树人作为高校的首要职能和根本任务，广泛开展思想政治教育工作，培养学生的民族荣誉感和社会责任感。第二，积极探索创新人才培养模式，建立动态的人才培养内涵、理念与目标，以契合我国经济结构调整和转型升级、世界科学技术飞速发展的时代要求。第三，高度重视师资队伍建设，将师德师风建设长效化、制度化，为高校教师终身学习和自主发展提供专业平台，健全完善教师的准入、考核和评价制度。第四，完善各类学科"共同但有差别"的评估指标体系，创新学科交叉和融合机制，打破学科边界，促进开放合作。第五，建立高校分类分层发展的管理体系，引导不同性质和类型的高校科学定位、释放活力，满足市场差异化需求和社会多元化期待，形成优势互补、共同发展的高等教育体系。高等教育现代化的中国经验正致力于推进高等教育内涵发展，实现高等教育成果正确、优质、高效地转化为社会政策、经济与效益。

@**卢彩晨**（兰州大学高等教育研究院）：

作为高等教育后发外生型国家，在历经 70 年艰苦奋斗之后，中国到底为世界高等教育贡献了哪些智慧？这是一个值得深思的问题。因为通过这种反思，可以判断我国高等教育是否改变了"学生"角色，是否走上了"自立"之路以及是否能够扎根中国大地，是否能够建成高等教育强国等一系列问题。有人认为，回顾世界大学史，从理念到制度，从内容到形式，似乎无一不是西方大学首创。是不是中国高等教育对世界高等教育现代化没有任何贡献？事实并非如此。关于中国高等教育对世界高等教育现代化的经验贡献，从宏观层面来讲，至少有以下经验值得高等教育发展中国家借鉴和参考：一是确定了教育优先发展战略；二是持续加大经费投入；三是支持"双一流"等重点大学建设。当然，在中观、微观层面也应该有很多值得总结提炼的经验。由此可见，中国高等教育已经和正在为世界高等教育现代化提供宝贵经验。而且有理由相信，随着我国高等教育改革的不断深化，将为世界高等教育现代化提供越来越多中国经验。

@ **叶赋桂**（《清华大学教育研究》主编）：

高等教育现代化正走向一个全球时代，其旨趣和内涵将与过去有很大差异。国家虽然仍居于主导地位，但跨国公司和国际社会已掌握越来越多高等教育发展的控制权和决定权。技术是决定一切的力量。技术的更新和迭代，在很大程度上决定了一个企业乃至一个产业的盛衰。国家的强弱依赖对新兴技术的研发和掌握。国家和企业因此大力投资和发展高等教育，但会要求高等教育更多地致力于研究。而研究成果的公共性却不断削弱，越来越不公开。高等教育和人类文明会因此面临前所未有的新挑战。全球高等教育的扩张导致全球毕业生就业的紧张，就业则分为两个割裂的市场：一个是全球人才市场，所有国家高等教育最顶尖的人才将在这个市场上竞逐；另一个是国内人才市场，这是最大多数毕业生找工作的目标。但因为顶尖人才的压力传递和跨国企业追逐超级利润而在全球流动，使得大学生就业预期和实际感受的压力空前之大，这是不确定的高等教育全球时代。

@ **李盛兵**（华南师范大学教育学院）：

《中国教育现代化2035》提出要"建成中国特色、世界一流的高等教育体系，高等教育竞争力明显提升；高等教育普及程度达到发达国家水平；更多的大学和学科进入世界一流行列，若干大学进入世界一流大学前列，一批学科进入世界一流学科前列；人民群众有更多机会接受高质量、可选择的高等教育"，对我国高等教育现代化的图景做出了规模、水平以及多样性的描述和规定。从我国政府的决心、高等教育发展成就以及高校发展的动力来看，这些目标的实现颇具可能性。从国际比较来看，我国高等教育现代化还需要从微观和整体入手，实现五个转变。一是研究评价从重视科研的项目、论文、获奖等数量转向宽松平和的研究环境和制度；二是从对学生课程的终结考试评价转向课堂评价、小组学习呈现评价与考试评价相结合；三是从大班教学转向小班教学；四是课堂教学从传统教授转向探究式、研讨式、项目式教学；五是从若干一流大学、一流学科建设转向整体高校的一流建设，构建世界一流高等教育体系。

@ **卢晓中**（华南师范大学教育科学学院）：

高等教育现代化可以从目标意义上的现代化和过程意义上的现代化两个维

度来认识：前者指的是高等教育现代化是现代高等教育发展的一种理想标准，包括高等教育理念、体系、制度、内容、方法、治理等，同时，这一理想标准又是一个历史范畴，不同时期具有不同的理想标准；后者则指的是达成高等教育现代化理想目标的过程与途径。从世界高等教育现代化的历史经验来看，各国高等教育现代化都非常重视本土特色。这种本土特色通常是围绕两个维度来体现和彰显：一是本土特色表征高等教育现代化，即特色符合世界一流的事实特征；二是本土特色成就高等教育现代化，它主要涉及高等教育现代化的路径选择。从这一意义看，本土特色又是一种高等教育的发展资源，同时也是一种发展策略。中国高等教育也必须重视本土特色，从本土特色表征和成就高等教育现代化的维度，来推动高等教育现代化，尤其是在选择高等教育现代化的路径上寻求中国特色与高等教育现代化本质特征的高度内洽。

@**熊耕**（南开大学周政学院高教所）：

高等教育现代化是一个立足本国、向他国学习，并不断自我创新的过程。以美国为例，自19世纪下半叶开始，美国大学一直没有停止创新的脚步，校内共同治理机制的创建和完善、科技成果转化制度的构建和强化、学术自由理念不断地适时重申等自主创新都推动着美国高等教育向更高层次的现代化发展。我国高等教育的现代化从来都没有脱离国际视野。从清末照搬日本和德国模式，到民国时，借鉴美国模式，到新中国成立后效仿苏联模式，再到改革开放后学习美国和英国模式，我国高校一直都是在汲取着他国高教的养分，滋养着自己独特的发展模式。时至今日，我国高等教育现代化在物质、观念和制度三个维度上都有着不同程度的进展。其中，物质维度的现代化进展最快，在高校基础建设、设施设备等方面与先发现代化的国家已无太大差距。但在制度和观念现代化上则存在着较大的差距。制度和观念的现代化过程需要持久的推动力。随着国家各方面改革逐步深化以及"双一流"建设的推动，相信这两方面的现代化也将会更上一个台阶。

教育规划（2010—2020 年）这十年*

@ 郭新春（赣南师范大学党委委员、副校长）：

《国家中长期教育改革和发展规划纲要（2010—2020 年）》提出："充分发挥高校在国家创新体系中的重要作用""增强社会服务能力""优化结构办出特色"……这为高校尤其地方高校改革发展提出了明确要求和努力方向：挖掘区位优势，强调差异化发展，结合高校传统和自身特色，布局一批支撑区域产业转型升级的学科，聚焦区域发展和产业转型中的实际问题，支持交叉学科建设。以学科发展为抓手，深入挖掘创新合作形式，通过联合办学、项目对接、合作研发等方式，推进产学研用结合，加大应用型研究的力度，推进评价体系的深化改革，搭建校地合作、校企合作及成果转化服务平台，促进科技成果转化积极性，使科学研究直接对接区域发展的第一线。最重要的是完成好立德树人的根本任务，以社会需求为导向，构建创新型、实践性和多元化的人才培养体系，充分激发政府、行业、企业和高校的联动培养机制，打造品牌，为区域社会培养适应行业、企业核心素质和能力要求的高素质应用型人才，助推人才智力高地的形成。

@ 程华东（华中农业大学党委宣传部部长、马克思主义学院党委书记）：

2010 年 7 月召开的第四次全国教育工作会议，开启了我国实施《国家中长期教育改革和发展规划纲要（2010—2020 年）》的新征程。教育规划这十年，"教育成就是全方位、开创性的，教育变革是深层次、根本性的""我国教育总体发展水平进入世界中上行列""从教育大国迈向教育强国，中国教育进入新时代"。教育改革试点、教育领域综合改革、教育"奋进之笔"……这些历年教育工作的主题词，绘就了教育规划稳步实施和教育现代化加快推进的"里程表"。2018 年 9 月召开的第五次全国教育大会，为加快推进教育现代化、建设教育强

---

* 本文刊发于《北京教育》（高教版）2020 年第 2 期

国、办好人民满意的教育做出了全方位部署。在关键而特殊的 2020 年，要聚焦"圆满收官，开好新局"，应"向内聚力、向外凝智"，筑牢教育优先发展地位，持续写好教育"奋进之笔"；应"向下扎根、向上拔节"，提升教育治理体系和能力，不断激发教育发展动能；应"向后稳舵、向前奔跑"，巩固教育综合改革成果，奋力开启教育未来发展新局。

@**陈鷺**（中国海洋大学党委宣传部部长、教授）：

教育强国的核心是教育质量，关键是内涵发展。着眼于国家发展和民族未来，高等教育必须突出内涵发展。一是要倡导多元、多样、开放、科学的教育质量观，避免用一把尺子来衡量不同类型高校的教育发展质量。二是要强调教育教学质量。要坚持以立德树人为根本任务，以"双一流"建设为引领，以课程建设、专业建设和学科建设为引擎，带动教育教学质量整体提升。三是要重视教师教学能力发展，使他们不仅"愿教""能教"，而且还"会教""善教"。四是要培育以学生发展为本的学习环境与氛围，营造服从和服务于学生成长成才的全员育人环境与氛围。五是要建设先进的质量文化。不论是国家层面的水平评估、审核评估，还是学校内部的课程评估、教学督导和专业认证，都属于质量保障体系建设的范畴。质量保障体系建设背后隐藏着深刻的文化因素。这就要求我们从质量保障走向质量文化，建立起中国特色的教育质量管理思想与模式。一旦形成了稳定的、先进的质量文化，高等教育强国的梦想便指日可待。

@**张小锋**（对外经济贸易大学党委常委、宣传部部长，教授）：

任何关涉国运兴盛的大计战略，均需要谋定而后动，均需要纲举目张的规划指引和推动，教育也不例外。回顾十年来中国教育走过的路，可以明显地感受到：教育优先发展的战略地位更加凸显，教育以育人为本的根本要求更加明确，改革创新推动教育发展的动力更加充足，教育公平的国家政策落地更加坚实，教育质量提升得更为快速，"教育振兴全民有责"的理念更加深入人心，国家财政性教育经费支出占国内生产总值比例不低于 4% 的约束更加硬核，可以说，十年来教育事业发展，全面实现了既定目标，这与全国上下的共同努力密不可分，也与《国家中长期教育改革和发展规划纲要（2010—2020 年）》举旗定向、指示发踪密不可分，证明了"十年教育规划"的科学性和前瞻性。当然，中国教育事业也因事而化、因时而进、因势而新，在指导思想、工作方针、战略主题等方面，及时吸收了党的最新理论成果，做到了原则性和灵活性的统一，是在中华大地蓬勃发展的生动实践。

@李洪波（江苏大学党委副书记）：

高等教育在这十年中，为国家基本实现教育现代化、进入人力资源强国行列贡献力量。一是学生的获得感提档升级。高校以立德树人为根本任务，创新人才培养机制和模式。江苏大学形成了"大众化创新创业知识素质教育与创业精英化个性化培养相结合"的"135塔式"立体化创新创业人才培养模式，学生高质量就业成效显著。二是教师的幸福感提档升级。高校以"四有"好老师为标准，加强教师队伍建设。江苏大学不断加强教师师德师风建设，营造尊师重教的风尚；持续提升教师的业务水平，培育中青年骨干教师和创新团队；努力改善教师的工作条件，提高教师的工资待遇，为教师的稳定发展、成名成家保驾护航。三是学校的贡献度提档升级。各高校以特色发展为目标，服务国家发展战略。江苏大学坚持"工中有农，以工支农"的鲜明办学特色和独特的文化情怀，主动融入乡村振兴和"一带一路"倡议，大力加强农业机械化研究，举办"一带一路"农业现代化国际合作发展论坛，并加强国际交流合作，助力"一带一路"沿线国家农业发展。

@铁铮（北京林业大学教授）：

"时代是出卷人，我们是答卷人，人民是阅卷人。"习近平总书记所说的这句话，用在评价教育规划这十年上是再合适不过了。这十年，是一个飞速发展、千变万化的新时代。这十年，中国教育的成就有目共睹。成就不说跑不了，差距不说不得了。就人民群众对教育的评价而言，显然不全是好评如潮、一片点赞。对此，更应该高度重视、认真分析、正确对待。人民群众之所以对教育存有负面评价，原因大体有三。一是再完美的教育规划也会有疏漏，也会有不尽如人意之处。因此，人民群众有些不满也是在情理之中。二是随着全社会对教育的重视程度不断提高，广大人民群众对于教育的期盼也不断提升，而现有教育对这些期盼，很难全部——回应。三是教育本身的确存在一些问题，有待于尽快加以解决。习近平总书记强调，要以人民为中心。教育的发展和繁荣亦是如此，要全心全意为人民服务，这是中国特色社会主义教育最重要的特点之一。办让人民满意的教育，不是一句口号，而应成为教育部门、教育机构和教育人的具体行动。

@卿涛（石河子大学党委宣传部副部长）：

2010—2020年，这十年正是我们冲刺小康决胜的十年，也是面对世界大变局的十年。在这种背景下，教育改革的步幅和强度前所未有。一是对培养什么人才的指向性更加聚焦，以习近平新时代中国特色社会主义思想铸魂育人，培养社会主义建设者和接班人落锤更实、节奏更强劲。二是教育改革更加贴近民生期盼，与时代脉搏同频共振愈加紧密，教育公平、教育扶贫、教育质量成为攻坚重点，这些都不断彰显中国特色教育的本质。三是改革措施精准性、灵敏性增强，直击社会热点和痛点。这些年来，各级教育部门针对校园欺凌、食品安全、本科教育质量、师德师风等问题频施重拳，一些领域无论是在观念上还是在实践上都逐步找到了应有的轨道。四是教育改革的开放性更强、公众参与度更高，教育改革最大的特点之一是容错空间小，如果苛刻一点，可以说不允许失误。这些年，教育话题在公共讨论空间占据了极大比例，参与者可以说是涵盖了所有社会阶层和群体，这应该说是可取之处。

@**韩宝志**（天津大学档案馆馆长）：

这是不断完善的十年，中国的教育体系更加完备，教育的结构更加合理，高校不仅培养了大批人才，更产生了面向国民经济主战场、面向国家战略需求、面向国际科技发展前沿的优秀成果；这是人们对教育给予更多期待的十年，中国尊师重教的传统，使得人们面向未来更加重视教育，特别是教育质量成为人们关注的焦点；这是依法治校、加强管理的十年，高校大学章程的制定，让校内各种权利的划分更趋向符合中国的实际情况，中国的大学进一步加强了党的领导，"四个服务"成为重要要求；这也是大学反思的十年，中国大学在新时代如何作为，如何培养"德智体美劳"全面发展的人才，真正完成好"立德树人"的使命；这十年中，人才培养的重要环节——本科阶段教育得以强化，学生的创新能力、动手能力得到了普遍的重视。面向未来，我们特别期待下一个十年规划，引领中国的教育更好满足人民的向往，更符合社会发展的需求，更符合人才全面成长成才的规律，更多的优秀人才脱颖而出、更多的研究结出硕果累累，为伟大复兴中国梦做出更大的贡献。

疫情之下——高等教育变革*

@铁铮（北京林业大学教授）：

对于高等教育而言，不能仅仅满足于疫情和灾难发生之后的被动反应和仓促应对，而应该未雨绸缪，在社会应对突发疫情和各种灾难中发挥积极引领和支撑作用。一是进一步调整学科和专业设置，面向未来可能发生的疫情和各种灾难，强化应急管理人才的培养。一方面，要设置一批直接为应急管理服务的专业，同时在行政管理专业硕士研究生等人才培养中强化危机管理和科学应对教育；另一方面，将危机管理作为新时代大学生的基本素养列入教育教学计划。二是强化疫情及灾难发生后的积极响应机制，特别是在科学研究上发挥更大的作用，为疫情和灾难防控提供强有力的支持。三是在应对疫情和灾难中更好地发挥智库作用，力争有更多的学者加入防控专家组，为科学防控提供智力支撑。四是建立健全危机管理志愿者队伍，加强日常的演练及培训，力争关键时刻能够站得出、顶得上。五是进一步推进教育教学改革，研究制定突发状态下的教学预案，要进一步强化学生自主学习的意识和能力。

@刘向兵（中国劳动关系学院党委书记）：

这场疫情防控阻击战，必将给高等教育带来深刻影响和变革。一是教育理念变革。思想政治教育要入脑、入心，用疫情防控的鲜活事例，引导学生更好地认识党的集中统一领导、坚持以人民为中心和"一方有难，八方支援"、集中力量办大事的显著制度优势，充分理解中国力量、中国精神，强化"四个自信"；要补上健康教育、生命教育、人格教育、生态文明教育等短板。二是学科专业优化。要更加重视关乎民生和公益事业的学科专业建设。如果一个国家的医生和护理人员严重不足、预防医学专业人才匮乏、生命科学和医学高端研究

---

* 本文刊发于《北京教育》（高教版）2020年第3期

人才稀缺；社会工作从业人员的社会地位堪忧；人们动辄就为西医好还是中医好"开撕"，很难想象如何打赢这场阻击战。三是教育技术提速。学生不能返校学习，教育部推出了 22 个线上课程平台、2.4 万门课程，各高校也都全力开发和运用技术手段，保证了"停课不停学"。在线教育和人工智能、大数据、云计算为高等教育发展插上了翅膀，教育技术的变革慢不得、等不起、要跟上。

@ 李洪波（江苏大学党委副书记）：

疫情当前，对于教育教学和日常管理来说确实是一次巨大的挑战，但也激发了高校变中求进和改革发展的新动力。一是深化互动教学的"新生态"。互动教学应通过信息技术支撑、资源优化配置、管理效能提升等方式，多维度组织"线上与线下融合、课内与课外融合"，实现更加立体、生动、高效的教育教学，让其进入一种更加契合信息化时代要求的新生态。二是催生教师发展的"新动能"。高校教师应积极组建"学习共同体"，推动"小组学习、自主学习"，努力进行从"给予者、要求者、教授者"向"指导者、鼓励者、组织者"的角色转变。只有顺应新环境、担当新角色，才能进一步发展与成就自身。三是强化办学治校的"新合力"。疫情当前，更迫切地要求各高校在各部门、各环节主动提升理念，完善运行机制，及时补齐短板，形成治理合力。应加快推进以师生为主体、以教学为中心、以服务为核心的信息化建设。推动信息技术与教学、科研深度融合，以智慧校园、数字校园的建设消除信息孤岛，形成运营合力，确保办学治校的整个系统效率和质量双提升。

@ 任延明（青海大学副校长）：

一是党对高校的全面领导越来越坚实。党的领导是打赢疫情防控人民战争、总体战、阻击战的最大优势，各高校党委坚决维护党中央权威和集中统一领导，认真负责、靠前指挥，全面动员部署，全面加强工作。高校各级党组织和广大党员干部发扬斗争精神，自觉把初心写在行动上，把使命落在岗位上，充分发挥出战斗堡垒作用和先锋模范作用。二是教育教学改革迎接新挑战。疫情倒逼教育教学改革，"如何教好课、如何学好习"是对高校师生的最大挑战，"以学为中心"的教学理念逐步树立，学生自主学习能力逐步提高。疫情过后，我们须对网络授课的质量进行再评估，把一些适于网络教学的优质课程保留下来。三是大学生思政工作体系更加完善。战"疫"期间，学校党组织、团组织主动进位、主动担当，大力弘扬正能量，收到了良好的效果。辅导员、班主任与学生的联系更加紧密，成为学生可以依靠的主心骨。应急状态下凝练出的学生管理、学生就业、心理辅导等宝贵经验，将在大学生思政工作中发挥强大作用。

疫情之下——心理防疫*

@**周晔**（北京邮电大学马克思主义学院党总支书记、院长）：

新冠肺炎来袭，疫情到了攻坚阶段。心理防疫需要三颗"定心丸"，这也是当下全体国民情绪积极乐观、心态健康向上的根本因素。一是来自心理防疫的宏观层面，新冠肺炎疫情发生以来，党中央、国务院的一系列部署，为举国上下打赢疫情防控的总体战提供了根本依据，这颗"定心丸"有目共睹，就是党的领导和中国特色社会主义制度的显著优势。二是来自心理防疫的中观层面，各级党组织、各地方政府全力以赴火速支援，从物资调配到网格式排查，有序的社会治理、强大的号召力、一致的步调，自然稳定了民心。三是来自心理防疫的微观层面。从"不计报酬、无论生死"的最美"逆行者"，到"义无反顾、舍我其谁"的广大党员、干部、军人、公安民警、社区人员等，是民众汇聚起打赢疫情防控总体战的磅礴力量，构筑起社会最强大的"免疫力"。总之，核心、军心、民心相连；高层、中层、基层相通；力量、力度、力争相汇，这是打赢心理"防疫战"的制胜法宝，也是中华民族不可撼动的力量源泉。

@**铁铮**（北京林业大学教授）：

突如其来的疫情像一面镜子，照出了社会教育、学校教育和家庭教育的一些短板。心理防疫教育薄弱就是其中之一。只有心理防疫教育常态化、科学化、规范化，才能在大疫临头时遇事不惊，才能真正发挥应有作用。一是加强和改进学校的心理教育。要突破仅仅围绕个体心理可能出现的问题进行指导的局限，紧密联系世界风云、社会动荡、环境变化和生活实际，教育和引导学生正确看待突发事件、重大灾害和社会、环境可能发生的重大变故，掌握及时调整心态的基本技巧和方法，帮助学生在大格局下历练良好、适宜的心态。二是教育管

＊ 本文刊发于《北京教育》（高教版）2020 年第 3 期

理者、教师、家长要以身作则，为学生和孩子树立遇事不慌、从容应对的榜样。这次疫情期间，有些成年人表现欠佳、阵脚大乱，成了负面典型，应该引以为戒。三是加强媒体人和意见领袖的管理，防止其负面情绪"病毒化传播"，影响公众，特别是正在发育和成长中的学生和孩子们。四是心理防疫应该是全社会的共同行为，应该成为健康向上的中华优秀文化的重要组成部分。

@程华东（华中农业大学党委宣传部部长、马克思主义学院党委书记）：

身处这场疫情的"风眼"之地，更为深切地感受到，抗"疫"既是一场与病毒的生理较量，也是一场与疫情的心理抗争，我们需要的是警醒、反思和重构。心理防疫，最重要的是增强信心，这是最好的"疫苗"，提高心理免疫力，需要特别注意把握三个"度"：一是认识的高度，因"相信"而更有信心。大疫当前，我们选择相信，相信党中央的部署、相信医疗的力量、相信科学的力量、相信权威的信息，为打赢疫情防控阻击战凝聚更大的共识。二是价值的温度，因"共情"而更有信心。疫情让我们懂得健康、亲情弥足珍贵，包容、奉献犹如阳光，战"疫"之中，我们选择同舟共济、守望相助，为打赢抗"疫"人民战争增添更大的活力。三是生活的态度，因"敬畏"而更有信心。敬畏生命、敬畏自然、敬畏法律、敬畏规则，让科学素质、法治素养、健康素养、文明修养涵育我们的生活态度，自觉履行责任、主动配合防控、积极参与防控，为疫情阻击战汇聚更大的力量。

@李爱民（中央财经大学文传学院党委书记）：

由于新冠肺炎疫情发生比较突然，而且目前依然在持续，导致社会群体性紧张情绪一度蔓延，尤其是一些涉世未深的青年学生心理压力过大，紧张、焦虑、不安、悲伤等情绪交织，甚至引起身体不适等心理问题的躯体化症状。人的情绪会影响机体免疫力与躯体健康，因而心理防疫不能缺席。我认为应该从两点入手做好心理"防疫"：一是个体应对方面，一方面，要学会稳定和平复自己的情绪。"静心启智，因定生慧"，无论遇到什么情况，一定要先处理心情，再处理事情。学会并掌握几种适合自己、能够有效把控和处理情绪的方法，使自己在压力之下能够保持情绪健康。另一方面，也可以通过拨打心理援助热线进行心理咨询，寻求心理专业人士的帮助。二是社会服务方面，应该健全社会心理服务体系建设，建立全国和区域性心理专业人员联动协同机制，在疫情突发时能够第一时间动员起来，充分整合专业资源，利用信息网络技术，及时开展心理危机干预，提供便捷、有效的心理援助服务。

高教代表、委员"两会"声音*

@ 吴明（全国政协委员、北京大学医学部主任助理、九三学社中央委员）：

新冠肺炎疫情使得公共卫生继"非典"之后，再次受到政府和社会的极度关注。此次的公共卫生"热"，同"非典"疫情之后的情况同出一辙。但是，随着时间的推移，政府、社会对公共卫生的重视程度在逐渐降低，这与公共卫生的性质有关。与临床工作相比较，公共卫生面对的群体是身体健康状况较好的人，预防效果不能在短时期内显现出来，常常不会有临床医生"手到病除"那样的效果，民众的感受度、获得感不强。这也决定了公共卫生做了大量工作，但短期内看不到明显成效，会导致政府对公共卫生重视不够。疾病防控工作做得越好，往往就越没有"事情"发生，政府可能就越不重视。近年来，部分地区政府对疾控中心财政保障未完全到位，人员工资总额偏低且缺乏增长机制，在分配上存在"大锅饭"倾向，人员积极性不高，队伍不稳定。国家应该认真研究，按照公共卫生的发展规律科学发展，做一个长期的顶层设计；同时，需要有制度安排让政府长期重视这项工作，并慢慢形成重视公共卫生的社会氛围。

@ 王松灵（全国政协委员、中国科学院院士、首都医科大学副校长）：

新冠肺炎疫情的早期防控暴露出我国公共卫生体系及应急体系在体系设计、管理模式、运行机制、队伍建设和反应能力方面存在的问题。基于此，提出两点建议：一是建议"构建我国重大公共卫生事件危机管理模式"。国家负责公共卫生的顶层设计和整体规划，把公共卫生体系作为国家安全和应急体系的重要组成部分来管理；理顺重大公共卫生事件危机管理体系，增强政府危机管理能力；深化医疗卫生体制改革，完善我国公共卫生常态管理。二是建议"从新型冠状病毒肺炎审视我国临床医学人才培养体系"。疫情防控期间，中国医生的专

---

* 本文刊发于《北京教育》（高教版）2020 年第 6 期

业救治能力和救死扶伤奉献精神受到广泛赞誉，但同时也显现出我国应对重大突发传染病能力不足、应急医疗人员严重缺乏、医学人才结构不合理等问题。应从根上来分析审视我国临床医学人才培养体系，并依据《"健康中国2030"规划纲要》，推广"5+3"一体化临床医学人才培养体系，着重培养医学生临床思维和以多学科整合理念进行疾病诊疗的能力，并且要加强应急防控知识体系的构建，同时加快推进建立专科医师培训制度。

@ 张其成（全国政协委员、北京中医药大学国学院教授）：

今年是我政协履职的第八年，每年我都会提三四件提案，大部分都是围绕中华优秀传统文化和中医药文化的教育传播提的。今年是极为特殊的一年，在抗击新冠肺炎疫情的过程中，中医药在抗疫中表现突出，总有效率达90%以上，为抗击疫情做出了重大贡献，不仅彰显了中医学的威力，而且也极大增强了中国人的文化自信、民族自信。中医文化是中华优秀传统文化的杰出代表，多年来我一直呼吁中医文化和国学经典文化要贯穿国民教育始终，所以今年我提了一个"关于进一步深化落实中小学中医文化教育"的提案。此外，面对日益严重的医患矛盾，我还提了两个提案：一是建议在医卫系统开展中华优秀传统文化教育以促进和谐医患关系建设，提升医护人员的人文素养和道德修为，加强医患互动，化解医患矛盾；二是建议逐步实行"全民免费医疗"制度改革，公立医院要去市场化，回归公益性，要建立一种保障水平更高、个人支付比重甚微的全民医疗保险制度，让医患不再是利益关系，而是纯粹的医疗关系。

@ 王黎光（全国政协委员、中国音乐学院院长）：

在过去一年全国政协委员履职过程中，我深刻感受到互联网时代背景下新媒体的蓬勃发展。2020年，我的提案是"充分利用新媒体，为弘扬中华优秀传统文化、培养基层文化艺术人才助力"。新媒体"短视频+直播"的传播方式更加自由、主动和灵活，能够重塑文化数字性表现形式，在传承与弘扬中华优秀传统文化方面具有天然的积极优势。同时，新媒体能够实现各类信息资源的普惠下沉。例如：利用直播课堂等形式开展线上美育教育、文化艺术教学，为各地文化馆站进行师资培训；通过互联网赋能，让更多的乡镇县级文化馆（站）了解、运用互联网并在其中受益，提升其师资队伍整体水平；联合全国各大文艺院团、音乐院校举办线上音乐会，海内外实时共享视听盛宴。建议政府有关部门应加强对新媒体的建设与管理：一是要强化资源整合，让新媒体更充分地拥抱传统文化、创新传统文化；二是要完善政策保障，以组合拳的方式迅速推动中华优秀传统文化与科技产业融合发展;三是要释放文化活力,让线上平台的传统文化传播、师资培训等需求得到有效释放。

@ **熊思东**(全国人大代表、苏州大学校长):

面对疫情"大考",教育主管部门、高校及时转变教育观念,引入智能信息技术,开展有质量的线上教育,实现了"停课不停教不停学"。这是我国高等教育"学习革命"的深入推进,也是世界高等教育史上的首次探索。线上教育引发了理念、结构和价值重塑,高等教育模式在创新中发生着嬗变。与此同时,高校传统教育与管理的观念与理论、制度与治理、生存与竞争、安全与隐私也面临着重大挑战。经历线上教育洗礼后,高校及师生在教育理念、知识获取方式发生转变的同时,也对未来高等教育提出了更高要求。破题线上教育未来发展之路,我们要从疫情防控期间的新应对向新常态转变,不能把云中教育和线上教育作为应急之举,而要让其成为高等教育的一种新形态,这既是大学发展的内在需求,也是国际高等教育的新趋势。我们还要牢牢把握智能信息技术的优势,赋能智慧教育创新发展,探索构建"线上教育""线下教育"和"实践教育"三足鼎立的人才培养新模式,形成学习时空无边界、知识体系无断档、师生互动无间隙、虚实切换无压力、精准管理无死角的高等教育新形态。

@ **施大宁**(全国政协委员、南京航空航天大学副校长):

疫情发生之前,对于将信息化手段渗透到教学过程,广大教师和学校的积极性、创造性都还有些滞后。疫情的爆发,反而成为线上教学巨大的外部推力。就高等教育教学管理和教育模式转变而言,此次疫情是"危中有机"。借助此次疫情,我们确实应加大信息化教学改革的力度,推动知识传递从面对面教育转向网络化教育,从而切实拓展课堂的空间。以南京航空航天大学为例,在线上教学中,学校建立了自己的教学管理平台,所有课程都必须要在管理平台上建课。通过管理平台,我们能够实现对教师资源的调控,对教学效果的监控以及对每门课学生参与度的把控。在此基础上,学校还可以通过大数据分析和存储,形成对整个教学过程的管理,从而"既有监控手段,也有评价手段,还有优化手段"。这一体系可以总结为"1 + N"模式:"1"是教学管理,要实现对学生"不散养";"N"则是信息传递。按照这一模式运行,学校、教师和学生可以处于同一个平台,从而形成管理的闭环。

@孙宝国（全国政协委员、北京工商大学校长、中国工程院院士）：

　　今年的政府工作报告给出了稳就业的具体目标：城镇新增就业 900 万人以上，同时各地要清理取消对就业的不合理限制，从高校来讲，重点是要提供不断线的就业服务。高校要进一步提升政治站位，切实担当起"六稳""六保"政治责任，充分利用国家、各省市就业利好政策，举全校之力抓好毕业生就业工作。要密切关注疫情防控常态化下的就业工作，把就业和疫情防控紧密结合，始终坚持以学生为中心、科学研判、全面统筹、精准施策、层层压实，增强服务意识，确保就业服务不断档。此外，要建立机制，多方联动，形成从学校领导、学院领导、系主任、班主任、辅导员全员参与，到家校联动、协同发力的工作局面。同时，也需要全社会群策群力，通过各方面的服务，全方位拓展高校毕业生就业渠道，提供足够的就业岗位，开拓就业岗位。一方面，企业要复工；另一方面，政府部门、事业单位等也要挖掘潜力，提供更多的渠道。

@范迪安（全国政协委员、中国美术家协会主席、中央美术学院院长）：

　　艺术教育应反映时代精神，一个时代有一个时代的艺术风貌。古往今来，成为艺术经典的作品总是鲜明地反映了艺术家所处时代的社会现实、生活特征和人的精神世界，尤其是具有丰富的本土文化内涵。中国改革开放带来的历史巨变，新时代中华民族朝向伟大复兴中国梦的团结奋斗精神，中国悠久的艺术历史积淀起来的丰厚传统，都是当代中国艺术创作的重要资源。因此，深入生活、关注现实、表现人民、守正求真是艺术创作的重要途径。无论表现何种主题、题材，运用什么形式语言，都应该以真正从生活中来的真情实感为出发点，在作品中反映时代精神。艺术院校应自觉承担起重大主题艺术创作的重任，以思想精深、艺术精湛、制作精良为标准，把学府的治艺精神投注到艺术精品的创作生产中；艺术院校在培养新型艺术人才时，要更加注重拓宽社会实践的渠道，把青年艺术学子从校园的"小课堂"引导进入社会生活的"大课堂"，通过贴近生活、贴近人民形成创作的理念和方式，以不负时代的高远志向创造出具有中国气派的作品。

"两会"代表、委员谈高教*

@张政文（全国政协委员、中国社会科学院大学校长）：

社会服务是高校使命的重要组成部分，也是我国社会主义现代化建设的内在要求。高校是党的"三农"工作重要力量，应提高政治站位，发挥学科优势、人才优势、技术优势与社会影响力，持续推进脱贫地区的精神帮扶、人才帮扶、科技帮扶、治理帮扶、教育帮扶，为持续巩固拓展脱贫攻坚成果、接续推进脱贫地区乡村振兴贡献教育力量。推进脱贫地区乡村振兴，最重要的就是精神帮扶。高校要采取符合农村特色、农民特点的有效方式进行理论武装创新，激发帮扶对象双手创造财富、劳动创造幸福的内生动力，增强人民群众的精神力量。人才帮扶是关键，高校要从政治高度谋划脱贫地区帮扶，将下乡帮扶干部建设纳入学校干部人才工作总体部署，积极推动乡村治理的政治、法治、德治、自治、智治"五治并举"。广大高校还应发挥管理及智力优势，把推动乡村治理现代化作为重要职责，围绕党的农村基层组织建设和乡村治理等开展调研、创新工作，持续推进脱贫地区的治理帮扶。

@王树国（全国人大代表、西安交通大学校长）：

习近平总书记指出，要增强教育服务创新发展能力，培养更多适应高质量发展、高水平自立自强的各类人才。大学应该打开校门，主动并深度融入社会，把握社会发展最前沿脉搏，真正站在第四次工业革命潮头，变革、构建学科体系，让学生在一个与时代同频共振、与社会脉搏紧密相连的前沿背景下，去学习知识、把握知识、创造未来。新一轮技术革命过程给各高校带来巨大挑战，但更是一个绝好的机遇。西安交通大学正在中国西部科技创新港开展实践和探索。学校从校地共建、加强政产学研协同创新、助力行业企业解决"卡脖子"

---

* 本文刊发于《北京教育》（高教版）2021年第4期

发展难题等维度，主动融入地方经济社会发展，深化互利合作，提升人才培养质量，促进教育与社会、经济的循环，实现教育体系与科技体系、产业体系、社会体系有机衔接，推动教育链、人才链与产业链、创新链融合发展。期待创新港能走出一条大学与社会深度融合的创新之路，并成为新征程上引领社会发展的重要引擎。

@施大宁（全国政协委员、南京航空航天大学副校长）：

我认为"破五唯"是对前期中国科技教育功利化的评估体系的纠偏。"破五唯"的关键在"唯"，说到底还是论文，论文是科研成果的表现形式，论文应该首先根据最初的科研目标去努力，做出成果后再刊发论文，但由于前期的评价体系出现了偏差，导致出现了"为了论文而论文"的现象。因此，"破五唯"的核心在于让科技评价标准回归理性，真正把我们的研究成果写在工作实践中。学术评价的顶层设计是一个从上到下的系统性工程，这也是从过去一味地追求成果数量，到现在更注重学术成果质量的历史过程。目前，我国的科研体量比较大，做这种"纠偏"工作是非常及时的。破"五唯"，不仅要"破"，更主要是"立"。破除评价标尺的异化，并不是对学术标准本身的否定，而是强化学术至上。同时，还要与时俱进，借助新方法、新技术制定更能反映评价对象的新标准。破除教育功利化非一日之功，需要抓住破"五唯"的历史契机，破冰前行、久久为功。

@赵继（全国政协委员、东北大学原校长）：

改革开放以来，我国科技和产业取得了长足进步，但颠覆性、变革性和原创性的成果在一些方面还受制于人。为此，一是要加强国家科技战略力量和体系建设，实施重大科技项目有组织的创新；二是要加强以企业为主体的技术创新，构建和完善需求导向机制，深化产学研用融通创新，形成多元创新要素汇聚的良性格局；三是要把提升原始创新能力摆在突出位置，大力加强基础研究，鼓励前沿探索和自由探索，推动学科交叉融合、知识体系创新和成果转化；四是要深入推动科技与经济、科技与教育的紧密结合。解决"卡脖子"问题，根本还要靠创新驱动，而创新驱动的背后，是创新人才的支撑。高端人才培养是国家创新体系的重要组成部分，"双一流"建设高校肩负着培养高质量创新人才的重任。既要重视突破当下的瓶颈，也要看到未来和潜在的风险，尤其是科技基础和产业基础体系中存在的问题，因为后者往往更具挑战性。我们只有兼顾国家当前紧迫需要和未来重大需求，才是创新强国建设的根本之策和长远之谋。

@赵长禄（全国政协委员、北京理工大学党委书记）：

疫情防控常态化、经济转型、复杂多变的国际形势等多因素交织，让高校毕业生就业工作面临严峻挑战。政府、高校、用人单位、公共就业服务机构等各方面力量要进一步统筹施策、加强联动，完善毕业生就业支持体系，保障毕业生充分就业、高质量就业。一是要加大就业市场建设力度。二是引导毕业生多渠道就业和到基层就业。挖掘平台经济、共享经济中的就业机会，引导毕业生到战略性新兴产业就业、创业。鼓励毕业生到先进制造业、现代农业、现代服务业等领域多元化、多渠道就业。加大毕业生赴基层就业的政策支持力度。三是在高质量教育体系建设中深化教育教学改革，优化毕业生供给结构。优化专业设置，促进招生、教学、就业、学生工作联动，提高人才培养质量，从源头上解决就业问题。四是科学推进学生职业生涯教育。进一步完善课程讲座、团体辅导、个体咨询"三位一体"的职涯教育体系，通过提升就业核心竞争力，实现学生优质、满意就业，有效助力学生个人职业生涯发展。

@熊思东（全国人大代表、苏州大学校长）：

在首轮"双一流"建设中，因身份属性、区域经济发展的差异，地方高校"双一流"建设存在着不均衡不充分情况。因此，在新一轮"双一流"建设过程中，地方政府要在"上下联动、沟通内外"中发挥更加有力的作用，推动地方高校"双一流"建设积厚成势、行稳致远。一是要强化统筹力，统筹教育、科技、财政等部门，出台"一揽子"配套政策；将"双一流"建设纳入省市两级政府经济社会发展总体规划，统筹推进区内科创中心建设等重大工程与"双一流"建设相衔接；统筹落实好部省共建"双一流"建设协议中的各项改革发展任务。二是要增强引导力，实施分类建设和评价，对具有不同发展基础和前景的高校实施差别化、倾斜性的资源配置模式，引入第三方评估，实行绩效考核，提升建设成效；出台捐赠配比政策，引导社会资源投入"双一流"建设，帮助高校提升"造血"能力。三是要提高保障力，建立部省校定期会商机制，着力破解瓶颈问题；落实"放管服"，支持在建高校在招生、选人、用人等方面先行先试，释放办学活力。

@王黎光（全国政协委员、中国音乐学院院长）：

"中国乐派"是以中国音乐元素为依托，以中国风格为基调，以中国音乐人为载体，以中国音乐作品为体现，以中国人民公共生活为母体的音乐流派与音乐学派的合称。大国崛起需要中国音乐重塑自信，中华文化需要中国音乐奋发有为，美育教育需要中国音乐有所担当，这是倡导和建设中国乐派推进文化强国和教育强国的根本出发点。中国音乐文化在几千年的历史中曾广泛地影响亚太地区，今天的中国乐派在塑造中华文明的基础上，也应对东方文明有所贡献。首要任务便是在 21 世纪树立起中国自己的音乐流派、音乐学派与音乐教育体系。中国乐派的核心是不可复制的中华优秀音乐文化，体现了中华民族的特色文化积淀、精神面貌与审美趣味，是重建文化自觉与文化自信的重要途径。中国乐派建设作为文化强国的具体举措之一，具有重要的现实意义：一是中国乐派建设关系到国家文化战略的实施；二是中国乐派建设关系到国家软实力和文化凝聚力的提升；三是中国乐派及其话语体系建设有助于现实问题的解决。

@范迪安（全国政协委员、中国美术家协会主席、中央美术学院院长）：

今年"两会"，习近平总书记再次就教育的根本属性和发展方向、建设教育强国要破解的重大问题进行了高屋建瓴的阐述。在艺术教育上，我们要着力培养青年学子的思想品德和文化情怀，引导他们形成正确的世界观、人生观、价值观以及历史观、艺术观。中央美术学院加强思政课教学改革，形成贯通思想、情感、认知和专业新的教学模式，注重将校园"小课堂"接续社会"大课堂"，让学生在社会实践中形成关注中国发展、社会进步的自觉意识，组织学生参与重大美术、设计创作，将专业知识与服务国家、服务人民结合起来，努力达到"培根铸魂、启智润心"的"大思政"效果。美术专业在高质量发展的新征程中必将大有作为，需要我们更加注重学科内涵建设，巩固中国美术教育在以往百年中积累形成的经验优势，根据社会发展的需求拓宽口径，不失时机地培育新的增长点。学校通过拓展艺术管理、美育、艺术品修复与保护等新专业，整合多个学科力量培育科技艺术，朝向"构建具有中国特色、中国风格、中国气派的学科体系、学术体系、话语体系"高质量发展。

教育评价如何成为教育发展的"方向盘"*

@**铁铮**（北京林业大学教授）：

让教育评价成为教育发展的"方向盘"，必须树立科学的精神，按照科学规律办事。一是要充分认识教育评价改革的复杂性、艰巨性和长期性，既要有攻坚克难的勇气，也要有久久为功的韧劲，更要有科学的态度。二是改革未动，科研先行。构建政府、学校、社会等多元参与的评价体系，建立健全教育督导部门统一负责的教育评估监测机制，都需要做大量认真、细致、严谨的科学研究工作。三是用现代最新科学技术，创新教育评价手段和工具。要系统设计、辨证施治、重点突破、加紧探索，将人工智能、大数据等现代信息技术引入评价机制，积极探索更科学、更先进的手段、方法和工具。四是科学创建教育评价制度和机制。要坚持以立德树人为主线，以破除"五唯"为突破口，从党中央关心、群众关切、社会关注的问题入手，立足中国国情、社情、教情、校情，积极、稳慎、务实地探索创建科学的、符合时代要求、令人信服、经得起历史检验，既相对稳定又可不断调整的教育评价制度和机制。

@**张晓新**（北京印刷学院党委宣传部常务副部长、研究员）：

中共中央、国务院印发的《深化新时代教育评价改革总体方案》，是指导深化新时代教育评价改革的纲领性文件。习近平总书记在教育文化卫生体育领域专家代表座谈会上强调，要抓好深化新时代教育评价改革总体方案出台和落实落地，构建符合中国实际、具有世界水平的评价体系。这为深化新时代教育评价改革指明了前进方向，提供了根本遵循。要牢固树立科学的人才观，坚持德育为先、能力为重，因材施教，人人成才。同时，要牢固树立德智体美劳全面发展的育人观、科学成才观，把立德树人成效作为检验学校一切工作的根本标

* 本文刊发于《北京教育》（高教版）2020年第11期

准。完善德育评价、强化体育评价、改进美育评价、加强劳育评价、严格学业标准、深化考试招生制度改革，促进学生身心健康、全面发展。改革教师评价标准，将"四有好老师""四个引路人""四个相统一"作为教师评价第一标准，突出教育教学实绩，强化一线学生工作。改革用人评价，建立以品德和能力为导向的人才使用机制，树立正确用人导向、促进人岗相适。

@**赖明明**［深圳技术大学马克思主义学院（人文社科学院）副教授］：

近日，中共中央、国务院印发的《深化新时代教育评价改革总体方案》，其具有三大特点：第一，评价标准明确化。确定了立德树人是新时代教育评价的根本标准，这有助于引导教育回归到育人的正道。第二，评价标准具体化。把立德树人具体到树立德智体美劳全面发展的育人观，引导致力于培养一代又一代立志为中国特色社会主义奋斗终生的有用人才。第三，评价标准针对性。评价标准直接针对当前教育评价中普遍存在的"唯分数"与"唯 C 刊"两大痼疾。值得注意的是，此方案要纠正的只是"唯"，依然鼓励教师以科研促教学发表论文。因此，围绕学科建设、教书育人、服务社会而在党报党刊、国家认可的期刊发表的论文，均应在评价体系中占有一定的位置。当前，不少高校以进入国外高校排行榜而沾沾自喜，殊不知国外高校都不在乎这类所谓的排名。从这个角度看，方案的出台不仅具有重大的理论价值，而且具有重大的实践指导意义。

@**韩宝志**（天津大学档案馆馆长）：

新时代，面对纷繁复杂的新形势，如何在未来发展中做好、站稳、走好，关键是要靠人才，特别是靠我们自己培养起来的人才。要培养好人才，有三点特别关键：一是方向问题，特别是为谁培养人的问题，一定要抓住。首先是"人"，然后才是"才"，立德树人这个核心永远不能丢。这里的"德"，首要是"爱国"。除了要通过传统的主渠道之外，更要通过当前的形势，认真地分析其背后的原因、根本的道理。二是道路问题，要切实地用好评价"指挥棒"，引导人才培养避免当前存在的功利化倾向，培养德智体美劳全面发展的人。三是机制问题，即如何培养这样的人。家庭、社会、学校、党和政府要形成合力。社会倡导尊师重教，对教师的职业予以充分的尊重，对教师的地位予以足够的物质保障、精神鼓励。同时，在选人、用人过程中更加重视实际工作能力和水平，通过社会评价机构，征集用人过程中发现的不同人才培养单位的不足之处，并及时反馈给培养单位，予以改进。

"体美"价值的"再认识"*

@**铁铮**（北京林业大学教授）：

之所以需要"再认识"，理由有二：一是以往的认识还很不到位，远没有充分认识到体美所具有的实际价值；二是对体美的认识需要在与时俱进中不断深化，发现和认识新时代体美的新价值。"再认识"中应该注意把握三个维度：一是既要认识体美的直接价值，更要看到其具有的巨大间接价值；二是既要认识体美的现在价值，更要看到其蕴含的巨大将在价值；三是既要认识体美的显性价值，更要看到其蕴含的巨大潜在价值。体美除了对学生的体魄和审美有十分重要且不可替代的作用外，其价值还体现在对德育、智育和劳育都有重要的推动作用。体育可以磨炼意志毅力，锻造吃苦耐劳品质，培养竞争意识和团队精神，为学生当下的成长和未来的全面发展奠定基础。美育是陶冶情操、纯洁道德、丰富精神的重要途径，在情操教育、心灵教育、丰富想象力和培养创新意识教育中不可或缺。学生在学校学到的知识肯定会随着时间的推移而"过时"，但体美所赋予学生的将是一生的"财富"。

@**卿涛**（石河子大学党委宣传部常务副部长）：

近期，中共中央、国务院印发了《深化新时代教育评价改革总体方案》，中共中央办公厅、国务院办公厅印发了《关于全面加强和改进新时代学校体育工作的意见》和《关于全面加强和改进新时代学校美育工作的意见》，从制度层面回应如何解决应试教育和社会功利性导致的体系缺失。现实中，应试教育所突出的分数至上，让学生本应享有的体美教育、道德教育、心理教育退居其次，教育的人文本质被淡化。教育活动的目的就是促进人的发展，促进人性的进化，也就是我们党一直强调的德智体美劳全面发展。审美能力、体育素质是人之所

---

* 本文刊发于《北京教育》（高教版）2020 年第 11 期

以成为人的基本素养，在教育体系中凸显体美价值，是对教育本质和常识的回归。党和国家制度设计已经破冰在先，社会上广泛探讨的"中考体育将达到与语数外同分值水平"的话题其实并不是问题的本质。真正需要我们深入思考的应该是，社会各界能否从思想上真正认识到体育素质、审美素质对青少年成长成才的极端重要性。

@**王成**（民航博物馆党委副书记）：

五育并举，让我们重新审视体美教育对于一个人成长发展的现实价值，认识到体美教育不是简单的、孤立的一节节课程，或是传统的、固有的一次次活动，而是提高青少年健康水平、促进其全面发展的重要途径和手段，是满足每一个家庭追求美好生活的应有之义。蔡元培先生曾指出，完全人格，首在体育；还特别强调，美育是最重要、最基础的人生观教育。可见，对体美价值的客观认识由来已久，其重要程度亦不言自明。新时代人们对美好生活的追求，更多地体现在精神、文化、环境、身心健康等方面。如何帮助青少年拥有健硕的体魄和健全的人格，已经成为摆在全社会面前的一个重大课题。以体育人，固本强基；以美育人，向阳而生。学校要坚持以人才培养目标为引领，以学生兴趣为导向，通过课内外一体化建设激发学生主动性和创造性，自觉提高自身的身体素质和审美能力，形成积极健康、乐观向上的生活方式，养成不怕困难、愈挫愈勇的坚韧品格，确立胸襟广阔、身心愉悦的人生态度。

@**张树辉**（中国社会科学院大学副校长）：

第一，高校和教育工作者比以往更有必要、有责任对学校体育和美育在整个教育乃至每一个人的成长和发展中的价值进行再界定、再研究、再阐释，"践强体美之行，成融五育之果"。第二，高校和教育工作者比以往更有动力、有条件通过加强和改进学校体育，真正实现让学生享受乐趣、增强体质、健全人格、锤炼意志"四位一体"的价值，特别是凸显锤炼意志和健全人格的作用，使之成为提升人际交往能力，乃至弘扬爱国主义集体精神的重要渠道载体；我们也比以往更有动力、有条件通过加强和改进学校美育，切实提高青年一代的审美能力和人文素养，为实现文化强国战略奠定坚实基础。第三，在引领社会和民众认识体育、美育战略意义和价值的进程中，高校要比以往更有行动、有作为。高校要开风气之先，创新性推动体美教育综合实践的改革，探索新时代体美教育的价值实现，要努力培育国人强健体魄的内生动力，还要强化自身和被教育对象的"育美"意识，多生产培育富于时代气息的新美好。

教育如何引领"时代"*

@**林善园** ［中国地质大学（北京）党委副书记］：

"时代"是具有范式和革命意义的。此时代与彼时代不同，是依经济、政治、文化、社会等不同状态划分的，如农业时代、工业时代、信息时代等。驱动近现代工业化进程的是科学技术的范式变革。例如：18世纪的蒸汽机技术推动人类社会进入蒸汽时代；19世纪的发电机技术催生了电气时代；20世纪的计算机、互联网技术宣告了信息化时代；21世纪涌起的人工智能、大数据、生物技术等正在酝酿新时代的到来。掌握这些核心关键技术的是人才。创新人才培养是"钱学森之问""李约瑟之问"的问题实质。人才问题，抑或是科学问题，归根到底是教育问题。教育是触发范式变革的原动力。没有教育的改革与创新，尤其是目标导向即教育评价的改革，就不可能有创新型人才的产出，科学技术创新更无从谈起。教育引领"时代"既是国家意志，也是人民期待。

@**张树辉** （中国社会科学院大学副校长）：

有什么样的时代，就会孕育什么样的教育；有什么样的教育，就会决定有什么样的未来。第一，教育要更加适应时代的新要求。面对百年未有之大变局，教育作为国之重任，要处变局而不惊，立潮头而不乱，要继承优良传统，总结成功经验，树立文化自信，也要更加负责、诚恳、有效地学习先进经验，推动理念自省，促进制度自新。第二，教育要突出体现时代的新特征。应对飞速变迁的社会新期待，教育要发时代之先声，放眼世界、着眼未来，更加注重高质量和内涵式发展，更加关注教育本体的科学性、前瞻性、世界性、革新性特征。第三，教育要加快引领时代的新发展。锚定2035年远景目标，教育必须坚持党的领导，始终牢记为党育人、为国育才使命，要扎根中国大地，立足中国现实，

---

* 本文刊发于《北京教育》（高教版）2021年第11期

体现中国特色，要推动协同育人，促进教育公平，服务终身学习，要全面对标新发展格局，实现建成教育强国，强力助推我国成为学习大国、人力资源强国和人才强国，进一步发挥高质量教育体系在国计民生中的基础性、先导性、全局性作用。

@**铁铮**（北京林业大学教授）：

　　要想引领时代，就必须为时代服务，真正做到"寓引领于服务之中"。居高临下的训导、自以为是的指教，最终不但难以引领时代，还会成为时代的弃儿。要瞄准时代前沿，研究和破解时代所提出的问题，迎接时代所面临的各种挑战，为时代前进和发展提供取之不尽、用之不竭的理论武装、人才支撑和科技动力。第一，教育要向时代学习。面对错综复杂的形势，引领时代的难度会越来越大。教育者必须先受教育，而且要先受最先进的、最超前的教育。否则，别说引领时代，不被时代淘汰就是万幸。教育要放下身段，虚心向时代学习。要不断汲取时代的营养，把握时代的风云变幻，使自身变得更加强大。第二，教育要与时代同行。故步自封、一成不变的教育，只能被时代所抛弃。教育要有前瞻性、预见性，不能被动地面对时代的挑战，而要积极主动地深入研究时代发展的规律、特点。面对飞速发展的时代，教育要做改革创新的"弄潮儿"。要真正解放思想，彻底更新观念，在不断创新中探索出新的教育模式、教学方法。

@**刘向兵**（中国劳动关系学院党委书记）：

　　教育是推动时代发展的事业，又是引领时代进步的事业。2020年这个新中国历史上极不平凡的一年，教育引领时代的作用更加凸显。一是教育规模和质量的提升，特别是作为科技第一生产力、人才第一资源和创新第一动力结合点的高等教育进入普及化阶段，显著引领着时代进步的速度、效度和关键环节，有力推进了人才强国、文化强国等目标的建设。二是教育方针的调整，培养德智体美劳全面发展的社会主义建设者和接班人，推进"五育并举"，势必带动整个社会更加重视全民的体育、美育和劳动素质。三是教育评价的改革，启发整个社会破除"唯名校"等导向，建立以品德和能力为导向的人才使用机制，引领全党全社会树立科学的教育发展观、人才成长观、选人用人观。四是教育手段和方式的变革，特别是疫情防控期间大中小学"停课不停学、不停教"的优秀成绩单，有力地激发了整个社会"互联网＋教育""智能＋教育"的新动能，推动了终身教育时代和学习型社会的早日到来。

@李四平（北京工业大学党委副书记）：

教育要引领时代，必须以习近平总书记关于教育的重要论述为指引，在变局中坚守初心和使命，回应时代关切，解决时代命题，以系统思维深化综合改革。第一，教育的初心是为党育人、为国育才，必须坚持党对教育工作的全面领导，这是推动教育健康发展的根本保障。第二，教育是国之大计、党之大计，必须立足服务中华民族伟大复兴的历史使命，切实把教育摆在优先发展的战略位置，这是教育推动国家强大和社会发展的"重要先手棋"。第三，教育的根本任务是立德树人，必须遵循教育规律和人才成长规律，坚持以人民为中心发展教育，着眼未来培养能够适应和引领时代发展的一代代新人，回应人民对高质量教育的期盼，以教育公平促进社会公平正义，实现凝聚人心、完善人格、开发人力、培育人才、造福人民的目的。第四，教师是立教兴教的基础，必须坚持以建设教育强国和科技强国为己任，建设一支面向未来、适应教育现代化需要、高素质专业化的教师队伍，增强教育服务时代战略布局的能力。

@李洪波（江苏大学党委副书记）：

教育引领时代之关键在于三方面：一是突出政治引领。伟大时代呼唤伟大理论，尤其是伟大政治思想和政治理论，教育于此义不容辞。因此，中国特色社会主义教育要坚守"党的领导"本质特征，坚持"立德树人"根本任务，致力于培养肩上有担当、胸中有人民的时代新人。由此，教育形成价值塑造，从而牵引时代发展。二是突出文化引导。某种意义上说，教育即文化，而积极的思想文化促进时代发展。因此，教育不是将知识"灌输"，而是将知识"建构"，更是让文化"升级"，坚持"批判继承、弃糟取精、综合创新、古为今用"，致力于持续知识迭代、以文化人。由此，教育养成文化自信，从而支撑时代发展。三是突出创新引航。创新是引领时代发展的"第一动力"，而教育则对创新起关键作用。因此，教育战线在人才培养中培育探索精神及创新思维，构建终身学习型社会，在科技创新中注重面向世界和未来，推动创新型经济和创新型国家建设。由此，教育孕育创新创业，从而引航时代发展。

@李秀云（中国政法大学副校长）：

习近平法治思想是新时代法学教育和法治人才培养的行动指南。中国政法大学作为法治人才培养的第一方阵，肩负着培养德才兼备高素质法治人才的重任，提高法治人才培养的质量，造就一大批德才兼备的高素质法治人才，是新时代赋予高校的神圣使命和责任担当。办好法学教育、培养法治人才是建设法治社会、法治政府、实现全面依法治国的基础性和先导性的工程。学校将以习近平法治思想为指导，坚持社会主义法治道路，明确法学教育和法治人才培养的政治方向，引领国家法学教育的创新、法学理论的革新和法治思想的更新；坚持立德树人、德法兼修，培养符合中国法治建设实践需要的高素质法治人才；创新法学教育和法治人才培养知识体系，按照立足中国、借鉴国外、挖掘历史、把握当代、关怀人类、面向未来的思路，正确解读中国现实，回答中国问题，提炼标识性学术概念，打造具有中国特色和国际视野的法学学科体系和话语体系，为法治中国建设、为实现中华民族伟大复兴的中国梦贡献智慧和力量。

@覃川（清华大学党委宣传部常务副部长、新闻中心主任）：

第一，教育要推动高质量的发展。新时代新阶段必须贯彻新发展理念，必须是高质量发展。高质量的发展离不开强有力的人才资源和科技创新的支撑。时代越是向前，知识和人才的重要性就愈发突出，教育的地位和作用就愈发凸显。第二，教育要塑造更融合的世界。学科交叉融合引领前沿创新，线下线上融合带来教育变革，中西古今融合推动文化传承。在人类加快形成命运共同体的今天，教育可以通过更加密切的互动交流，促进对人类各种知识和文化的认知，增进了解、激发灵感、凝聚共识，为创造更加开放融合的美好世界做出独特贡献。第三，教育要成就有韧性的未来。突如其来的新冠疫情改变了世界，也影响着我们对未来的认知。在危机来临之时，我们需要有更强大的抗干扰、抗打击能力，更需要有转危为机、突破前行的意识和能力。教育正是促进所有人的全面发展，赋予社会更强劲韧性的重大利器。行稳致远，教育的力量将引领和支撑世界在正确轨道上前进，并塑造人类的未来。

办学之道

大学之变，从校长的"两课"说起[*]

　　每逢大学迎新和毕业时，大学校长都会做精彩的演讲，这是大学校长给大学生上的两堂课。这两堂课固然精彩，但对于大学生来讲，校长仅有的"两课"显然是不够的。中国大学正值变革之际，是否可以将大学校长的"两课"作为改革的突破口呢？

@铁铮（北京林业大学党委宣传部部长）：

　　大学陆续开学，校长们又忙着给新生上第一课了，一如他们忙着给毕业生上最后一课。校长的迎新寄语固然重要，领导临别赠言实属难得，但更重要、更难得的是，大学生在校期间能够经常得到校长的帮助和指点。许多学生告诉我，大学四年没见过校领导。这不能不说是他们大学生涯中的遗憾。他们有太多的困惑、难题、疑问、意见需要倾诉和解答。尽管他们可以找辅导员等负责人，但这些都不如面对校长来得更加直接、有效。要求校长整天和大学生泡在一起，显然是不现实的。但校长们总该到学生中走走、谈谈、接待一些学生来访。这样做不仅可以消除大学生和校方的距离感，而且还能准确地摸到大学生的脉搏，帮助学生学会和领导打交道。有人或许会说，现在的大学学生动辄数以万计，校长怎么可能和学生频繁地互动呢？世上无难事，只怕有心人。问题的关键是，在校长的心目中是不是真的以学生为本！

　　现在恰逢群众路线教育实践活动如火如荼。建议大学校长们，不妨从和大学生交朋友做起。

@张小锋（对外经济贸易大学党委宣传部部长）：

　　对于大学生而言，聆听校长新生开学典礼和毕业典礼上的讲话，是大学生

---

　　* 本文刊发于《北京教育》（高教版）2013 年第 10 期

涯中不可或缺的独特风景，错过了抑或缺少了，都将留下终生的遗憾。校长的这"两课"，本为校长的必修课、必上课，无须大惊小怪。然而近年来，校长的"两课"却日益受关注，个中原因，除"两课"的确精彩，富有教育意义外，另一层原因就是一些大学校长不重视这"两课"，不认真备课，甚至某些校长由于忙于他事忽视或缺席"两课"。可喜的是，校长不可缺席"两课"已重新成为社会共识，成为判断校长是否称职的标志。需要注意的是，校长的"两课"，一定要高度重视，认真备课，要常备常新，切忌备一次，讲多年；校长的"两课"，要重内容，讲出真性情，万勿假大空，避免程式化。当然，校长只上好"两课"还远远不够，还应该尽可能给本科生开课，与学生沟通。大学校长都是教授，大学明确规定，教授必须为本科生开课，所以，校长就应该做"教授为本科生开课"的表率。

@袁本文（北方工业大学党委宣传部部长）：

每年在高校迎新或毕业典礼上，校长都语不惊人死不休，煞是热闹。信息快餐化时代，校长们的"两课"大都落入窠臼：娱乐有余，理性不足；温馨有余，担当不够。在娱乐和温情之外，应有更多的理性和担当。理性是对我国高等教育面临问题和困难的清醒认识：新生缺少公民道德素养的教育等。担当是对高校核心工作的准确把握：大学是育人重镇，是思想道德建设的高地。要培养真正适应社会需求的合格人才，大学必须把改革当作常态。"两课"是学生聆听的大学第一课和最后一课。欲改革，请先从校长的演讲开始。

@曹宇（北京林业大学人文学院科学技术哲学专业学生）：

大学新生开学典礼是新一届大学生走进大学的第一课。对于初入新环境的大学生而言，新鲜感与陌生感很容易使他们偏离方向，面对相对自由的生活和学习环境，大学校长在开学典礼上的讲话能帮助他们更好地认识大学，规划未来。毕业是充满回忆与不舍的季节，大学生即将踏入新的征程。校长在毕业典礼上的讲话为学生指明了方向，不忘责任，铭记民族和国家的使命，用己所学贡献社会。字字句句情怀深切，无不充满期待与祝福。大学校长在开学典礼和毕业典礼上的讲话看似在大学生的学习生涯中次数不多，却在大学生学习与实践的重要转折点引导着一批又一批的大学生崇尚学习，贡献社会，感恩国家。

@**杜少庆**［中国矿业大学（北京）机电与信息工程学院机械工程及自动化
专业学生］：

近几年，越来越多的大学校长热衷于在开学典礼和毕业典礼中进行演讲。
在我看来，大学校长的演讲的确会给学生一种激励、责任和担当。每所大学都
有自己独特的历史文化和发展背景，只要在演讲中自然融入学校底蕴，动之以
情、晓之以理地对学生起到引导、激励的作用，那么无论是比较传统的说理忠
告，还是比较新颖的潮语迭出，对学生来说，都将是一种最好的关怀和期待。
只要能从心底带给人一种真切的正能量，那便足矣。

高考英语改革，您怎么看？*

　　北京高考英语改革的政策甫一落地，就引起了相关各方的高度关注，引发了不少热议。各种赞成的、反对的、审慎的观点不一而足。作为高考的直接相关者，大学自然也非常关注此政策对其的影响。以下便是一些大学人对此项改革的思考和观点，不知您怎么看？

@铁铮（北京林业大学党委宣传部部长）：

　　北京无小事。高考英语降分、语文升温，不但京城热议，而且全国关注；不仅在中小学引起了反响，而且在高校也引发了思考。如何看待这一举措的出台？英语降分了，还要不要下功夫学？语文升温了，怎样才能学好？这些问题的确值得认真思考。在国际化的大背景下，学好英语的必要性、重要性和紧迫性毋庸置疑。在文化大繁荣、大发展的态势下，母语的意义、价值、作用不言自明。问题不在于要不要学，关键是怎么学、怎么教、怎么用。作为大系统中的一个环节，高考改革显然牵一发而动全身。大学不能不对此高度关注。大学英语教学如何与改革后的高中英语教学衔接？研究生入学考试中英语该占多大比重？诸如此类的问题，需要尽快研究、深入研究。

@苏寄宛（首都师范大学党委宣传部部长）：

　　北京目前的高考方案已延续多年，随着时代的变化和教育发展的要求，改革已迫在眉睫。特别是伴随着全国新一轮高考改革浪潮，北京率先做出垂范，通过广泛调研，综合考虑，向市民交出了一份答卷。这一举措喜忧参半。值得高兴的是，语文提高了分值，这对于提高对母语的重视，对博大精深的中国传统文化的弘扬，具有十分重要的意义。文综、理综分数提高，也充分体现了对

　　* 本文刊发于《北京教育》（高教版）2013 年第 11 期

加强交叉学科建设和提高创新思维能力的高度重视。但是，这一改革方案对于可能引起学生对英语学习热情降低这一问题，要有相应的对策。特别是对于北京建设国际大都市这一战略目标，势必带来一定的负面影响。以上值得教育工作者深思。

@ 袁本文（北方工业大学党委宣传部部长）：

近日，北京市宣布2016年高考英语单科总分要降低50分。这一做法的出发点是好的，但缺乏整体思考。如：调整高考英语总分，高中英语、大学英语课程要不要调整？如何调整？再如：这一做法是否就一定能解决过度重视英语的问题？类似的问题很多，都需要考虑，应避免"头疼医头、脚痛医脚"的改革！

@ 鲁雷（北京信息科技大学党委宣传部部长）：

本次北京高考政策的改变是值得高度肯定的有益探索，它以破冰的举措彰显了改革的姿态，将对其他省市的教育改革起到引领和激励作用。一直以来，英语方面的各种竞赛、等级考试、资格证书等层出不穷，把活生生的语言学习僵化为一道道冰冷的考题，更遑论对于外国文化的深入理解了。此次调整，对于英语听力、写作的重视应该说是回归了外语基础教育的本真意义。对于语文的调整无疑会突出母语、民族传统文化在学生知识素养中的分量，这是非常令人称道的。希望各界深入研讨中小学的教学内容，大学教学也应实现好与高考的对接，努力摆脱应试的桎梏，凸显本次改革的成效。

@ 张小锋（对外经济贸易大学党委宣传部部长）：

北京高考政策的调整，值得高度关注，其积极意义显而易见，它将撬动中国整个教育系统的变革。降低英语分值、增加语文比重，意味着中国教育向传统文化的回归。愈是民族的，才愈是世界的。只有愈重视传承自己的民族文化，才能愈培养学生的开拓创新精神和世界情怀。同时，英语考试本身增加的听说内容，也让英语教育回归本位。需要强调的是，中高考政策是教育的指挥棒，它也将影响到高等教育。高等教育也需要调整已有的人才培养模式，实现与中高考政策调整的无缝对接，形成合力！

以学分转换拓宽终身学习通道*

　　党的十八届三中全会《中共中央关于全面深化改革若干重大问题的决定》提出"试行普通高校、高职院校、成人高校之间学分转换，拓宽终身学习通道"。这是一项关乎办人民满意的高等教育，建设学习型社会的改革举措。鉴于此项改革的重要意义和在具体落实过程中可能面临的问题和困难，我们邀请了部分高校的专家和学者就此展开讨论。

@**张健**（北京信息科技大学教务处副处长）：

　　党的十八届三中全会提出，"试行普通高校、高职院校、成人高校之间学分转换，拓宽终身学习通道"，如同一缕春风给我国高教系统带来新的改革动力。当前，我国高教界的学分转换与互认仅限于同所高校内部或同类型高校之间，普通高校、高职院校以及成人高校等不同类型高校间的学分转换仍处于拓荒阶段。今后，积极探索打破不同类型高校之间的学分隔阂，从纵向衔接和横向贯通两个方面，实现高校间无缝对接式的学分转换，继而建设整个高教系统的"学分银行"，搭建终身学习"立交桥"，是亟待深入思考和付诸实践的方向。这些研讨和探索将进一步激发高校科学、开放、规范的办学行为，促进优质教育资源的整合和交融，更能切实服务于学生多样化的学习和发展需求。我们，不妨从和大学生交朋友做起。

@**张小锋**（对外经济贸易大学党委宣传部部长）：

　　学分转换其实并非新鲜事物，以前人们习惯性的理解是，学分转换是中国大学与国外办学水平或声誉相当或相近的大学之间进行的学分转换或学分互认，而国内普通高校、高职院校、成人高校之间的学分转换并不多见，也鲜有学分转换的标准、规范。党的十八届三中全会审议通过的《中共中央关于全面深化

---

　　* 本文刊发于《北京教育》（高教版）2013 年第 12 期

改革若干重大问题的决定》明确指出，"试行普通高校、高职院校、成人高校之间学分转换"，这是一个全新的提法，将带来中国教育理念和人才培养模式的深远变化，有利于教育资源的优化利用。当然，一些现实问题也不容忽视，如学分转换的统一标准、规范如何确定，各校间学分转换如何监控，哪类学校间可以进行学分转换等问题都需要认真研究解决。可以说，学分转换是新理念新设计，但真正发挥其制度设计的作用，还需要进行有益探索，可谓任重而道远。

@**铁铮**（北京林业大学党委宣传部部长）：

《中共中央关于全面深化改革若干重大问题的决定》提出，要试行普通高校、高职院校、成人高校之间的学分转换，这不但有利于拓宽终身学习的通道，而且也有利于消除社会对高职院校和成人高校的偏见。实现不同层次的院校间学分转换，首先要促进相同层次的院校间的学分转换。据我所知，北京市的"学院路教学共同体"就是一种好的形式。参加"共同体"的高校要进一步增加，课程要继续丰富。其他高校也可以采取多种合作的形式。尤其是校舍相邻的高校。其次要尽快规范同一课程的教考标准体系，制定统一的教学大纲，提出统一的教考要求，为进而实现学分转换奠定基础。

@**曲茹**（北京第二外国语学院党委宣传部部长）：

这一内容可喜地勾勒出普通高校、高职院校与成人高校之间的关系不再是传统上的泾渭分明，学分转换与互认即将确立新型的互动关系，它不仅意味着三者之间便捷的搭乘，也意味着高等教育结构和机理的改变。澳大利亚"TAFE"的职业教育模式和大学相差无几的教学环境、低价的学费和专业的课程设计让人羡慕不已，而更让人感叹的是大学对其学分的认可和灵活的关联模式。这种模式突破了传统一次性教育的局限，建立了多循环的终身教育模式，这为中国高等教育的探索带来了启发和可借鉴的案例。希望这种新的关联与互动早日落地生根，使高等教育突破传统学历教育的模式，形成终身教育的理念，构建高等教育的新格局。

@**蓝晓霞**（北京交通大学党委宣传部部长）：

此项改革的实质是打破院校壁垒，提升高等教育对我国终身教育体系构建的参与度、贡献度，旨在通过不同类型教育的优势互补、资源共享的横向交流，搭建人才多样化发展的立交桥，实现各类人才成长的纵向贯通。要实现这一改革目标，必须突破两大障碍：一是破除不同类型教育间的横向分割：院校壁垒；二是破除不同类型教育的纵向分割：等级歧视。从操作层面看，关键在发挥两个作用：一是发挥政府的主导作用；二是发挥不同教育类型的参与作用。

大学章程的制定与落实，我们有话要说 *

　　深化教育领域的综合改革是十八届三中全会做出的重要战略部署。大学章程的制定是深化教育领域综合改革的内容之一，是建立现代大学制度的必须环节，是实现高等教育内涵式发展绕不开的课题。鉴于此，《北京教育》（高教版）特邀部分高校的专家和学者就大学章程制定的问题进行讨论，以期对高校的相关实践具有一定的指导和启发意义。

@**铁铮**（北京林业大学党委宣传部部长）：

　　大学需要怎样的章程，应该怎么制定章程、章程后时代应该怎么做？大学需要的是有特色的章程，我国有2600多所高校，各自的章程需要彰显自己的特色。正在撰写、准备撰写章程的高校，不能照搬抄袭人家的章程，要在国家法律的规定下，在大学章程中凸显出自己的风格和特色。大学章程的制定，要有对学校历史的深入研究，对学校风格特色的全面把握，对以往办学之路的科学总结，对国内外办学经验的学习借鉴，对国家的法律法规和教育政策消化理解，对今后改革发展的憧憬和展望。做到这些显然不是笔下功夫就能完成的。制定大学章程不是面子工程、政绩工程。制定和公布的章程只有真正发挥作用才有意义。绝不能把章程束之高阁，更不能打入冷宫，而要真正在办学的工程中照章办事。如此看来，制定大学章程重要，但同样重要的是制定出具有特色、符合本校实际的大学章程，更重要的是把它认认真真落到实处。

@**张小锋**（对外经济贸易大学党委宣传部部长）：

　　从教育部颁发《高等学校章程制定暂行办法》，到2012年起试点26所高校，再到最近明文规定要求所有部属高校在2015年年底前完成章程制定，这一

＊ 本文刊发于《北京教育》（高教版）2014年第1期

系列的信息，反映出国家教育主管部门对大学章程的极度重视和大力推进的决心。据了解，各高校均把制定大学章程确立为当前工作的重中之重，组班子、建团队、集众智，甚至借外脑，各尽其能，呈现出"章程"建设的千帆竞发、百舸争流的景象。大学章程是高校依法自主办学、实施管理和履行公共职能的基本准则，每所大学制定的章程，既要有反映高校带有普遍性的"共性"，又要体现区别于其他高校的"个性"，还要与本校的具体实际相符合，必须找到三者的平衡点。"共性"也许好反映，但"个性"却不易体现。如何避免大学章程的"千校一面"现象，是需要章程制定者认真思考的。章程制定过程中，也许要格外注意如下三句话：不等不靠不抄，"共性"要请教专家，"个性"走群众路线。

@**刘晓哲**（北京工业职业技术学院党委宣传部部长）：

人有人格，国有国格，学校也应有"校格"。大学章程是一所学校"人格"的集中体现。高校章程是高校历史传统、精神理念和办学特色的集合。章程建设应以完善内部治理结构为出发点，秉承大学精神，守护学术尊严。按照政校分开、管办分离的原则，保障高校办学自主权，按照"专家治校，教授治学"的原则，维护学术独立，完善内部治理结构。为确保"人格独立"，应在法律层面把主办方的资产控制权转变为资金保障义务。通过大学章程来规范和优化治理结构，促进内涵式发展，明晰大学、政府和社会的关系。

@**鲁雷**（北京信息科技大学党委宣传部部长）：

大学章程应当有效结合法律的原则、规定和高校自主管理的需要以及改革与发展的需求，体现高校办学理念和目标，并成为学校内各种规章制度的制定依据，规范学校的管理行为、办学行为。章程在制定过程中面临着不少难点。例如：章程制定需要充分的民主参与过程，而民主参与的形式、范围等不易操作；章程如何体现学校鲜明的特色；高校内部管理体制如何妥善处理好党委和行政在学校管理中的决策机制和职责权限；高校办学自主权的边界、行使和监督规则等。这些问题需要在章程建设过程中逐步摸索，并进行广泛交流和深入探讨，使章程充分反映学校举办者、管理者、办学者以及师生的要求与意愿。

@**蓝晓霞**（北京交通大学党委宣传部部长）：

大学章程制定应着眼规范高校内部管理权，重点明晰六对关系。一是党委领导和校长负责的关系，界定党委职责和校长职权，明确重要议事规则。二是学术权力和行政权力的关系，保证学术权力在学校民主决策和民主管理过程中的地位和作用。三是学校和学院的关系，明晰学院党政职责及其相关委员会的议事规则，实现管理重心下移。四是教代会与党政领导的关系，完善教代会职责，促进民主管理。五是学校和教师的关系，改善教职员工聘用退出机制，保护教育者权利。六是学校和学生的关系，保护受教育者的权利。

"规"的开始，也是"归"的起点*

自 2014 年 3 月 1 日起，教育部颁布的《高等学校学术委员会规程》（以下简称《规程》）就要实施了。这个《规程》的实施对于中国建立现代大学制度，促进高等教育的内涵式发展，提升高等教育质量具有极其深远的影响，其重要性不言而喻。大学中"去行政化、教授治学、学术自由等"呼声颇高的诉求是否能得到完满解决都值得我们期待和探讨。鉴于此，《北京教育》（高教版）特邀了相关学者对《规程》实施中可能遇到的问题和注意事项进行了讨论。

@**铁铮**（北京林业大学党委宣传部部长）：

教育部公布的《规程》3 月 1 日开始执行。五章的二十六条对学术委员会的方方面面进行了详细规定，成为各校规范学术委员会的行为准则。《规程》是否完美无缺姑且不论，人们关心的是由谁来监督各个学校对这一《规程》的执行。不执行的、执行不力的，由谁惩处？如何惩处？在实践中一定会遇到许多具体问题，而这些问题在《规程》中没有明确或者没有提到，又该何去何从？任何《规程》都不能只是看起来很美，管用才是硬道理。公布《规程》仅仅是万里长征走出的第一步。学术委员会的科学发展还有漫长的路走：

一是广泛宣传，让师生了解《规程》，积极参与其中。二是透明公开，及时通报公布学术委员会工作情况。三是加强监管，除教育主管部门外，请社会及师生共同监督。

@**张小锋**（对外经济贸易大学党委宣传部部长）：

《规程》意味着我国所有的高校都将按要求组建各自的学术委员会，将大大减少行政化的色彩，每一位学术委员都是学校中某个领域的学术精英，是学校

---

* 本文刊发于《北京教育》（高教版）2014 年第 3 期

学术事务上的最高裁判和集体法官。学术委员会对大学的健康发展至关重要，它使"教授治学"理念最终落到了实处。在落实《规程》中需要高度关注三个问题：一是高校组建新学术委员会，不仅要按教育部的规程办事，而且还要接受学校师生和社会各界的监督。要把组建学术委员会的过程，变成一个推进现代大学制度建设的学习、宣传和教育的过程。二是组建学术委员会要制定时间表，同时要设计好委员会章程，担任学术委员会成员必须有届数、年限等限制，不能搞终身制，不能滋养成"学霸"。三是要严禁"换汤不换药""旧瓶装新酒"，严禁搞"垂帘听政"。不能将原有学术委员会"乔装打扮"，变成新的学术委员会；也不能用"行政权力"去暗地里干涉"学术事务"。

@袁本文（北方工业大学党委宣传部部长）：

日前，《规程》出台，对学术委员会的人员构成做了规定，尤其是对中层以上干部参加该委员会进行限制。这是非常必要的，是高校去行政化的重要步骤，某种程度上体现了学术的一定要回归学术的要求。《规程》对委员会中的青年教师也做了要求，反映了高校青年教师越来越大的作用和诉求。对此，我们高兴，但还要关注许多后续问题：高校怎样实施《规程》，谁来监督？对不严格执行《规程》的高校，怎么处罚？新的委员会能发挥多大作用，对高校去行政化能产生什么影响？不一一列举。总之，过程不会一帆风顺，结果还需拭目以待。无论结果如何，对《规程》颁行，应该点赞！

@鲁雷（北京信息科技大学党委宣传部部长）：

几经研讨，集思广益之后，《规程》颁布实施，这充分体现了教育主管部门以改革创新的举措推进高校科学发展的主旨。但是，"好经须念正"，高校要结合办学实际，努力探索规范操作的路径。党委领导、校长负责制、学术委员会、教代会诸方面关系如何协调？长期以来，行政权力大、行政决策多的管理惯性如何克服？诸多事务交织之中如何剥离学术范畴？高水平学者大多已拥有行政职务，如何保证学术委员会成员构成的水平与质量？等问题有待进一步深入探讨。特别是在高校去行政化呼声日益高涨的当下，学术委员会既不能成为一种意义象征，更应该力避成为行政化的又一新形式。

@蓝晓霞（北京交通大学党委宣传部部长）：

如何处理学术和行政的关系是我国现代大学制度建设必须解答的首要、重要问题，教育部《规程》明确了我国高校学术委员会的主要职责、组建人数等关键要求，特别对行政与学术背景委员比例等具体内容进行了规范，无疑是向我国现代大学制度建设的总目标迈出了重要一步，必将为高校去行政化，真正实现教授治学，促进学术委员会更好地行使校内最高学术机构统筹学术事务管理职权发挥重要作用。今后关键是抓好《规程》落实的具体操作，切忌有规不依，执行走样。

高校理事会《规程》之我见*

编者注：《普通高等学校理事会规程（试行）》（以下简称《规程（试行）》）

@ **袁本文**（北方工业大学党委宣传部部长）：

教育部日前（2014）出台了《规程（试行）》，笔者对其实施不抱乐观态度。之所以如此，是因为高度行政化是高校目前的根本问题，规范有关事项、消弭其他问题只是治标，不是治本。《规程（试行）》对高校理事会（董事会、校务委员会等适用）的作用、人员构成和职责进行了相应规定，解决的仍是治标问题；姑且不谈它的操作性，即使完全照章办事，能不能解决、能在多大程度上解决高度行政化的治本问题，需要画一个大大的问号。迄今，关于高校治标的规章不少，得到切实执行的有几何？古有萧规曹随的故事，今若出现《规程（试行）》无人遵循的普遍现象，那么，它的意义又在哪里?!

@ **蓝晓霞**（北京交通大学党委宣传部部长）：

《规程（试行）》针对普通高校理事会运行过程中存在的定位不清等问题，进行了修正与明确。既有宏观的指导性原则，又给高校制定相应具体规定预留了空间。明确理事不得以参加理事会及相关活动，获得薪酬或其他物质利益等，是一个很好的制度性规范，对避免权钱交易、滋生腐败大有裨益。作为规范高校与社会关系的制度设计，《规程（试行）》明确理事会除筹资外，还可就学校发展目标等开展决策咨询。这是完善社会参与办学机制的重要方面，诚需高校认真落实。唯有此，才能使理事会密切社会联系、扩大决策民主、争取社会支持、接受社会监督等四方面作用得以充分发挥。

---

* 本文刊发于《北京教育》（高教版）2014 年第 10 期

@张小锋（对外经济贸易大学党委宣传部部长）：

常言说，纲举才能目张。回顾既往，大学的理事会多是大学自身摸索组建的，没有规矩，也缺乏有效监管，难以与构建现代大学制度的客观需要相适应。教育部颁布的《规程（试行）》，既是推进中国特色现代大学制度、完善现代大学内部治理结构的重要一步，也是大学理事会建设的一大幸事。站在全面深化高等教育综合改革、深入推进大学治理能力体系和治理能力现代化建设的高度来审视，其意味悠长。虽然《规程（试行）》仅16条，许多重要的环节还语焉不详，同时还冠有"试行"字样，但作为大会理事会建设的"纲领性"文件，其权威性不容置疑。《规程（试行）》规定，大学理事会将在密切社会联系等四个方面发挥重要作用，这显然与以往校董会、董事会、校务委员会只重视筹措办学资金等做法有很大区别，释放出的重要信号是值得高度关注的。今后一所大学的兴衰沉浮，将不再是某所学校自身的事，而是全社会的事，大学与民族振兴、社会进步的内在关联性更为紧密牢固。

@邸燕茹（首都经济贸易大学党委宣传部部长）：

教育部颁布的《规程（试行）》规定：高校理事会承担学校发展目标、战略规划、学科建设、专业设置、年度预决算报告、重大改革举措等工作的决策咨询和参与审议。理事会不具有决策职能，但是承担相关的决策咨询和监督职能。理事会成员除了校内相关人员，还有校外与学校密切相关的人士。社会上对这一制度的出台有不同声音，有人认为理事会不具有决策职能，理事不得以参加理事会及相关活动而获得薪酬或者其他物质利益，多是义务性的，理事会能真正发挥作用吗？这一规定对于推进中国特色现代大学制度建立，完善大学治理结构还是具有积极作用的。一是高校理事会将搭建起与社会联系的平台，争取社会支持，提升高校服务经济社会发展的能力；二是理事会引进智库，扩大决策民主；三是增强高校管理的透明度，引入社会监督，推动民主治校。对于中国特色的现代大学制度建设，高校内部治理结构的改革和建构是基础和先决条件，高校理事会建设将促进高校治理结构完善。

学科评估"成建制引进"须克服"水土不服"*

@鲁雷（北京信息科技大学党委宣传部部长）：

上海在市属高校学科评估中的新政是贯彻中央精神的新措施。但在教育领域中，成建制地引进外智并进入国际平台"对标"，上海高校学科评估是"吃蟹"之举。面对科教一体化、教育国际化的大背景，我国建设世界级高水平大学的实践必须进入国际高等教育的话语体系，在知己知彼中提升质量、扩大影响，但整建制照搬国外的做法却也值得商榷。在国情、教育体制、文化传统、办学基础不同的前提下，用同一把尺子进行衡量，评测的效果难免会令人产生"照猫画虎"的担忧。希望此次学科评估的尝试能够结合建设中国特色社会主义高等教育体系的探索，不断修正与完善。通过强化学科建设龙头地位，进一步优化高校的学科发展布局，更好地服务经济社会和行业发展；引导广大教师积极拓宽面向和视野，提升素质能力，形成可持续发展的学科梯队；扎实推进相关学科锻造优势、凝练特色，以学科建设的成效带动科技创新水平和人才培养质量的不断提高。

@韩宝志（天津大学档案馆馆长）：

首先，敢于用国际标准来衡量学科建设，是需要勇气的，是国际化在教育界的体现。其次，评估采取"管、办、评"分离的方式进行，为国内高校各种评估开了一个好头。这既符合国际惯例，也符合规律。但要注意：一是国外的标准是否适合国内的实际？目前，引进的标准突出的是"人才聚集"和"学科发展速度"两个维度，人才培养所占比重不知占多少？要防止照搬照抄，不适应我国国情的问题。二是学科评估不是目的，促进国内学科发展，向国际先进水平靠近才是目的。引进的国际标准分为五级，最高的为五星，那么这个五星

---

* 本文刊发于《北京教育》（高教版）2014 年第 10 期

是国际标准吗？我们的五星与真正的"五星"比如何？优势、不足都是什么？特别是如何进一步改进？应该有一个系统的意见或建议，不能就评估而评估。三是各个高校如何看待评估的问题。不论评估体系如何科学完整，毕竟不能涵盖每一个高校自身的特色，高校更不能完全跟着评估跑，要有"定力"，明确自己的责任与特色，明确自己的大学精神，做好工作。

@ **华维勇** （华南师范大学党委宣传部副部长）：

学科水平是体现高校实力强弱的重要指标。如何评价高校学科水平的高低，目前，国内还没有相对统一的标准。成建制引进学科评估的国际标准显然有以下好处：一是可以将学科评估这一规则进一步标准化，对学科的规范发展有促进作用；二是可以使学科发展方向与国际接轨，建立学科发展的国际化视野，提高学科的国际竞争力。但是，我们同时也应该看到，完全使用国际化标准来评判中国当下的高校学科，不一定完全符合中国高校学科发展的实际情况，特别对于一些具有中国特色、符合当下实际需要的学科，很难得出客观有效的评判。因此，在学科评估成建制引进国际标准之时，有必要根据中国的学科实际情况进行完善。

@ **铁铮** （北京林业大学党委宣传部部长）：

学科评估并不新鲜，新鲜的是上海首度成建制地引进外智评价地方高校学科发展潜力。让中国高校的学科进入国际评估平台"对标"，这的确是个创举。到底和国际一流差距有多远，用国际标准衡量一下是有好处的。但是中国有中国的国情，中国高校有中国高校的实际，不加任何修改地全盘照搬国外标准是否妥当值得商榷，其评价结果有何意义也值得存疑。从公布的结果看，半数学科都得到了 5 星或 4 星，证明此标准偏低。如果据此误以为达到或接近了国际一流而沾沾自喜则大错特错。国外先进的、科学的东西要引进，但也要充分考虑中国的具体实际。切勿走上拿有利于自己的标准说事、用国外的幌子为自己贴金的歧路。

依法治校之感与思*

@刘长敏（中国政法大学周边安全问题研究中心主任）：

依法治校需要侧重三方面的考虑：一是不能将其仅仅理解为依法治理和有章可循，还要凸显法律和规章制度中蕴涵的法治精神，法本身是有"温度"的。大学中的任何规章制度都要从最大限度地保障教师和学生的根本利益出发，不要成为各种冷冰冰的"约束"，而应该成为带有浓郁人文情怀的"关照"。二是依法治校的"治"主要体现为管理。大学的管理者是否具有法治观念和依法办事的习惯，直接决定了依法治校的水平。三是依法治校的主体是高校的全体师生。他们要充分意识到自己的权利和义务，扮演好执行者和监督者的双重角色，在追求教育民主和学术自由的过程中，共同构建文明、理性、有序、和谐的校园。依法治校，人人有责。

@韩尚峰［中国石油大学（北京）党委宣传部部长］：

法者，天下之准绳。法者，治之端也。党的十八届四中全会对全面推进依法治国做出了新部署。在这一背景下，大学依法治校被寄予厚望。怎么才能做到依法治校呢？笔者认为应做到"四个坚持"：一是坚持完善现代大学制度。制定并实施大学章程，并以章程为纲，制定完善配套制度，在有法可依的基础上，做到有法必依、执法必严、违法必究。二是坚持依法治校和以德治校相结合，两者不可偏废。以德治校，就要在全体师生中培育和践行社会主义核心价值观，使其成为日常学习、工作、生活的基本遵循。三是坚持党委领导下的校长负责制。坚持高校党委的领导核心地位，认真贯彻执行民主集中制，完善协调运行机制。四是坚持培育法治文化，弘扬法治精神。把法治理念与法治精神融入师生内心，让学校每个师生都能自觉依法办事、依法律己、依法维护自己的合法

---

　*　本文刊发于《北京教育》（高教版）2014 年第 12 期

权益，依法维护国家利益。相信通过持之以恒的努力，高校会成为依法治国的示范区，为法治中国贡献力量。

@蒋朗朗（北京大学党委宣传部部长）：

推进依法治校：一是要以正确导向为指引，追求有崇高价值观引领的法治建设，有利于培育和践行社会主义核心价值观。二是以大学章程建设为根本，把党的领导和充分发扬民主、依法治校有机结合起来，提高学校管理和运行的法治化、制度化、民主化、科学化水平。三是把依法治校和深化高等教育改革有机结合起来，以法治思维和法治方式推进改革，充分发挥法治对改革的规范和引领作用。四是要以校风建设为抓手，努力实现有法必依、有章必行，维护党纪、国法、校规的权威性。五是要以社会参与为使命，注意做好学校内部制度和管理体系建设与国家和社会法治建设的衔接，用法治方式调整和维护高校和社会的关系，把依法治校融入依法治国进程，为高校改革发展营造良好环境。

@铁铮（北京林业大学党委宣传部部长）：

依法治校的关键是落到实处：一是要把握好依法治校和依法治国的关系。学校的一切行为，都必须遵循国家的法律法规。同时，应该根据学校的特色，制定和出台切实可行的规章制度并纳入法律的轨道。注意避免章程是一套、行动又是一套的现象。二是要加强全员的法制教育。采取多种形式、内容丰富的教育实践活动，让教职工和广大学生不但知法、守法，而且成为法律知识和观念的宣传者。三是发挥人才优势、学科优势，为国家和社会提供依法治国的人才支撑和智力支撑。紧密结合国情、社情、法情，开展深入的法学相关研究，培养适用人才，承担咨询等任务。

@蓝晓霞（北京交通大学党委宣传部部长）：

依法治校关键要做到学法、建法和执法。学法是基础，解决的是思想认识这一指引实践的根本性问题，目标是让高校领导、教师、学生都树立法治意识，具备法治思维，内心深处存有对法律的信任、尊重和敬畏，特别是高校管理者须养成从法律角度思考问题的习惯，做决策、解难题时要有依法依规的意识，提高自身在治校理教过程中依法办事的能力和用法守法的法律素质。建法是要把握高教综合改革的重大机遇，以大学章程建设为契机，通过深化人事制度改革、校院两级管理、人才培养、学科建设等高校内部管理改革，完成配套规章制度的立、改、废，理顺学校内部各种关系，完善学校内部治理结构，使学校各种学术和管理行为都有法可依。执法是要做到有法必依、执法必严，做好高教法、大学章程、各项规章制度的贯彻落实，最重要的是落实好党委领导下的校长负责制、民主集中制，建立重大事项决策调研、听证制度，切实尊重教师和学生的主体地位，使其成为依法治校的参与者、受益者。

不"破"不"利"*

编者注："985 工程""211 工程"（以下简称"985""211"）

@李爱民（中央财经大学党委宣传部副部长）：

目前"985""211"面临的问题与争议，实际上是"身份文化"在高等教育管理领域的一种折射。"重点建设""非重点建设"等不同的"身份标签"，意味着一所高校资源配置和享有权利的多寡。在经济尚不发达、高等教育财政拨款不足时，国家因战略发展需要，集中力量办一批重点大学，增强高等教育竞争力，很有必要。但随着国家经济实力的不断增强，政府对高等教育投入的加大，如果依然坚持按固有身份"分钱分权"，显然已经不合时宜，甚至已经出现了许多负面结果。破除身份壁垒是实行高校"平权"的需要，因此在管理上，首先，要取消高校的身份标签，将高校根据办学特色分类，而不是按照身份高低分等。其次，要改变行政部门直接分配资源的方式，引入第三方专业机构进行科学评价，在"平权"基础上让高校展开自由、公平竞争。通过破除身份壁垒，营造权利公平、机会公平、规则公平的发展环境，才能让公平正义的阳光照亮每一所高校的追梦之路。

@席宇梅（北京服装学院党委宣传部部长）：

"985""211"身份的破除对各类高校都是利好消息。首先，长期被忽略的普通高校将有机会与名校站在同一平台上参与平等竞争、接受绩效评价和评估，通过自身的特色和优势赢得资金、生源、项目等资源和更多的发展空间，而不仅仅是眼红、羡慕；其次，名校在没有财政拨款、政策倾斜等方面特殊照顾后，势必会利用已有办学体量、教学和师资质量、科研数量等方面的雄厚基础迎接竞争，激发出更有价值的成果，从而进一步向世界名校迈进。当然，名校的名

---

*　本文刊发于《北京教育》（高教版）2014 年第 12 期

气和领先地位在很长的时间内不会因没有了"985""211"的光环而消失，普通校要想获得更多资源、收获应得的成果必须付出艰苦的努力。壁垒破除固然利好，但科学有效的大学评估机制要立即跟上，避免从个别"壁垒"到"一刀切"。此外，还要警惕和避免靠"跑项目"替代用心发展的不正之风。要让真正做得好的高校得到相应的肯定和支持，激励各类高校办人民满意的高等教育。

@**张小锋**（对外经济贸易大学党委宣传部部长）：

从坊间的"985""211"高校存废之议，到教育部负责人破除"985""211"高校壁垒之说，均引起社会各界的极大关注。如此的高关注，本身就透射出"985""211"高校的身份差别，已成为中国高等教育领域中不得不面对、不得不改革的"重点领域和关键环节"。"985""211"高校初设的动机是好的，在实践中也取得了巨大的成就。但任何事物的发展都是利害相杂，时间久了，其弊端也就出现了。现在的"985""211"已成为一种标签和等级身份的象征，而且被固化了。学生找工作、教师发文章，用人单位、办刊机构首先看你是不是"985""211"高校，如果不是，机会都不给。校级领导职务、国家经费划拨和社会资源投入，也因"身份"不同而产生巨大的差异。"教育公平"梦，在这里就似乎折断了。所以，打破"985""211"身份壁垒，淡化高校之间的"门第"观念，在诸多方面对所有高校一视同仁，无疑是推动中国高等教育水平整体发展、影响中国经济社会未来的务实之举。

@**韩宝志**（天津大学图书馆馆长）：

要破除"985""211"的身份壁垒，首先需要弄清几个问题：壁垒是什么？壁垒从何而来？我们现在所说的壁垒，是国家重点投入部分高校，造成资源分配不均的问题。"985""211"高校，大多历史悠久，是依靠实干逐渐形成的，其诞生是在当时的情况下国家集中力量办大事的反映。随着我国经济的快速发展，人民群众对文化和教育的需求，国家发展对科技和人才的需求，使目前"985""211"的格局显出不适应。国家层面的"2011计划"实际上已经开始破除这样的壁垒。"985""211"壁垒的突破，在资源分配上相对容易一些。但这些学校实力雄厚，即使调整了分配方式，仍然也会获得更多资源。从这个角度讲，所谓的壁垒，实际上对这些学校是不存在的。很多时候，这些壁垒来自内心深处，一个学生没有名牌大学的经历，是否可以成为优秀的人才？虽然没有名牌大学的科研实力，但是否也积极为国家、地方建设努力了？"2011计划"的各个学校是否努力了……我们在抱怨国家有壁垒、资源分配不均之前，应该想想，我们为国家做了什么？我们尽全力了吗？

我们离一流有多远?*

编者注：《统筹推进世界一流大学和一流学科建设总体方案》（以下简称《方案》）

@ **铁铮**（北京林业大学党委宣传部部长）：

国务院发布的《方案》提出，到2020年，部分大学进入世界一流行列；到2030年，若干大学进入世界一流大学前列。从字面上看，这个目标有很大的伸缩性。"部分"是多少？"若干"又是多少？目前可以理直气壮地说是"世界一流大学"的高校并不多。在短短五年中，使部分大学跻身世界一流行列，还需要付出更多的努力。除了教学、科研、社会服务之外，国际影响力也是世界一流大学的重要构成因素。而国际影响力不仅取决于大学自身的内部发展和建设，而且还和国际传播力有直接关系，离开了"世界知名"不可能成为"世界一流"。国内一流大学的国际传播力与世界一流大学相比还有很大差距，这是客观存在的事实。对于增强大学的国际传播力，高校在思想上要高度重视，要有总体规划和具体方案，要付诸行动。要有专门的机构和人员负责，投入必要的经费。更重要的是要研究大学国际传播力提升的科学规律和有效方法。科学地确定传播的内容，认真研究传播对象的接受心理，精心选择适当的传播途径和媒介，采取行之有效的传播方法，力争达到事半功倍的传播效果。

@ **高金萍**（北京语言大学宣传部部长）：

随着中国日益走进世界的中央、成为世界的中心，中国大学理应成为世界上具有一流地位、一流水平的教学、科研机构，甚至成为世界大学的典范。有数据显示：2014年，我国发表的《科学引文索引》（SCI）论文数量位居世界第

---

* 本文刊发于《北京教育》（高教版）2015年第12期

二；十年来，发表论文的被引用次数位居世界第四。虽然科技论文数量与科技整体实力之间没有对应的机械联系，但中国近年来科技论文发表量的井喷势头，反映了科技水平迅速提高以及综合国力显著增强的实情。科技水平的提升固然是中国成为世界强国的重要因素，人文社会科学研究成果被世界认可，更是中国与世界文明对话和交流的必备要素。而人文社会科学研究成果走向世界的必由之路，是坚持中国特色的话语创新和理论创新。成为世界一流大学，建设世界一流学科，要求我们在高等教育的教学科研中立足中国实际，凸显中国特色，让理论创新成为中国发展的发动机。

@李洪波（江苏大学副校长）：

我们离一流有多远？几个困境必须正视：一是成果转化还隔一堵围墙。高校科研工作过分关注学术造诣且一定程度上闭门造车，成果束之高阁是普遍之痛，符合时代内涵、人民追求和国家战略的成果无法大量应运而生。二是特色发展还有一个心结。注重高校层次而忽视类型的观念深入人心，目标趋同导致身份固化，求大求全导致学科布局不合理，基于优势学科专业的国家新型智库仍难形成。三是文化承扬还有一道门槛。在专业认证、学科评价、人才培养方面也处于与国际接轨的起步阶段，对文化传承有余而创新不足，还无法较大程度地影响人类思想、引领社会变迁。四是一流人才还在隔海相望。让大师们学成时"跑"回来，让诺贝尔奖与院士评定能够挂钩。让学生们求学时"跑"出去，使我国学分在世界名校得到认可等问题，在现实中仍背道而驰。五是体制机制还隔一层窗纱。高校行政化和官本位的思想仍未消除，管理自主和学术自由仍存障碍，社会参与和自主办学仍受限制，全社会支持和监督的机制不是捅一捅就捅得破。一流大学，我们已然望得到，但要够得着还任重道远。

@董竹娟（北京工商大学党委副书记）：

与世界一流大学相比，高校目前在学科建设、科研、教学、师资队伍、制度建设和经费投入等方面还存在不少差距：大学精神和大学理念需进一步凝练，具有重要国际影响力的学术权威和著名学者还不多，能够取得划时代意义、影响人类生活的重大科研成果较少，人才培养的整体教育质量、自主创新能力有待加强，传承创新优秀传统文化和国际化水平有待提高。这尤其需要一流的师资队伍做强有力的保障，各高校应加强党委统筹高层次人才队伍建设，加快推进人才培养模式改革，为建设一流大学、一流学科奠定坚实的基础。

@**苏寄宛**（首都师范大学党委宣传部部长）：

实现《方案》目标，一批世界一流大学和一流学科将跻身世界高校前列，高校责任重大、使命光荣。第一，明确目标。当今世界国际竞争激烈，影响一个国家核心竞争力的一个关键因素就是大学，因此建设一流大学和一流学科是我国经济社会发展的必然要求，这充分体现了国家对高等教育的无限期许。第二，增强信心。建设一流大学和一流学科是我国高等教育发展自信的充分体现，我国高等教育经过多年的建设，综合实力和国际影响力显著增强，整体水平大幅度提升，有力支撑了经济社会发展。让我们牢记习近平总书记的话："我们要认真吸收世界上先进的办学治学经验，更要遵循教育规律，扎根中国大地办大学"。

高校管理该如何应对"吐槽"？*

@张小锋（对外经济贸易大学党委宣传部部长）：

在"互联网＋"时代，高等教育综合改革中被"吐槽"越来越成为"常态"。首先，要学会适应。高校任何一项新举措、新进展都会引起一些不同声音，如果瞻前又顾后，就只能原地踏步；如果想赢得所有人喝彩后再付诸行动，就可能错失良机。其次，要区别对待。"吐槽"未必是坏事，有的"吐槽"是善意的，可以帮助完善、提高管理和决策水平，有利于学校更好发展，对这类"吐槽"，要点赞鼓励；对于只想表达一下自己不适应情绪的"吐槽"，大可不必在意；对一些恶意或包藏祸心的"吐槽"，要认真对待，耐心释疑解惑，正面引导化解；对具有煽动性、有可能酿成群体性事件的"吐槽"，要及时遏制，必要时落地查人。最后，要正身洁源。要想避免别人"吐槽"，就必须以公正心做事，设身处地为师生着想，在制定、出台举措和举办活动时，多一些精心管理、科学决断和人文关怀。如此，"吐槽"的自然就少了，即使有，也会是善意的多一些。

@铁铮（北京林业大学党委宣传部部长）：

高校的管理者不要畏惧"吐槽"，一切吐槽都可以转化为继续改进、改善高校管理的动力。要畅通"吐槽"的渠道，建立必要的搜集反馈机制，让人们对高校的管理评头论足。即便是对带有恶意的"吐槽"，也不必大光其火、老羞成怒，而要多从自身找原因、找差距、找努力方向。要高度重视各方面的意见建议，不但态度要好，更要注重借此改进管理。要有专人负责搜集、研判、解决、回应。区分性质特点，确定轻重缓急。能够马上解决的，抓紧解决；能够创造条件解决的，尽力解决；暂时解决不了的，做必要的解释和说明。在"互联网＋"时代，任何"吐槽"都有可能被放大。对此，高校管理者需要有应对的

* 本文刊发于《北京教育》（高教版）2015 年第 12 期

预案，着力点放在如何回应、解决和处置"吐槽"反映的问题。

@ 蒋朗朗（北京大学党委宣传部部长）：

面对各种"吐槽"，高校管理者首先要有一个良好的心态，保持一颗平常心和同理心。以"有则改之，无则加勉"的积极应对态度，增强管理者与"吐槽者"之间的互信，引导理性的舆论环境，有利于高校的形象建设和长久发展。同时，高校应把"言之有理、言而有据"的"吐槽"看作舆论监督的一部分。这些"吐槽"往往来自基层师生或者高度关注高校建设的外界人士，"吐槽"的内容往往同师生的切身利益和高校发展有着密不可分的关系。因此，高校应当虚心接受意见，严格调查问题，广泛征询意见，切实做好改进工作。当然，有的"吐槽"是言而无据、为了博取眼球的炒作。面对炒作性质、谣言性质的"吐槽"，高校首先要做好联系沟通的工作，在最短的时间内澄清事实，同时提升真实信息发布的及时性和权威性，消除负面影响，做好形象恢复工作。要学会因势利导，让"吐槽"变成"沟通"，唯此，才能让意见的表达渠道变成自身进步的通道。

@ 田阳（中国林业教育学会常务副秘书长）：

面对"吐槽"，我们必须未雨绸缪，主动应对，积极作为。高校出台制定管理措施时，要以师生为本的理念，充分考虑管理举措的科学性及师生的可接受性，夯实管理的民意基础。同时，要用柔性管理的方式推进刚性举措，避免因推进方式不当而引发的矛盾。高校更要积极把握相关舆情的主流民意诉求，主动回应各方呼声，用虚心听取批评、接受监督、改进管理的方式最大限度地凝聚民意。同时，要第一时间发布权威、准确的信息，澄清事实，还原真相，避免一些危言耸听、断章取义的不实"吐槽"发酵，维护正确的舆论导向，推动管理。总之，以开放透明的态度主动回应各方关切，容得下"吐槽"，充分利用舆论监督，学习改进管理的创新之举，才是高校科学管理的必由之路。

@ 胡伟（中国青年政治学院学生处处长）：

高校管理应对学生"吐槽"的着力点应该放在对"吐槽"内容的甄别和分类处理上。要建立学生反映诉求的顺畅渠道和管理团队，能够比较全面地掌握和了解学生关注的内容，对其中合理的建议和要求予以及时回应和解决，对于一些无伤大雅、玩笑成分居多的"吐槽"，要保持宽容和有效引导，对于涉及造假、污蔑等比较出格，甚至触犯法律的"吐槽"，要及时制止和教育，并给予相应的处理。尤其对学生或社会人士在社交平台或新闻媒体中不合理的报道和"吐槽"，要及时回应和澄清，避免被动和进一步恶化。

学术环境"绿色发展"靠什么*

@**李爱民**（中央财经大学党委宣传部副部长）：

随着我国经济实力的快速增强，对于科学研究和技术创新的投入不断增加，学术硬环境得到极大改善。然而与投入增长相比，学术水平的提升幅度与目标期望差距较大。在学术事务管理以及学术项目评审、成果评价、评奖等工作中，违背学术规律的问题时有发生。一些不科学的管理评价制度机制，引导学术人员只关注个人利益而不管学术贡献和信仰"会做研究不如会活动"，成为学术界追逐数量忽视质量、追逐"圈子"忽视能力、追逐名利忽视真理等现象赖以生存的土壤。在学术职称评审方面，许多埋头科研的学者屡屡碰壁，而一些"不做研究的研究员和不教课的教授"往往顺利过关，造成学术队伍中出现"劣币驱逐良币"的现象。年轻学术队伍中追求短平快、不甘坐冷板凳、不敢失败等过分功利化的倾向十分明显。因此，促进学术水平发展与提升，尤为迫切的是学术软环境的优化，这应该作为目前推进我国科技事业持续健康发展的"硬保障"而加以研究和解决。

@**董会泽**［中国矿业大学（北京）文法学院党委书记］：

要实现学术环境优化，学校需要从三方面入手：一是牢固树立"崇尚学术、学术至上"的办学理念。充分尊重科技工作者科研创新的主体地位，减少对科研创新和学术活动的直接干预，坚持"学术研究无禁区、课堂教授有纪律"的思路，鼓励科技工作者打破定式思维和守成束缚，勇于创新、善于创新，熏陶和启迪教师进行科研攻关，形成大学独特的学术文化，消除"官本位"和"行政化"弊端。二是健全和完善高校科研管理体制。要创新科研管理模式，实行有利于开放、协同、高效创新的扁平化管理结构；建立学术活动管理和服务体系，建立健全有利于激励创新、人尽其才、繁荣学术的现代科研管理制度。三是优化学术诚信环境建设。坚持

---

* 本文刊发于《北京教育》（高教版）2016 年第 2 期

道德自律和制度规范并举，积极建设集教育、防范、监督、惩治于一体的高校学术诚信体系，对学术不端行为采取"零"容忍。要通过多种形式，加强教师学术道德养成，引导广大教师恪守学术诚信，自觉遵守学术规范和行为准则，不断完善学术人格，切实增强学术责任，努力营造教师积极投身学术、促进学术发展的良好氛围。

@ **张小锋**（对外经济贸易大学党委宣传部部长）：

学术发展有自己的生态系统，始终处在自我净化、自我修复之中，以期永远维系着一种健康良好的学术环境。然而，近些年来，学术环境恶化、学术道德破坏已到了令人难以容忍的地步，也到了学术难以实现自我净化、自我修复的地步，这就需要更高层次、更高"医术"的外力来净化环境。国务院办公厅发布了《关于优化学术环境的指导意见》，这是国家层面首次开出的医治"学术环境病"的一剂良药，引起了社会各界的广泛关注。从开出的"药方"来看，国家找到了造成学术环境恶化的一些"元凶"。但是，我们仍要清醒地认识，这仅仅是一个"治标"之策。学术环境是一个非常复杂的系统，单纯依靠一个文件的出台，只能缓解或遏制学术环境的继续恶化，不可能换来学术环境的"青山绿水"。学术环境的优化需要全社会人人参与、人人恪守、人人"久久为功"地坚持，这才是"治本"之道。就高校而言，最重要的是改变功利化日益明显的科研引导和评价机制，努力营造尊重科学、敬畏学术、乐于探究的科研氛围。

@ **周晔**（北京邮电大学党委宣传部部长）：

学术环境的优化要建立在不压抑的基础上。不压抑才有学术自由的空间，才有宽松包容、创新的舞台；才能让优秀的科研人才横空出世，全身心地致力于研究，提高科研效率。如果普林斯顿大学没有宽容的学术环境，安德鲁·怀尔斯怎么能十年如一日地证明出困扰数学界 360 年的费马大定理；患精神分裂的约翰·纳什又怎么能在 30 年后获得诺贝尔奖?! 学术环境的优化要建立在诚信的基础上，唯有诚信才能自律、才能依法治学，才能实现道德自律和制度规范的并举，才能不陷于"打酱油的钱不能买醋"的困境……学术环境的优化要建立在超凡脱俗的基础上。从容与安静的睿智向来构筑着大学探求真理和自由成长的空间。而学术一旦功利化，其目的就会发生变形和扭曲。俄罗斯数学家格里戈里·佩雷尔曼解决了困扰人类百余年的庞加莱猜想，面对百万美金的奖励召唤，他嗤之以鼻……学术环境的优化要建立在大学张力的基础上。大学应以引领者自居，不断化解政治人、社会人的困顿；在"坚守"与"引领"之间维持一种张力，这个张力就是优化的学术地带，就是大学的安身立命之本。

如何实现大学"供给侧改革"*

@ 张奕（北京联合大学师范学院党委副书记）：

第一时间看到这个话题，感受最多的是话题组织者将经济问题引入大学管理，不再让效能提升和大学的内部管理成本降低仅仅停留在理念层面。笔者认为，高校改革从"需求侧拉动"到"供给侧推动"的根本转变，关键在于坚持问题导向，立足经济理论提出的"供给侧"问题研究，聚焦现代大学的改革实际，重点处理好均衡与公平、质量与效率问题。大学供给侧改革就是其供给端实现了转型升级，收获了有效的教育供给、精准的教育供给和创新的教育供给。实践路径有三：首先，要提高各高校供给端的质量、效率和创新性，使其更贴近大学生的需求和习惯，努力满足学生个性化发展需要和未来社会对人才的需求；其次，要构建和完善高校供给结构，为大学生提供丰富多彩、和谐多元，又可供遴选的优质资源、环境和服务；最后，要释放潜能，托举大学教育质量"升级"式增长，为大学的发展"松绑"，调动和引导社会各方力量参与和推动高校自主创新和科研成果转化，培育形成大学自主创新文化体系。

@ 韩宝志（天津大学档案馆馆长）：

面对目前的形势，大学的供给侧改革，主要集中在劳动力和创新方面，重点是通过改革提高质量，为国家和人民提供满意的教育。在劳动力方面主要是提高劳动力的素质，笔者认为有两个内容需要进行：第一个是改革教育的供给端，借鉴国外的教育经验，引入社会资本，提供个性化、多样化的教育服务，完善终身教育体系，让社会劳动者可以通过继续深造提高自己，从而不断提高劳动力的质量。第二个是大学自身要更加注重质量，牢固树立立德树人的理念，提高大学生的实践能力、创新能力、国际视野和家国情怀。大学在供给侧改革

＊ 本文刊发于《北京教育》（高教版）2016 年第 3 期

方面还有一个内容可以有作为，即创新方面。统计表明：国家科技奖的获奖者，超过半数以上来自大学。这说明大学在传承知识、保存知识、创新知识方面有巨大的优势，需要进一步完善创新知识转换为生产力的机制和渠道，让大学的知识迅速转换，从而促进供给侧改革。

@**铁铮**（北京林业大学党委宣传部部长）：

与其他行业的供给侧改革相比，高校的改革有其特殊性。这一改革看起来是由学校决策的，实际上是由社会需求所决定。不考虑世情、国情、社情、民情、风情的改革，注定是不符合高等教育发展规律的，也是难以取得成效的。也就是说，高校供给侧改革成功的关键，在于对需求侧的了解、研究和把握，而不是高校管理者的主观臆想和一厢情愿。当前高校存在的问题之一，恰恰是与社会需求严重脱节。尽管所谓的象牙塔如今已经不复存在，表面上看起来高校和外部的联系越来越紧密，但毫不夸张地说，高校办学与外部需求而言还是"两张皮"。国家到底需要什么样的人才？政府到底需要什么样的支撑？社会到底需要什么样的智慧？这类问题有谁敢拍着胸脯说自己已经搞得十分清楚了呢？所以，高校供给侧改革应该从调查研究、分析把握需求侧开始。社会的需求才是高校发展的根本且永恒的驱动力。当然这并不等于否认高等教育对社会需求的引领、引导作用，只是这种引领、引导也需要建筑在对需求侧的深入了解和准确把握的基础之上。

@**韦小强**（广西大学艺术学院党委副书记）：

近年来，我国自费留学人数逐年攀升，这个事实也倒逼国内高校进行供给侧的改革，提高教育质量，抢占未来的高等教育市场。为此，笔者认为要着力三个方面的改革：一是要充分扩大高校的办学自主权。要理顺政府与高校之间的关系，解决好政府"管办评"一体化的问题，把大学的收费标准、学院的建制设置、人事制度的改革、文凭的发放、自主招生、声誉的培育等权利归还给高校。在高校内部运行方面，建立和完善现代大学制度，协调好行政权力和学术权力的平衡，构建教授治学机制，充分发动教师、学生参与高校的管理、决策。二是要改革目前高校的评价制度。要改变目前对教师科研工作的粗放型评价，不再以论文的数量堆砌论英雄。建议取消一些期刊的行政级别，允许各高校自由创办学术刊物，建立并完善大学科研的"同行评价"制度。三是要开放社会办学。不但要盘活国内高校的存量，更要增加高校的流量。要更多地开放社会资本进入高校，甚至可以引进外资进行合资办学，引进国外优质师资以及国外高校先进的管理经验。从而，培育一批优秀的高校，淘汰一批落后的高校，形成竞争态势，构建一个竞争有序的高校生态圈。

确立高校宣传工作的"价值观"*

@**唐宇明**（国际关系学院党委宣传部部长）：

培育和践行社会主义核心价值观是高校宣传思想工作的根本任务。新常态下做好这项工作，宣传思想工作者要认识并处理好"变"与"定"的辩证关系。"变"是指工作态势变了：一方面，近年来中央空前重视宣传思想工作，要求做强做实；另一方面，"三严三实"强调严以用权。收放并举就是新常态，适应新常态关键要对宣传部门的权力有清醒的认识。其实宣传部门不管人、不管物，也不管钱，有的只是一张嘴、一支笔和一个键盘，掌握它们称不上手握"实权"。可就是这些微不足道的工具却可以产生并输出价值观、塑造精神的力量，掌握它们又何尝不是巨大的"权力"。所以，无论态势如何变化，坚定理想信念，坚持党性原则，坚守意识形态工作的领导权和话语权是工作的不变定律。但是，新常态下的工作方式和方法一定要转变：少搞暴风骤雨、多搞潜移默化，努力推动工作模式从管理向引导转换，在原则问题上守好底线，在工作手段上大胆创新，切实提高高校宣传思想工作的价值观负载能力。

@**邸燕茹**（首都经济贸易大学党委宣传部部长）：

高校宣传思想工作要确立引领和服务的"价值观"。"引领"包含思想引领、舆论引领和文化引领。思想引领是以正确的思想政治理论武装师生头脑，巩固壮大主流思想舆论，牢牢把握高校意识形态领域主导权。舆论引领是努力使课内课外、线上线下成为传播党的理论、传播正能量的阵地，把师生凝聚到国家和学校发展上来。文化引领是高校通过弘扬优秀传统文化、传播先进文化，促进文化交流，发挥社会主义先进文化的重要基地、示范区和辐射源的作用。"服务"则体现了宣传思想工作"围绕中心、服务大局"的基本职责。

＊ 本文刊发于《北京教育》（高教版）2016 年第 3 期

宣传思想工作要始终服务于党对高校的领导、坚持社会主义办学方向、培养中国特色社会主义事业合格建设者和可靠接班人的大局。要服务于党和国家工作大局，加强宣传阐释、提供舆论支持、营造良好氛围，推动中央决策部署的贯彻落实。还要服务于学校中心工作，按照贴近性、对象化、接地气的原则，增强工作的吸引力和感染力，为学校的改革发展提供思想保证、精神动力和舆论支持。

@刘继荣（南昌大学党委宣传部部长）：

高校宣传思想工作肩负着以社会主义核心价值观引领高校德育发展的重要使命。"打铁还需自身硬"，要完成好这一使命，高校宣传工作必须加强，并确立起具有内生驱动力的"价值观"，即坚守、担当、务实、创新。坚守是一种品格，即要牢牢把握宣传导向，坚守意识形态阵地，做到守土有责、守土负责、守土尽责。担当是一种责任，即对意识形态领域暴露出的问题要旗帜鲜明，敢于发声，敢于"亮剑"。务实是一种作风，即要以"三严三实"为标尺，在落细、落小、落实上下功夫，不断增强宣传思想工作的针对性和实效性。创新是一种能力，即面对宣传思想工作面临的新常态，要敢于创新，大胆创新，增强宣传思想工作的感染力和传播力。确立高校宣传工作中的"价值观"：一是要讲求包容，在包容多样中形成思想共识；二是要讲求积累，在循序渐进中达到集腋成裘；三是要讲求导向，在健全机制中体现价值导向，从而使价值观内化于心、外化于行。

@王宏伟（中国人民大学党委宣传部部长）：

宣传思想工作既是高校党的建设和思想政治工作的重要内容，也是深化改革、塑造形象、提升学校影响力和美誉度的一项重要工作，发挥引领思想、推动舆论、构建文化的重要作用。宣传思想工作是"立德树人"的根本要求。立德树人、培养一流的人才，不仅要重视基本知识教育、强化基本理论学习、搞好基本技能训练，更重要的是营造良好的育人环境、建设一流的校风，帮助学生树立正确的世界观、人生观和价值观，努力使学生具有高尚的道德情操、深厚的文化底蕴、良好的审美情趣。而后者正是宣传思想工作的职责所在。宣传思想工作是深化综合改革的重要条件。宣传思想工作肩负着凝聚师生员工，让大家"心往一处想、劲往一处使"的重要职责；也要答疑释惑、解读政策，服务学校综合改革大局，回应社会和师生关切，传播改革正能量。随着改革的深入，其作用必将进一步凸显。宣传思想工作是构建大学形象的必要途径。高校的新闻宣传工作本身就是在挖掘大学的底蕴和特色，利用现代传媒的优势，达到"内聚人心、外树形象"的效果。所以，高校的宣传思想工作者要满怀豪情地做好自己的工作，为高校的改革发展和提高中国高等教育质量贡献智慧和力量。

理性对待专业"冷热不均"*

@ **刘艳杰**（厦门大学学生处副处长）：

专业的"冷热不均"，有理性的一面：如果我们把一所高校专业就业的数据和招生的数据来比照的话，两组数据会有很大程度的重合，即招生好的专业，就业情况通常也较好。但也有不理性的一面：有些考生和家长在选择热门专业时，依据的是分数和就业情况，而忽略了"人"的因素，如考生的兴趣是什么？能力倾向怎样？对未来的规划是什么？实际上，这些"人"的因素应该成为选择专业时的首要依据。因为，学生的就业情况和职业发展情况与其大学期间的学习经历、学业成就密切相关，而学业成就与其学习动机、学习能力又呈正相关的关系。例如：经济学专业对逻辑能力的要求比较高；建筑专业对空间能力要求较高；工科类专业要求学生有一定的动手能力。学生如果选择与自己的兴趣和能力相匹配的学科专业，从教育学的角度来说，就是将自己的个性化特质带入特定的情境中，同时情境也会对人提出要求，如果两者能够达到良好契合，个体在这个环境中就会表现出更多的适应性结果。选择适合的专业，学生会有更好的专业承诺和学习投入，获得的成就也就越大。

@ **韦小强**（广西大学艺术学院党委副书记）：

高考过后，如何选择专业、填好志愿，这是一直困扰考生和家长的问题。实际上，应从两个层面来看这个问题：一是什么专业是好的专业、热的专业？衡量的标准又是什么？当前，很多家长认为高收入的专业就是热门专业。虽然这种认识有一定的合理性，但有失偏颇。因为，衡量人成功的标准是多方面的，按照马斯洛需求层次理论，收入只是一个最基本的需要，还有安全的需要、情感的需要、尊重的需要、自我实现的需要。所以，要用全面的、发展的、动态

---

* 本文刊发于《北京教育》（高教版）2016 年第 7 – 8 期

的眼光来看待专业的好坏、冷热与考生将来的发展，不仅要符合自身的发展需要，而且应当密切了解未来社会发展的趋势，把专业选择与国家和社会需要结合起来。二是对于专业的好坏、冷热，考生和家长作为个体如何选择？考生和家长要洞悉考生自己的兴趣爱好，因为兴趣是最好的老师，也是支撑考生走上专业岗位后刻苦钻研的"动力源"。要清晰自己的人生目标，认识到专业只是实现目标的一个载体。只有这样才能以不变应万变，从容应对专业选择。

@**宋健刚**（东南大学学生处副处长）：

第一，社会经济发展需求与高校专业人才培养异步。例如：改革开放初期，社会主义市场经济体制尚未确立，青年所选择的大多是文史哲、数理化一类的基础学科，财经、商贸、法律、艺术类专业并非首选。随着经济形势的变化，前者渐渐趋冷，后者人人称道。于是，高校纷纷开办相关专业，不断扩招，但现在也趋于饱和。社会经济发展需求多变复杂，而高校专业设置环节反应相对滞后且人才培养有一定的培养周期，势必造成人才和岗位的供需失调、专业的"冷热不均"。第二，专业设置宽度与用人单位认识程度的差异。有的学校着力培养基础扎实、适配度广的通用型人才，专业按大类专业设置；有的学校倾向于培养专业精通、专门对口的专业技能型人才，专业设置比较细。专业设置过宽，用人单位不了解；专业设置过细，毕业生择业面较窄，会造成某些专业冷热不均。第三，地区发展与人才流向的背离。毕业生倾向于在经济发达的地区就业，不愿前往中西部地区发展，实际上经济发达地区人才饱和度很高，而中西部地区发展急需人才，毕业生固守一定区域内就业也会造成专业"冷热不均"。

@**李洪波**（江苏大学副校长）：

专业的"冷"与"热"是相对的，而且是会相互转换的。所以，我们应理性看待专业"冷热不均"，合理选择专业。首先，立足自身，根据考生的特质选择专业。要结合本人的兴趣、爱好、特长、心理、个性等特性来选择专业，"适合自己的才是最好的"。要结合本人的职业倾向，明确其适合的行业。其次，着眼长远，结合职业规划选择专业。不用过分在意眼前所谓的"冷"与"热"，要立足于长远的职业发展做出选择。例如：希望本科毕业后立即就业的学生，可以首选应用性强的专业；有志于从事科学研究的学生，不妨首选基础性专业。最后，把握趋势，考虑社会发展选择专业。随着物联网、新材料、新能源等新领域和新技术的发展，以及国家强化哲学社会科学、知识产权和基础科学研究等，一些现在相对冷门的专业和行业也会逐步升温。其实，无论最终选择何专业，大学期间的综合素质培养才是根本。复合型、创新型和学习型人才是时代的要求，因为用人单位更加关注有责任感、进取心，协作能力、创新能力强，外语、计算机水平高的人才。

警惕伸向象牙塔的"金融黑手"*

@韩宝志（天津大学档案馆馆长）：

　　最近，名目繁多的校园网络贷款方式日渐风靡，一些具有高利贷性质的借贷平台令不少学生陷入困局。对此，我们需要思考：一是学生有资金的需求。当今的大学，已经不再是过去意义上的"象牙塔"，与社会有着千丝万缕的联系。大学生活的丰富多彩让学生产生各种需求，包括资金的需求。国家的正规金融机构对这一市场应引起关注，积极投入，为大学生开展金融服务。二是据有关新闻，很多学生用"校园贷"，并不是用于正常的"微创业"，而是用于豪华消费等。社会上各种不良风气，对大学生的成长造成了负面影响，导致少数大学生过于追求奢侈生活。而大学生本身，对一些基本的金融知识、法律知识没有积累，甚至相信赌博可以发财致富，这也是造成"金融黑手"屡屡得逞的重要原因。三是这些现象的发生，也暴露了学校管理部门、金融管理部门、网络管理部门等在管理方面还有进一步提高的空间。虽然这些"校园贷"非常隐蔽，但只要想办法，总能发现蛛丝马迹，必然可以采取更加切实可行的监控手段，在保证金融秩序的同时，也保护大学生的健康成长。

@谢红岭（呼伦贝尔学院音乐与舞蹈学院党总支书记）：

　　校园金融本应以帮助大学生解决学习生活的困扰为出发点，其运营、平台和交易形式等均应有明确统一标准，而不是在缺失规范和监管的情况下演变为伸向象牙塔的"黑手"！因无法偿还高利贷，郑州某大学生陷入"校园贷"困境而失去生命让我们倍感痛惜；新曝光的"裸条放款"等形式的借款诈骗威胁频出；学生贷款无力偿还，大学生担保人还款的困扰更不禁让我们思索：金融信贷端的产品，其设计的校园项目的确为大学生提供了资金支持，所谓"无抵

---

　　*　本文刊发于《北京教育》（高教版）2016年第7-8期

押、无担保"的"简便程序"更是吸引了不少大学生。但他们这个年龄段的收入水平和还贷能力差距很大，金融知识相对匮乏，法律意识和自我防护意识不强。第三方校园借贷平台趁机以"擦边球"的形式谋取利益，甚至有很多高利贷冠以各种助学名目。如何及时切断伸向象牙塔的"金融黑手"？笔者认为：最重要的是加强对网络借贷平台的监管和规范，更要将针对大学生的贷款利率进行限定。无论是网络贷款平台的规范建设，还是大学生贷款资质的严格审核，都需要在完善社会信用体系建设的轨道上有序运行。

@ **黄天丞**（北京邮电大学研究生工作部副部长）：

"金融黑手"对莘莘学子在金钱、学业上的打击不言而喻，对他们正在形成中的"三观"的负面影响更是深远和难以挽回。防范伸向校园的"金融黑手"要从以下几方面努力：一是国家要加强对互联网金融的监管，明确对各类金融行为准入门槛、合法身份、行业规范的界定，严厉打击金融诈骗等违法行为。二是学校要有效开展校园安全警示教育，增强学生个人安全防范意识，增强个人应急处理能力。三是学校、家长要更多关心、更细观察学生的消费异常现象和行为、情绪的波动状况，及时、及早给予帮扶或"解救"。四是学生父母要经常与他们进行情感沟通，尽可能避免因家庭温暖的缺失或不足而导致学生在个人消费能力上去"另辟蹊径"。五是学校要加强弘扬社会主义核心价值观，增强对学生、社会、家庭、个人责任感的培育，培养学生树立正确的消费观，引导学生个人消费"量力而行"。六是学校要及时做好遭受"金融黑手"伤害学生的心理疏导工作，帮助其尽快走出心理阴影，尽快回归正常的学习生活，力求将伤害降到最低。

@ **铁铮**（北京林业大学党委宣传部部长）：

今天，大学早就不再是"象牙塔"，大学就是社会的一个组成部分，社会上有什么，在大学里也会有相应的表现。甚至由于学生涉世不深、阅历较浅，社会上一些负面的东西在大学里造成的恶果还会更严重。对此，社会、校方、教师、学生、家长都应该持有必要的警惕：不要一厢情愿把大学看成远离尘世的所谓"净土"，更不应该为了保护学生免受其害，就有意无意地拉开学生与社会的距离、掩饰社会的真相。要帮助学生擦亮自己的双眼，把这个世界看得清清楚楚、明明白白、真真切切。在各种骗术相继登场之后，金融骗术又开始粉墨登场，开始在大学里殃及学生。之所以诈骗人员能屡屡得手，原因虽然是多方面的，但和学生们缺少必要的警惕、家长们缺少必要的指导、大学里缺少必要的提示有直接的关系。大学不能只是教给学生金融知识，而要增强他们识别"金融黑手"的能力，要加大教育、引导的力度。一些类似的案件应该成为反面教材，不能让其他学生重蹈覆辙。笔者想强调的是，对于"金融黑手"，显然仅仅"警惕"是远远不够的，要加大执法力度，斩断这些"黑手"。

《规划》画下了什么道?*

编者注:《高等学校"十三五"科学和技术发展规划》(以下简称《规划》)

@ 蒋朗朗(北京大学党委宣传部部长):

高校科研工作下一阶段的重点是什么?科研工作如何推动社会进步?《规划》全面深刻地回答了这两个问题,可谓为今后高校的科学研究画下的"道"。明道方可行。首先,就要继续做强、做大。"十二五"期间,高校成为推动我国科技进步的主力军。但是,相对于发达国家高校的科研水平与成就,中国大学的科研之路道长且远,尤其是在基础研究、"大科学"研究和交叉科学研究三个方面存在明显短板。《规划》指出,要继续坚持创新引领,"抢占原始创新战略制高点"。其次,要在"转化"上下功夫。经济提质、增效、升级是国家发展改革的重要任务,需要高校等创新主体向社会转移、转化科研成果。一些优秀科研成果由于缺少转移、转化的机制,只能在实验室里"睡大觉",这是对科研成果的严重浪费。《规划》指出,要加强科研成果支撑社会发展的能力,鼓励并指导科研人员把科研成果向产业技术转化,提升经济增长的动能。

@ 刘长旭(北京师范大学党委宣传部部长):

新《规划》在理念上呈现出三个突出变化:一是强化了服务需求导向,强调聚焦国家目标和社会责任搞科研。首次聚焦服务国防建设,更体现了教育部动员高校发挥学科优势、服务国家安全大局的责任与担当。二是拓展了国际比较视野,强调代表人类文明和国际一流搞科研。在科研价值定位上,明确要以服务社会、造福人类为目标;要力争产出影响人类文明和社会进步的重大科技成果,历练出一批中国的世界知名学者。三是突出了科研文化建设,强调培育

---

* 本文刊发于《北京教育》(高教版)2017年第1期

卓越文化和工匠精神来搞科研。强调要营造崇尚专业的社会氛围；甚至在学术自律方面，明确要求科学家须遵守人类社会和生态的基本伦理准则，尊重人的价值和尊严。

@ 张佐（清华大学党委宣传部部长）：

"十三五"时期是我国进入创新型国家行列和全面建成小康社会的决胜阶段。新《规划》用五个方面的"融入"与"引领"有力地支撑这些目标之达成。一是融入国家发展伟大进程。紧扣"中国制造2025"等国家战略，以五大发展理念为指南，在现代农业等民生关切领域做出部署，从而引领全面小康社会建设进程。二是融入世界科技重大创新。将全球气候变化等世界前沿重大问题以及智能制造等具有重大产业变革前景的颠覆性技术放在重要位置，必将引领国际创新版图发生变局。三是融入高校人才培养根本。不忘高校的根本任务是对青年学子包括青年教师的培养，坚持走科教融合道路，科研反哺教学，由此引领人才培养质量全面提升。四是融入国防安全强基建设。号召高校服务国防建设和国家安全，倡导开展军民融合研究，这将引领高校重构科研评价指向。五是融入地区社会经济发展。不仅部署了"硬"技术研发，还支持了高校智库、校地研究院等"软"实力建设，鼓励高校师生面向地区、行业开展科学研究、提出政策建议，不断服务地方发展，引领社会生态文化和谐共进。

@ 铁铮（北京林业大学教授）：

《规划》描绘了2020年中国高校科技发展的蓝图。《规划》突出强调，坚持引领创新、抢占原始创新战略制高点，特别提出要大力发展众创空间，支持大学生创新创业；提出要服务国家战略需求、为社会发展提供科技支撑，更加明确了高校科技繁荣和发展的历史责任和神圣使命；要求坚持科教融合，支撑高质量高等教育，较好地协调了高校科技与"双一流"建设等的关系；着重阐述"坚持追求卓越，营造崇尚创新的文化氛围"，特别提出了加强科学传播和科学普及，这对高校科技发展将起到一定的推动作用。当然，千万不能"规划规划，墙上一挂"。只有扎扎实实加以落实，规划才有意义和价值。

@ 周晔（北京邮电大学党委宣传部部长）：

自1088年博洛尼亚大学创办至今，纵观高等教育历史可以看出，大学始终在履行着人才培养、科学研究、社会服务和文化传承与创新的使命。其在《规划》中的表述就是"教学决定生存、科研决定水平、服务决定地位、质量决定兴衰、制度决定成败的办学理念"。首先,《规划》画下了一条红道:我国高等教育发展方向要同我国发展的现实目标和未来方向紧密联系在一起;其次,画下了一条蓝道:要坚持支撑发展,服务国家从海洋到空间的全面战略需求;最后,画下了一条绿道:提出推动新技术到新业态发展,实现动力转换,直接体现高校科技的支撑发展,营造崇尚创新的文化生态氛围。

中国国际生"稳居"首位的喜与忧[*]

@ 高金萍（北京语言大学党委宣传部部长）：

目前，中国留学生在欧美及亚洲多个国家稳居国际生占比首位，中国已经成为世界第一大留学生输出国。在这背后，我们也看到了中国留学归国人员的数量逐年上升，归国人员逐步高于出国人员。中国学生赴海外学习，既是中国社会逐渐开放、与世界共舞的表现，也是中国科技进步和人文交流提升的结果。经历了海外留学的中国学生，回国后能够以更为开阔的视野和包容的心态看待社会，同时也更善于在比较中发现中国社会之不足，成为推动中国发展进步的动力。就中国留学生本身的素质来说，他们有的出国前就是学校的佼佼者，在海外接受教育后，有望成为世界顶尖人才；有些留学生在出国前并非高素质人才，在海外接受的教育也难以比肩国内。一方面，这些留学生归国后，社会能否为他们提供符合预期的工作条件、生活待遇、发展机会，取决于未来中国民主法治的建设；另一方面，他们带回的新的教育理念，将极大地冲击中国现有的教育观念，其中如何将西方教育理念本土化，将构成对中国教育体制的最大冲击。

@ 蓝晓霞（北京交通大学党委宣传部部长）：

越来越多的中国孩子走出国门，踏上留学之路是我国经济社会持续快速发展，国力增强、人民生活水平提高，民众日趋多元的教育选择的充分体现，对于培养学贯中西的国际化人才一定是有利的。但是，初中甚至小学阶段的低龄留学渐呈上升趋势还是令人不无担忧。一是小留学生心智发展不成熟，自我约束能力、学习能力、沟通能力以及适应能力、生活自理能力都比较欠缺，过早离开原生家庭，过海外寄居式生活，对孩子的适应性是个极大挑战，也必然导致其长期缺少父母关爱和家庭温暖，这种国际性的反方向的"留守儿童"同样

---

　　* 本文刊发于《北京教育》（高教版）2017 年第 1 期

会出现很多成长的问题。二是初高中是孩子价值观形成，奠定深厚文化与学习基础的重要时期。过早让孩子接受西方文化熏陶和影响，不仅是对中华民族本土文化的主动摒弃，更是大大增加了其全盘西化的可能。文化和价值观的冲突很可能造成留学生回国后无法适应国内的社会生活，出现事与愿违的后果。所以，还是等孩子树立了正确的价值观后，再出去留学会比较稳妥。

@ 张小锋（对外经济贸易大学党委宣传部部长）：

中国在国外留学生总数排名第一，这是水到渠成、大势所趋、不可逆转的，但令人惊讶的是，这一天比原来预想或期盼的日期似乎更早了些。中国是人口大国，当然也是求学人数最多的国家。当中国人有能力为世界范围内的优质教育资源买单，当中国人思想更加开放、具有了国际视野，当中国人意识到投资教育比投资任何领域都具有更加持久而优厚的回报时，中国的学生走出国门到世界各国去求学，而且人数远超其他国家，就一定是顺理成章的事。更多的学子走出国门求学，是以国家经济发展为支撑的；反之，国家经济持续发展则需要更多的包括众多的留学生在内的高素质的人力资源，二者是互为因果，而且是同向同行的。当然，更多的学子走出国门求学，对中国的国内教育是一种极大的挑战和竞争，能很好地激励国内教育扬鞭奋蹄，提高办学质量。我们需要关注和解决的是，与日俱增的中国海外学子学到了什么？学成之后怎样更好地报效生他养他的家国？如何为世界经济发展作出更大的贡献？

@ 铁铮（北京林业大学教授）：

中国赴海外的留学生在全球居首，此事有喜有忧。一喜，中国经济实力不断增强，人们的腰包鼓了，可以支付海外留学的费用。二喜，中国人的国际化意识不断增强，不再固守故乡，而是愿意走出去看世界，学习他国的先进文化和前沿知识。三喜，中国学生的文化素质不断增强，能够符合或满足世界各国大学的要求，能够和世界各国的学生同台竞争和角逐。当然，在我们送走一批批优秀学生远渡重洋之后，内心或多或少还是该有些惆怅。一忧，还是应该想一想中国高等教育和世界相比还有哪些差距。办好我们的大学，缩小和世界一流大学的差距是当务之急。我们不能只是把自己的学生送出去，而要把世界各国的学生吸引进来。二忧，我国的高考制度改革刻不容缓。畅通学生的大学之路，而不是人为地设置各种障碍。许多低龄学生和他们的家长，就是为了规避其中的各种问题而选择出国的。三忧，进一步扩大高等教育的普及程度，让更多希望进入大学学习的学生能够进入中国大学的校门，而不是只能去国外读书。

大学筹融资，愁啥？*

@程华东（华中农业大学党委宣传部部长）：

　　资，一般指的是资金，大学筹资大多来源于社会捐赠，特别是校友捐赠。资，还应有资源之义，就是大学的智力资源、人才资源、科技资源等。从"供给侧"角度看，大学筹资就是大学应富集优良的智力、人才和科技资源，并让这些资源发挥社会效益和经济效益。因此，破解大学筹资之"愁"，有如下对策建议：第一，更新筹资理念。筹资要管好、用好资金，应树立大学的经营理念，大力推动大学智力、人才、科技资源"供给侧"改革，提高资源利用效益，以服务求支持，以贡献求发展。第二，优化筹资机制。基于筹资环境和要素的精准分析，细分筹措群体，重点是优化校友工作机制，提高校友在大学筹资中的参与率和贡献力。第三，健全筹资制度。应在依法治校框架下建立旨在提升大学筹资能力的制度体系，发挥制度在大学筹资中的激励作用。第四，提升筹资策略。着力促进大学资源与社会需求的深度契合，构建智力共同体、人才共同体、科技共同体，富集社会资源，激发大学办学活力，促进大学可持续发展。

@铁铮（北京林业大学教授）：

　　大学办学缺什么？缺钱。大学办学愁什么？愁钱。钱从哪来？除了事业收入、财政拨款之外，捐赠收入就应该是大头了。例如：美国哈佛大学建校379周年之际，有人一下子给两个学院捐了4亿美元。此前一年，该校的一个学院就收到了3.5亿美元的巨额捐赠。有数据表明：美国高校一个财年就获得企业、基金会、校友、社会团体、慈善机构的各种捐赠总值逼近400亿美元；郑州大学校友向母校捐赠1亿元，湖南大学校友向母校捐赠1亿元，屠呦呦捐资100万元给北京大学设医药人才奖励基金……每当这些捐赠消息传来时，学校管理者最愁的：一方面，

---

　　* 本文刊发于《北京教育》（高教版）2017年第2期

是有钱的校友太少了，或者说校友的钱太少了；另一方面，是愁知名度，因为知名度高的大学相对而言，捐赠来得容易些，而那些不出名的高校想获得捐赠比登天还难。所以，第一，要加大传播的力度，多介绍成绩、进展、规划，让人家感到自己是一个充满希望和生机、值得掏钱的学校。第二，要多多争取。第三，练好内功，不花钱也办事儿、少花钱多办事儿，让学校成为能够招来凤凰的梧桐树。

@**陈鷖**（中国海洋大学党委宣传部部长）：

多元化、多渠道筹资办学，是大势所趋。但做起来却有 N 多愁绪：首先，大学自身"叶公好龙"，旧习难改，缺乏主动意识，依然习惯于等"皇粮"，靠政府。其次，是社会捐资办学的氛围尚未形成。尤其我国北方一些地区，缺乏相关传统，很多"有钱人"尚未有这种意识和情怀。加强宣传、树立典型、营造氛围，让更多成功企业家关注教育、支持教育，在捐资助教中体现自身和企业的价值，是政府、大学和媒体应该共同推进的事情。再次，是大学知识"变现"能力不足，特别是创新成果不能及时转化，从而制约大学自我造血能力的增强。这需要大学自身努力，也需要政府和社会有识之士共同构筑知识创新创业的生态链条，帮助大学提升自筹资金的能力。最后，是相关政策配套和服务还不够，信息不畅通、不对称，使得大学筹资不顺畅。一方面，需要政府作为，由专门机构加强管理，做好服务，确保捐资用到实处；另一方面，也应该发挥社会力量，给各种相关公益性或非公益性机构以鼓励和发展空间，多方合力推进，形成既规范又富有活力的大学筹资新局面。

@**韩宝志**（天津大学档案馆馆长）：

目前的大学筹资，实际上分为几部分。学校资金有不小的比例是生均拨款，不同教育阶段的学生有不同的标准，这些资金都是国家按照规定的标准下拨的。据了解，目前大学资金另一个重要来源就是专项经费、科研经费等。这些经费的背后，实际上是大学的实力，特别是师资队伍的水平，学校筹资的"愁"点，也在这里。例如：申请国家重大项目，学术水平高、科研能力强、团结协作好的队伍自然会受到青睐，从而得到国家更多的支持，高水平大学的师资优势明显，自然获得的经费多。因此，表面看到的是大学筹资问题，其实背后很重要的是大学的实力。另一个筹资的途径非常值得关注，就是社会捐赠。这种方式在国外很常见，国内也越来越受到重视。一方面，很多校友在事业上取得成就后，感恩母校培养，越来越多的人反哺母校，捐赠数量和金额都在不断提升；另一方面，社会上对大学的认识不断加深，也有越来越多的企业和个人为大学捐赠。综合来讲，大学筹资的关键点：一是学校的综合实力，二是学校的文化氛围。

给大学捐赠，图啥？*

@ 包丽颖（北京理工大学党委宣传部部长、新闻中心主任）：

大学捐赠有"三图"，谓之"情、名、利"。图情者为上，将情感精神收获视为人生追求，并已达到将物质财富转化为精神收获之境界。捐赠大学，关注大学之所需，倾听学生之所想，助力莘莘学子，建设精神家园，收获于内，抱憾力所不及。图名者为中，视无形之名，高于有形之物，虽超脱物质之束缚，但仍局限名利之间。捐赠大学，关注大学之名气，以物质傍取大学之名，博取众人之口，挑拣之下，为名所累。图利者为下，逐利而生，所思、所想皆为以物换物，以利生利。捐赠大学，关注大学何处可为利，设计学生利何在，舍利旨在获利，大学本无利，无利可图，强图则两败。捐赠大学，观其形式，物质由己及他，品其内涵，获赠实为己收。故而，图情而捐，收获精神情感，抛却名利，收获满满幸福；图名而捐，收获他人之口，口舌之变，众说纷纭，畏手畏脚间，毁誉参半；图利而捐，收获一己之利，非捐非赠，徒有虚名，司马昭之心，往往无果而终。观"三图"究捐赠之本，捐为献助，赠为给予，奉献助予，大学之需。

@ 董竹娟（北京工商大学党委副书记）：

捐赠不仅彰显了企业承担社会责任的公益理念、校友对母校的强烈认同感，更能促成校、企（个人）事业的双赢。企业捐赠可以更好地加强与高校的项目合作。通常，企业捐赠都会明确受奖励和资助的专业方向，并积极参与奖学金、助学金的管理工作，鼓励受资助者到企业实习、就业；可以更好地提升企业形象，给企业带来知名度和美誉度；也可以更好地推广新技术、新产品，培养未来的消费人群。校友捐赠则体现了强烈的母校情结和学校高质量的人文关怀。

---

* 本文刊发于《北京教育》（高教版）2017年第2期

高校建立了校友跟踪机制，通过校友联谊、值年校友返校等活动继续关注其事业发展。高校通过提升教书育人水平，加强校园文化建设、对捐赠资金合理透明的管理，加大对募捐的宣传力度，获取更多的信任、吸引更多的捐赠，促进大学更好的发展。

@李洪波（江苏大学副校长）：

给大学捐赠的动机各有不同。一是"利己"需要。有的是出于物质上回报的考虑，如部分银行、通信企业对高校的捐赠是为了稳定客户资源；有的是出于精神上的回报，通过捐赠行为增加自身社会地位、提高社会声誉，促进自己或企业谋取更好的发展；有的是出于其他考虑，如企业的生产对周围环境造成空气污染、破坏植被生态等，捐赠具有"补偿"作用。企业通过捐赠，可以和高校建立紧密的联系，在产学研合作、人才招聘、职工培训等方面抢占先机。双方各取所需、优势互补，无论对高校还是对企业都具有重要的意义。二是价值实现。捐赠者具有丰厚的物质条件，按照马斯洛需求层次理论，他们对精神方面的高层次需要非常强烈。捐赠者对母校的捐赠行为，不仅是感谢母校的培养，而且也渴望母校对其的认同。三是迫于"压力"。行业中的主要竞争对手积极向高校捐赠，强化了社会、公众和消费者对企业承担社会责任的期盼。在示范和从众效应下，企业会感受到一定竞争压力，"不得已"而采取慈善捐赠行为。

@田阳（中国林业教育学会常务副秘书长）：

每逢企业家为大学提供巨额捐赠，特别是内地企业家捐款海外高校，往往引发社会对捐赠者动机的热议，成为吸引眼球的舆论焦点事件。但是，无论是校友、社会团体，还是企业家给大学捐赠，就其本质都是为大学提供办学资金支持，更是他们回报社会、感恩母校公益义举的价值所在。从捐赠者出发，要在捐赠过程中摒弃单纯的商业化思维，回归到支持高等教育发展的初心，更加积极主动地践行社会公益责任，为"双一流"建设慷慨解囊。就政府和高校而言，要借鉴发达国家的慈善政策和制度设计，优化大学捐赠制度设计，强化捐赠基金运作管理，更好地激活捐赠者的捐赠内生动力。

@韦小强（广西大学艺术学院党委副书记）：

大学的目标就是要培养学生形成如何服务社会的态度以及提高学生服务社会的专业能力。学生入校后到毕业的在校期间，学校的每个教职员工对待学生要如同对待自己的孩子一样给予关爱，这就是一种服务学生的态度，也是学生将来毕业后对母校产生认同感的重要前提。被爱的学生将来也会爱别人，也就是爱的"反哺"、感恩、回馈，也是校友捐赠的第一原动力。学校要帮助学生提高服务社会的专业能力，要提高高校教职员工的专业水准，能教给学生"真知识""真本事"，这样才能为学生将来服务社会奠定良好的基础，也是校友将来取得成功的重要基石。帮助学生取得成功，校友捐赠也就是水到渠成的事。

大学的"文化担当"*

@ **魏鹏举**（中央财经大学文化与传媒学院院长）：

现代"大学"是西方社会发展的产物。大学在中国一开始就缺少传统文化的根，始终悬浮在"强国"的梦想上，始终沉浮于政治化的意识形态浪潮中。所幸的是，随着中国的发展，与中国的日益国际化相伴随，文化意识随之日益自觉，社会上有"国学热"，大学里也开设了诸多传统文化通识性的公共课程，可以称之为"文化素质教育"。文化素质教育，对于中国的大学来说，基本的目的就是为我们的大学生弥补国学启蒙教育，让他们了解我们的文明，热爱我们的文化，使他们成为有价值方向、有文化责任的中国人，成为中华民族伟大复兴的坚定力量。我认为，以上的目标还不够。大学的文化素质教育至少还应该承担一个使命：让中国的大学把根扎入我们的文化，使其充分吸收中华文明的给养，让我们的大学焕发生生不息之活力，让我们的大学真正结出中国气派、中国风格的果实来。若能如此，这不仅是对中华民族的贡献，而且也是对世界的贡献。

@ **蔡劲松**（北京航空航天大学人文与社会科学高等研究院院长）：

我们今天讨论大学的"文化担当"，有必要从文化视域追问一个重要的元问题，即何为大学？强调大学的"文化担当"：一方面，应将涵育、内敛和承续文化，作为大学发展的内在价值趋向，正视和克服"反文化"的、急功近利的各种诱惑与现象，破解文化缺失的困局，潜心培植和滋养大学文化建设发展的土壤；另一方面，在文化建设和文化传承创新的路径上，应不断深化大学作为知识守望者、传承者和创造者的主体认知，坚守当代中国大学精神之魂，营造立德树人、以文化人的校园生态环境，以大学作为社会创新型组织的不懈探索与贡献，以及大学人求真向善、创造性、高品位的文化生活新形态，发挥社会引领和示范作用。

---

* 本文刊发于《北京教育》（高教版）2017 年第 7 - 8 期

@铁铮（北京林业大学教授）:

大学虽不应成为脱离社会的"象牙塔"，也不应沾染歪风邪气，到处都是"铜臭味"，更不能成为商场、官场。无论何时，大学都应该有自己的文化责任和文化担当，引领文化之先，成为当代优秀文化、先进文化的发源地。大学承担的职责之一就是文化的传承与创新。要深入挖掘、整理、提炼优秀传统文化，不断产出新的思想、观念、精神和文化产品，采用科学的方式和方法发扬光大。大学应该引领文化潮流，而不能随波逐流。坚持应有的文化定力，而不能随风摇摆；大学的文化之先，还应体现在成为社会和公众的楷模和典范。大学校园应吹拂着先进文化之风，不管是校风、教风、学风，都应成为先进文化之风。大学之人，应该成为优秀文化、先进文化的创造者、传播者、践行者和引领者。目前，一些大学存在的普遍问题是：自身的文化建设成效不够显著，校园文化氛围不够浓厚；引领文化潮流的职责缺失，降低了应有的文化追求。被社会和公众所不齿的事件偶有发生，也败坏了大学的声誉。因此，强化大学的文化担当意识正当时。

@向仲敏（西南交通大学人文学院党委书记）:

谈文化担当，首先得敬畏文化。"观乎人文，以化成天下"（《周易·贲卦》），这是"文化"最早的出处了，可见文化与人类息息相关，离开文化，则"人之异于禽兽者几希"（《孟子·离娄》）。卡西尔认为，用符号创造文化是人类区别于动物的根本所在，文化已经关涉人类的尊严，文化直指人心，因此要对它心存敬畏。儒典《大学》"明明德""亲民""止于至善"的训诫，既是永恒的大学之道，也是大学应该肩负的"文化担当"。大学是学术共同体，对普遍高深学问的追寻，决定着大学要坚守真善美之维。进而言之，大学的文化担当，或者说大学人的使命，不仅在于象牙塔内的坚守，更在于开时代风气之先。

@孙雷（东北大学副校长）:

言及文化担当，其便是一种文化加工和应用的逻辑，而大学的文化担当则是多元主体视域下对优秀中华文化传承与创新的逻辑范畴，包含大学文化发展与应用的目的、方式等因子，是在精神层面提升中国最深厚的文化软实力与最深沉精神追求以及保证中国特色的必要关键点。大学的文化担当应注重主体多元化、方式科学化、内容特色化。大学文化的担当在于独立纷繁之境而坚守"本心"，并能将此特色如泼墨渲染般发扬开来，辐射社会，哺育大众。文化自信，是习近平总书记继道路自信、理论自信、制度自信之后提出的第四个自信。这便是大学文化担当的目的所在，是最深厚的文化软实力，亦是中国千秋梦成之基！

"零门槛" = "没门槛"?*

@ **黄国华**（北京林业大学教务处处长）：

近年来，各高校不断推进教育教学改革，逐步走上"以学生发展为中心"的办学道路，推出了很多有益学生成长的举措，其中广受关注的当属"转专业"。转专业真的是"零门槛"吗？显然不是，准确地说应该是"申请零门槛，成功看准备"。《普通高等学校学生管理规定》明确指出"学生在学习期间对其他专业有兴趣和专长的，可以申请转专业"。各高校正是在这一条规定的指导下，制定了自己的转专业制度。从制度设计来看，转专业由"申请条件""接收条件"和"接收办法"组成。转专业"零门槛"主要是指"申请条件"零门槛，也就是说有转专业意愿者都可以申请；能否成功转专业，则要看申请者是否满足"接收条件"。在这样的具体制度面前，恐怕只有在拟转入专业方面有特长、有准备的学生才能成功。正因如此，校园中才有提前选修拟转入专业课程、补习有关专业技能的"转专业预备生"，正是有了充分的准备，才让这些"预备生"在转专业中顺利转正。机会只偏向有准备的头脑，转专业也不例外。

@ **张小锋**（对外经济贸易大学党委宣传部部长）：

应该说，一些大学做出转专业"零门槛"的承诺，一方面，体现了他们想吸引更多优质生源的迫切心情；另一方面，也体现出大学办学的开放胸怀和办学政策的灵活务实。但是，细加思量，大学生转专业"零门槛"政策，它的象征意义远远大于实质意义，在实际运行中的难度颇大。因为要实施转专业"零门槛"政策，首先要保证大学各个专业在高考招录时的分数是相同的；否则，就会给一些考生留下先以"低分数"入校再转读"高分数"优质专业的"空子"，当然还可能滋生出大学部门内部的腐败，如果这样，就戕害了高考招生的

---

* 本文刊发于《北京教育》（高教版）2017 年第 7 – 8 期

公平竞争原则，从而也损害了大学公平、公正的形象。任何大学的每一个专业都不可能是"一般齐"的，基于这样的现实，每一所大学的热门专业、优势专业总要有人数限制，不可能让所有的学生都无门槛地申请转到热门专业、优势专业。退一步讲，如果真是转专业"零门槛"政策，那么大学必须回答：在这一政策下培养出的大学生质量能否如初，抑或只高不低？

@**铁铮**（北京林业大学教授）：

　　我不愿意说所谓的转专业"零门槛"是一些大学招生时吸引考生的"噱头"，但一些媒体对此大肆传播，的确会给考生和家长造成误解，错认为只要跨进某所大学的校门，所有的专业可以任性挑选。事实上，每个专业都有最大容量。求大于供的情况下，不可能没有任何门槛让每个希望转专业的人如愿以偿。何况学生希望转入的专业绝大多数都是热门专业，人满为患。其结果不是"没门槛"，而是门槛很高。转专业是需要成本的，不一定是物质成本，而需要花费时间和精力。退一步讲，即便真的对某一专业情有独钟、痴情不改，也可以先把本专业学好，再考虑通过考研等方式追求心仪的专业。利用学习之余，旁听、自学一个专业的也大有人在。总之，条条大路通罗马，不要固执地在转专业上纠结。再者，随着学科的交叉和融合，一些专业之间的界限已经不是那么清晰了。除此之外，社会需要的是复合型人才，跨专业的人才说不定更有竞争优势。这样看来，转专业"零门槛""没门槛"似乎没有那么重要。学习好、实践好、历练好才是最重要的。

@**陈鷟**（中国海洋大学党委宣传部部长）：

　　可以肯定，转专业"零门槛"这种高校内部政策的出台，是在国家按专业类别招生改革背景下，高校间新一轮生源竞争的必然结果，是有整体优势的名校为了巩固原有招生地位和有优势特色学科的高校进一步发挥优势，针对招生改革的一种巧妙对冲，是高等教育的一个进步。从国家角度看，在特殊历史时期，高校分层次分先后招生、再固定专业培养为国家社会的基础建设布局和重点领域的战略突进，发挥了重要作用。而随着国家社会基础构架的基本完善和市场经济，特别是创新引领下的知识经济的发展，人才与智力的流动导向权由计划向市场的适度甚至较大程度的让渡就势所必然了。再从学生个人角度看，兴趣、性格、天赋和价值追求，是其内生性成长动力。若能在进入大学后，经过一段时间的熟悉了解，再做相对理性的专业选择，对学生的个人成长必然更好。所以，高校内部转专业"零门槛"是件好事。当然，它也可能使新的招生办法的改革预期效果缩点水，使生源流向向着原来的路向有所偏回，但这个对冲博弈的结果依然是一个利大于弊的进步。

教师职称评审，学校"咋当家"?*

@邓军（广西师范大学党委书记）：

职称评审权限的下放，既是国家深化人事制度改革和优化评审管理程序的新举措，也是高校内涵式发展，逐步实现自主管理的标志。如何用好职称评审这一人才评价的重要杠杆，构建人力资源管理良性的竞争与激励机制，坚持正确的职称政策导向，公平科学地开展评审工作是关键。高校职称评审改革：首先，应当建立更科学的人才评价机制。针对不同类型、不同层次教师，按照哲学社会科学、自然科学等不同学科领域，研究、教学、实验教辅等不同类型，建立分类评价标准。其次，应当建立更公正的人才评价机制。除了科学、客观地对教师的专业技术能力进行评价之外，在教师职称评审的过程中，高校还应当鼓励教师充分发挥所长，潜心提高教学能力、科研能力和管理水平，激发创新意识，最终使大学的课堂和校园不仅成为知识传授的场所，而且成为各种新观念、新想法、新思想萌生、涌动、交流和碰撞的园地，助推落实高校立德树人的根本任务。

@李洪波（江苏大学副校长）：

教师职称评审下放，对高校来讲是一件甜蜜而烦恼的事情。高校要当好职称评审的"家"，需要注意几个方面：一是契合职称"本性"。职称是对专业技术人员的学术和技术水平、工作能力、工作成就的反映，兼具资格和职务两种属性。就资格属性而言，学校必须构建清晰、公正的评价体系；就职务属性而言，针对教育教学实效，必须有较为客观的考核办法，作为评审的重要标准。二是符合学科"特性"。职称评审工作长期以来"一刀切"，不符合高校用人实际，权力的下放为学校实行学科的差异化管理提供了方便。学校应根据不同学

---

* 本文刊发于《北京教育》（高教版）2017 年第 12 期

科的特点和发展水平，结合学校的学科布局和发展战略，制定不同的评价体系，在数量和标准上向重点学科倾斜。三是强化学术"德性"。学校自主进行职称评审，可以很好地将师德建设作为首要条件纳入评审指标体系，实现立德树人的目标。四是有权不可"任性"。有权必有责，尤其在学术权力还很容易受到行政权力干扰的当下，必须注重评审工作的科学性、公正性。

@**铁铮**（北京林业大学教授）：

职称评审在高校是天大的事儿。如今高校教师职称评审权直接下放，高校重任在肩。如何在评审中评出公信力、凝聚力，不仅是一门大学问，而且还事关高校的稳定和发展，切不可掉以轻心。首先，职称评审要公开、公平、公正。信息越公开，教工越信任。教工越信任，事情越好办。任职标准不但要科学，而且要人人皆知。评审过程要阳光，将评审置于全校监督之下，采取公开答辩等方式，并接受相关质询和投诉。其次，职称评审中要做好深入细致的思想工作。要耐心细致地做好有关说明和解释工作。对教师提出的意见和建议，要高度重视、认真研究、切实解决。切不可简单行事，以免引发负面情绪和事件。再次，职称评审标准要有相对稳定性，以使教师有基本遵循。这个标准是参评教师提早准备的依据。切忌一年一变，让教师无所适从。最后，要多方面关心教师，为教师成长创造条件。职称并不是教师追求的全部，要让教师从工作、生活等方面切身感受到学校无微不至的关爱。

@**程华东**（华中农业大学党委宣传部部长）：

教师评职称，可以说是学校最大的"民生"。学校"咋当家"？这是一个校领导的头等"案头事"。从学校角度看，建立并坚持一种科学有效的工作机制是职称工作的"重头戏"。这种工作机制应有如下特点：一是科学性，即符合人才成长规律和教育教学规律，有利于促进教师能力和水平提升；二是公正性，即体现"公开、公平、公正"的要求，有利于形成良好的人才成长氛围；三是有效性，即符合学校学科和人才队伍建设规划，有利于提升学校人才培养能力和科技创新能力；四是持续性，即体现传承性和创新性相结合的要求，有利于提高职称评审工作科学化水平。此外，提高工作精细化水平，做好思想教育工作，也是职称工作的"应有之义"。评前定规则、评审讲程序、评后重引导，让"以人为本"理念贯穿职称评审全过程，让思想工作覆盖职称工作全过程。期待更多学校用好职称评审"指挥棒"，通过卓有成效的工作，早日形成党的十九大报告提出的"人人渴望成才，人人努力成才，人人皆可成才，人人尽展其才"良好局面。

我眼中的 2017 年高等教育"大事件"*

@**铁铮**（北京林业大学教授）：

　　这一年里，中国高等教育又书写了新的辉煌。有这样几件事特别值得留在我们的记忆里。2017 年，让人印象最深刻的高教人物当属黄大年。他为我们树立了"心有大我、至诚报国，把爱国之情、报国之志，融入祖国改革发展的伟大事业之中、融入人民创造历史的伟大奋斗之中"的榜样。中共中央、国务院印发《关于加强和改进新形势下高校思想政治工作的意见》，成为各高校本年度工作的重中之重。《关于深化教育体制机制改革的意见》指出："要健全立德树人系统化落实机制，健全促进高等教育内涵发展的体制机制，创新教师管理制度，健全教育投入机制和教育宏观管理体制。"这一纲领性文件，需要加快落实。我们希望高等教育改革的步伐更快、更稳、更有效。《关于加快直属高校高层次人才发展的指导意见》向高校放权，为人才松绑。希望这项工作能够切实推进、取得实效。各校深入贯彻落实全国高校思想政治工作会议的部署要求，聚焦巡视发现党的建设的突出问题，研究制定具体措施，推动高校党建工作再上新台阶，为高等教育事业发展提供坚强的政治思想保证和组织保证。

@**侯衍社**（中国人民大学马克思主义学院副院长、教授）：

　　2017 年 9 月 21 日，正式公布了世界一流大学和一流学科建设名单。"双一流"建设正式进入实施阶段。党的"双一流"建设是推进我国世界一流大学建设、建设教育强国的重要举措，意义重大、影响深远。2017 年，还是高校思政课质量年。这是落实全国高校思想政治工作会议的重要举措，是培养德智体美劳全面发展优秀人才的重要举措。高校思政课质量年的启动和深入实施，取得了很好效果，调动了广大思政课教师的积极性、主动性、创造性，对于办好中

---

　　* 本文刊发于《北京教育》（高教版）2017 年第 12 期

国特色社会主义大学具有重要意义。

@ **周晔**（北京邮电大学马克思主义学院院长、教授）：

从历史跨度看，2017 年是中国高考恢复 40 周年，这是一场举国关注的年度"盛事"。从最初的录取比例 4.8% 到 2017 年的大学粗入学率 43.4%，基本达到中等偏上收入国家的水平，比中等收入国家高 11.7 个百分点。从现实维度看，2017 年，"双一流"建设高校及建设学科名单公布，党的十九大报告指出，"加快一流大学和一流学科建设，实现高等教育内涵式发展"。我们的办学模式更加符合高等教育发展的规律，与国家发展、民族振兴同向同行。2017 年，中国高等教育对国家战略的服务与参与、对重大基础理论的研究强起来，"双一流"建设的步伐稳起来。从未来深度看，党的十九大报告指出，"建设教育强国是中华民族伟大复兴的基础工程"，世界高等教育大国开始向世界高等教育强国坚实地迈进，这是在中华民族处于伟大复兴的跃升时期，喊出的高等教育强国梦！今天，中国高等教育的地位作用、发展阶段、结构体系、环境格局在变，我们的战略任务也逐步在适应着这种变化。2017 年，中国高等教育凝聚着历史，不负时代，更昭示着未来！

@ **王润泽**（中国人民大学新闻学院副院长、教授）：

回顾 2017 年高等教育的大事件，首先是中国政府推行的"双一流"建设。这是党中央、国务院做出的重大战略决策，对于提升我国教育发展水平、增强国家核心竞争力，实现从高等教育大国到高等教育强国的历史性跨越，具有十分重要的意义。中国人民大学和中国传媒大学的新闻传播学科进入"双一流"学科建设名单。作为一名新闻教育工作者，我们感到重任在肩。2017 年 8 月中下旬，中国新闻史学会 2017 年学术年会召开，1,300 余名海内外专家学者参加。这是中国新闻传播学领域首次规模超过千人的大会，堪称学界盛事。我还特别关注的是，党的十九大召开对包括高等教育在内的中国教育事业提出了总要求，这给高等教育事业的发展指明了前进方向。

@ **于洪良**（山东财经大学党委宣传部部长、教授）：

2017 年，教育界的大事我推首批"双一流"高校建设名单公布。作为一项继"985 工程""211 工程"之后新的国家重点工程，名单的公布标志着"双一流"建设终于进入了施工建设期，开启了中国高等教育新征程。这既是党和国家站在建设高等教育强国、实现"两个一百年"目标的战略高度，对我国高校进行的新一轮总体布局和顶层设计，也是为高校开启新一轮综合改革、内涵发展提供的难得战略机遇。当前，高等教育进入新时代，我们期盼着并坚信中国高等教育在实现了"大起来"目标的基础上，以"双一流"建设为引擎，朝着"强起来"的目标加速迈进，一定能不断满足人民群众对有质量、有特色高等教育的新期待。

大学的第五功能——国际交流与合作[*]

@铁铮（北京林业大学教授）：

习近平总书记在党的十九大报告中指出，要推进国际传播能力建设。这对大学而言也是重要任务。关于大学的第五功能，不少人存在"先入为主"的误区。直至今日，仍然还有许多人依然局限在教学、科研功能上，对社会服务、文化传承与创新缺少应有的重视。国际交流与合作的第五功能提出之后，在社会和高校中知晓度不高，没有引起广泛的关注。所以，充分发挥大学第五功能的首要任务是扩大传播，让更多的人了解、关注和重视。一是大学自身发展的迫切需要。"闭门造车、闭关锁校"，不可能建设"双一流"。只有通过有效的国际交流与合作，将自己置身于国际高等教育的大格局中，才能真正使中国高等教育以一流的办学水平和鲜明的办学特色，屹立于世界民族之林。二是国家发展的迫切需要。在倡导构建人类命运共同体，促进全球治理体系变革中，大学发挥着不可替代的作用。大学是我国国际交流与合作的有生力量。通过全方位的合作与交流，进一步提高我国的国际影响力、感召力、塑造力，是大学肩负的责任和使命。

@张小锋（对外经济贸易大学党委宣传部部长）：

当中国日益走近世界舞台的中央、当中国为构建人类命运共同体谋求更大贡献时，对具有国际视野和家国情怀、通晓国际事务和规则、业务精湛、外语娴熟的新时代国际化人才的渴求愈加强烈。发挥好大学的第五功能是深入贯彻落实党的十九大精神的必然要求，是加快建设世界一流大学和一流学科的现实选择，是树立文化自信、向世界传播中华文明的客观需要。我们要时刻清醒，发挥好大学的第五功能绝不是照搬西方的模式改建中国的大学，绝不是拿起西

---

* 本文刊发于《北京教育》（高教版）2018 年第 1 期

方的尺子来测量我国的高等教育；既不要仰视也不要俯视外部世界、外来文明，而是以平视的眼光和谦逊、理性、积极的心态，去稳步推进国际合作交流。

@ **曲茹**（北京第二外国语学院党委宣传部部长）：

一是以教育作为科技融创的载体，提升国家发展能力。大学是汇聚优势人才的摇篮，是先进的理论与技术转化的重要源泉。高校可以通过开展国际科研合作项目、举行国际主题学术会议、组建国际学术研究基地等活动，聚焦国际前沿趋势，为科技的创新融合贡献智慧与力量。二是以教育作为文化传播的载体，服务国家的发展战略。赴国外学习的中国留学生在了解国际先进理念与优质思想的同时，将中国的历史与发展讲述给外国人，让更多人聆听中国声音。此外，中国高校接收大量来自世界各地的求学者，特别是出台一系列优惠政策吸引"一带一路"沿线国家的留学生，对促进"一带一路"建设的"民心相通"起到积极推动作用。三是以教育作为形象建构的载体，提高国家的国际影响。各种形式的高校间国际交流合作为中国教育打开一个面向世界的窗口，在吸收国外优秀教育文化的同时也让世界看到"具有中国特色的"高教事业的发展与成就，提高了国家的国际影响力与知名度。

@ **高金萍**（北京语言大学党委宣传部部长）：

教育部统计的数据显示：2016年中国成为世界最大的留学输出国和亚洲重要留学目的国，出国留学与来华留学人数同步增长，留学回国与出国留学人数"逆差"逐渐缩小。由此可见，中国与世界共同需要中国高等教育敞开怀抱，与世界共融共通，通过与世界各国的交流与合作，提升中国高等教育的总体水平，实现新中国成立一百年时"中国教育将稳稳地站立在世界中心，引领世界教育发展"。同时，"双一流"建设的根本目标是培养社会主义合格建设者和可靠接班人，是培养"拔尖创新人才"，是坚持"立德树人"。这一目标的实现，必须打破故步自封、妄自尊大的藩篱，在与世界强国的对话、交流与合作中实现重点领域和关键环节改革的实质性突破。

@ **席宇梅**（北京服装学院国际学院院长）：

一是主权原则。无论在宏观布局还是在具体实操层面都要坚持这一原则，维护国家主权、注重国家安全。二是务实原则。反对合作交流中的形式主义、追求签约数量好大喜功，而不在意内容和后续推进。要注重内涵发展，规模和质量并重。三是高效原则。从沟通洽谈到意向签约，再到项目签署及实施，全过程都需专人负责、精心计划、稳步推进。四是共赢原则。各方拿出诚意和特色、优势互补、得己所需，合作交流才是有意义的、可持久的。当下的工作重点是优质教育资源的引入，开展高水平人才培养和科研合作，开展中外人文交流，助推一流大学和一流学科建设，不断提升教育质量和国际影响力。

如何打好特色学科牌？*

@ **田阳**（中国林业教育学会常务副秘书长）：

坚持走"自己的路"，做大做强特色学科，是一流学科建设的本质要求和必由之路，涉及学科建设理念转变、体制机制变革、发展模式创新，资源持续投入等一系列问题。打好特色学科牌，应重点在差异化发展、交叉融合创新、团队建设上下功夫。所谓差异化发展，就是高校要转变单纯讲数量、重规模的粗放发展方式，立足各学科自身积淀和学术传统基础，主动顺应现代学科建设高度分化、高度综合等趋势，不走同质化、低水平重复建设的老路，做大做强特色学科。交叉融合创新则需要高校按照"大规模、有组织"学科知识生产模式变革要求，打通传统学科与新兴交叉学科的连接通道，促进单一学科向多学科网状交叉融合转变，催生新的特色增长点，实现前瞻性基础研究、引领性原创成果重大突破，在学科的内涵建设上实现超越。团队建设就是采取灵活方式，构建多元化的学科团队组织模式，发挥团结协作的学科协作凝聚效应，以追求卓越创新的学科文化推动学科集群发展。

@ **铁铮**（北京林业大学教授）：

在特色学科建设上，起码有三点问题应该加以重视：一是要不要特色学科。特色是生存之本，特色学科则是大学的生存之本。每所大学还是应该有自己的特色学科的，以彰显自己的特色、体现自己存在的价值和不可替代性。二是如何建设特色学科。要扬己之长、避己之短，充分发挥自己的优势。在学科布局上，要充分考虑自己的历史渊源、文化传承、地域特点、办学实力、社会需求等诸多因素，而不是仅凭个人好恶为取舍。三是如何构建特色学科建设长效机制。特色科学建设不能一蹴而就，要经过较长时期的努力，要有近期、中期、长期建设的科学方案。

---

* 本文刊发于《北京教育》（高教版）2018 年第 1 期

@孙冬梅（北京建筑大学党委宣传部部长）：

没有一流的大学精神就不可能催生一流的学科品牌，正是不同大学自身独特的精神气质，才成就了各具特色的学科品牌。因此，挖掘、凝练、倡导、培育和弘扬大学精神是打造特色学科品牌的核心。一方面，要通过开展学校精神文化体系凝练工作，形成学校精神文化体系，并全面、系统、准确阐释其内涵，加强对学校精神文化体系的宣传，使学校精神成为师生共同的文化自觉和价值追求，这有利于形成学科团队，构建学科建设工作机制；另一方面，要积极创建有利于打造特色学科品牌的文化氛围和制度环境，既要在内涵、品位和精神气质的提升上下功夫，突出学校办学特色和人才培养特色，注重良好学术文化建设，促进学科交叉融合、推动协同创新；又要在质量、特色和需求的结合上下功夫，对接国家战略和首都经济社会发展重大需求，立足本来，面向未来，选择最有优势和特色的学科进行重点培育，打造特色学科品牌，并以此带动整个学校品牌声誉的提升。

@李爱民（中央财经大学高等教育研究所研究员）：

打好特色学科牌，是新时代提升大学核心竞争力的战略举措，对于进一步加快"双一流"建设，实现高等教育内涵式发展有重要意义。一是要着力将特色学科打造成优势学科。大学要注重社会发展需要和自身传统优势，将学校最有特色的学科培育成全国乃至全世界最好的特色优势学科，进而发挥其引领、凝聚和辐射作用，带动其他学科发展。二是要以优势特色学科为纽带构建特色学科群。要用平台思维做大特色学科，整合学科资源，逐渐改变学科间各自为战、单兵作战的局面，围绕特色学科抱团发展，形成特色学科群，营造良好的学科生态，使相关学科从中受益，整体提升大学学科质量水平，同时扩大特色学科的吸引力、影响力和美誉度。

@王君超（清华大学马克思主义新闻学与新闻教育改革研究中心执行主任）：

"特色学科"不是为了标新立异，都去搞"独一份"或"一个人的课堂"，而是为了满足人才培养和完善学科建设的实际需要。特色学科的品牌不仅是一个构建的过程，而且也是一个维护与不断刷新的过程。有一些学科本来具有新颖性、独特性，但由于缺少不断的革新，致使"特"味显不出来，一过新鲜劲儿，也就流于一般、乏善可陈，这是非常遗憾的。建设特色学科事关"面向未来"的教育教学改革全局。近几年，清华大学教务处和研究生院在本科和研究生教学中鼓励"自由探索"的教改项目立项，并予以充足的资金支持，有效地推动了清华大学的特色学科建设。

负面新闻来势汹汹，我怎么看？*

@ 王攀（北京教育新闻中心主任）：

　　一段时间以来，有关教育的"负面""敏感""突发"舆情似乎如滔滔江水、汹涌澎湃、绵绵不绝。进入新时代，一方面，教育领域综合改革进入"深水区"和"攻坚期"，利益冲突和问题矛盾叠加涌现；另一方面，首都工作无小事，教育工作无小事，首都教育工作者已不可抗拒地工作在"聚光灯"和"放大镜"下。同时，不断推陈出新的媒介平台、快速涌现的富媒体时代，社会舆论形成机制更加复杂，传播速度更加快捷，影响范围更加宽广，"万物皆媒"的"众媒时代"来临，互联网必然成为各种社会思潮、各种利益诉求的集散地。如何提高应对突发事件的能力，如何处理好政府、学校、社会之间的关系，如何完善教育治理体系，是对加强教育新闻舆论工作乃至教育治理现代化的重大考验。需要我们正确面对，以教育新闻舆论精准服务与供给为路径，最大程度赢得信任和支持，在多元中确立主导、在多样中谋求共识、在多变中把握方向。

@ 李未柠（中国传媒大学互联网信息研究院副院长）：

　　教育议题具有覆盖面大、涉及人群广、讨论门槛低等特性，长期以来具有强大的舆情"吸附力"。一是应适应网上舆论传播主平台、主渠道发生的变化。移动直播、网络电台、知识社区等新平台在公共舆论话题中的源头性作用、观点引领作用逐渐增强。受认识、技术等要素局限，网站、论坛、微博、微信等"传统平台"仍是当前运营的主要对象，新型平台所承载的信息功能、舆论导向作用等亟待挖掘和评估。二是要提升主动出击意识和预判能力建设，变"被动防守"为"主动出击"。应摒弃"被动适应""事后管理"模式，以更前瞻的眼光强化风险预判等环节工作，利用传播规律，提前筹划部署，实现"带节奏"式引导。

---

　　* 本文刊发于《北京教育》（高教版）2018 年第 2 期

@蒋朗朗（北京大学党委常委、党委宣传部部长）：

近10亿网民，23,000万公众号，每天上演着中国全媒体时代的惊涛骇浪。如何面对全媒体时代海量的"信息"、局部的"放大"、情绪的"大卖"以及思想的"集散"，媒体从业者在焦虑，普通的人和团体被裹挟，高校概莫能外地成为社会关注的场域。当与负面舆论不期而遇时，既往"你说你的，我概不理睬"的后果，只能是一波未平、一波又起，江河日下、绵绵不息。面对是首要的态度，要反应迅速、审度及时、措施到位，并且后续跟进，才能化负面为契机；其次，要有健全的应对，处置有领导，在黄金时间有方案和口径，回应不仅要及时，更要严谨，要给出事实、给出态度、体现温度、给出举措，而且发布契合舆情来源；最后，要重视后续的形象恢复和重建。毋庸讳言，负面舆论出现所彰显的弱点和不足，这是青蘋之末。要想负面舆情少，事情一定要做好。本与末的认识一定要到位，自身的建设是关键，如此积极应对，负面舆情何惧之！

@铁铮（北京高校新闻与文化传播研究会理事长）：

涉事主体对于负面新闻应该有平常心，但平常心并不等于可以掉以轻心。既然是负面的，传播之后或多或少都会带来一定的不良影响，甚至产生毁灭性的打击。所以，包括高校在内的任何一个社会组织，都应该想方设法尽量减少负面新闻的产生。一是苍蝇不叮无缝蛋，把各项工作做得更好，是最重要的基础工程，是减少负面新闻的根本；二是要有切实可行的预案和响应机制，负面新闻一旦出现，尽早发现、尽早处置，尽量使负面影响减少到最小；三是负面新闻偃旗息鼓之后不能掉以轻心，而要认真总结教训，全面改进工作；四是重视建立良好的媒介关系，努力塑造良好的社会形象，以抵消和对冲负面新闻带来的影响。

@蓝晓霞（北京交通大学党委常委、党委宣传部部长）：

在互联无界限，一切皆媒体的新时代，通过移动互联网进行海量多发的舆论传播已成为新常态，我们必须对此有深刻认识，做好成就宣传和舆情应对两手文章。看到机制建设的关键性，主动完善。完善舆情快速反应机制建设，健全科学高效的工作协调机制，形成党政统一领导、实际工作部门分工负责、宣传部门组织协调、新闻媒体积极参与的突发事件舆论引导工作体系。加大培训力度，推动涉事单位主动担起信息发布、舆论引导的主体责任，网上网下贯通，提升干部媒体素养以及同媒体打交道的能力。组织新闻危机事件处置调研培训和评估分析，完善师生网评员队伍激励机制，加强专兼职队伍建设，多管齐下提升高校整体舆情应对处置能力。

高校科研应导向哪里？*

@ **贾庆轩**（北京邮电大学科研院院长）：

在建设创新型国家和科技强国的时代背景下，高校科研既要"顶天"，也要"立地"。"顶天"就是要瞄准世界科技前沿，加强基础研究，实现引领性原创成果重大突破；"立地"就是要加强应用基础研究，突出关键共性技术、前沿引领技术、现代工程技术、颠覆性技术创新，服务国家重大战略需求、服务行业产业发展和区域经济发展。高水平研究型大学科研要更多担当原始创新重大突破的国家使命，行业特色型大学科研要更多结合行业产业发展趋势，地方高校科研要更多服务区域经济社会发展。科教融合是高等教育的本质特征。一方面，立足信息领域勇攀世界科技前沿高峰，加大对基础研究的稳定支持力度；另一方面，努力做好对行业产业发展的科技支撑。按照组建大团队、建设大平台、承担大项目、产出大成果的思路，改进科研组织模式、完善考核评价体系、营造科技创新文化，更加强调有组织的科学研究，抢占科研制高点，全面提升科技贡献度。

@ **郑承军**（北京第二外国语学院科研处处长、教授）：

一是推动高校科研与国家战略和首都需求的有效对接，将学者个人的学术旨趣与国家战略紧密结合，服务人才培养，产出高质量的学术成果；二是全面深化高校科研"放管服"改革，着力构建"分类评价、质量导向、人岗相宜、科学合理"的科研考评与激励体系，根据国家政策不断探索最优的科研人员智力投入补偿机制，激发和增强科研人员的积极性与获得感，刺激和释放学术创新活力；三是求真务实，打造品牌，推进高校新时代中国特色新型智库建设，加强有针对性和实效性的调查分析和对策研究，克服目前智库存在的"有库无

---

* 本文刊发于《北京教育》（高教版）2018 年第 2 期

智"或"有库少智"的弊端；四是加强基础理论研究，明确科研保障机制，坚持以解决国家重大需求、产出标志性科研成果"代表作"、培养学术领军人物为工作导向；五是突出创新，构建青年创新人才孵化集群，深入实施"种子计划"，遴选支持具有科研发展潜力的青年教师，有针对性地资助、培养和锻造一批优秀青年学术骨干。

@**铁铮**（北京高校新闻与文化传播研究会理事长）：

科学研究成果是推动社会前进的强大动力。要针对社会需求进行科学的、审慎的分析和判断，从研究的内容和时间上，分出轻、重、缓、急。在确定研究的重点时，需要妥善处理好四大关系：一是处理好国家需要和公众需要的关系；二是处理好经济需要和社会需要的关系；三是处理好全局需要和区域需要的关系；四是处理好近期需要和长远需要的关系。在引导研究者中需要注意两个问题：一方面，积极引导研究者关注社会发展需要。不能为了单纯地评职称、发论文、完成规定的工作量，而要切实解决实际问题。力求通过科研，回答理论问题、实践问题、学术问题、专业问题、社会问题以及公众的生活问题等。另一方面，高校科研要积极引导研究者注重科研成果的转化。避免课题验收之后、论文发表之后、成果获奖之后，或束之高阁，或打入冷宫，而要真正使科研成果转化成推动社会进步的强大动力。

@**张玉钧**（北京林业大学园林学院教授）：

大学担负着人才培养和科技创新的重要使命，因此大学教师也需要相应地承担教学和科研两项重要任务。应该说，教学和科研是大学教师的两条腿，缺一不可，两者相辅相成，不可偏废。一方面，从事教学活动是大学教师的首要任务。但这句话有一个前提条件，那就是一个合格的大学教师，首先应该是接受过严格科研训练的教师，尤其是在思维逻辑方面要明显优于一般人。另一方面，大学教师的特点是一岗双责，既要具备高水平的科研能力用以丰富教学内容和影响教学效果，同时又要拥有良好的教学能力来把握科研方向和提升科研水平。在此过程中，过分强调教学的重要性和过分强调科研的重要性，甚至把两者置于两个极端，都不是我们的主张。需要强调的是，大学教师的科研活动不能脱离教学。理想教学环节的设置应该有科研成果的适当体现。一位高明的大学教师一定是把教学环节和科研成果完美融合的高手。

专业设置："前景"与"钱景"*

@**铁铮**（北京林业大学绿色传播研究中心教授）：

　　大学设置专业，显然和大学的性质、功能、作用紧密联系在一起。离开这个根本问题，就是忘记了初心。翻开高等教育史，早在1088年意大利建立了第一所正规大学——博洛尼亚大学。1809年，德国柏林大学的创立标志着现代意义大学的诞生。现代大学与中世纪大学的根本区别在于职能发生了转变。大学不仅仅是传授知识的场所，科学研究也成了主要职能。随着市场经济的到来，为社会服务、特别是为经济服务逐渐进入了大学的议事日程。除此之外，大学文化传承创新及国际交流合作的作用也日渐凸显。按照这样的逻辑，大学的专业设置显然应该满足诸多方面的需要，而绝非"钱景"一个。大学在设置专业时，既需要考虑学生的"钱景"，也需要考虑教师和学校自身的"钱景"。这是社会进步的标志，也是大学为社会服务的需要。当然，如果能设置一些"前景"和"钱景"兼备的专业就更理想了。对于那些国家、社会、人类需要的，具有远大"前景"但"钱景"黯淡的专业，国家应予以必要的扶持。

@**袁本文**（北方工业大学文法学院党委书记）：

　　近些年，高校总会有新增专业。同时，个别增设时间不长的专业停止招生。这反映出的实质问题是：增设专业，究竟是看"前景"，还是看"钱景"？高校的根本任务是培养合格人才，增设专业，前景是不二门径，追求"钱景"不应是选项。所谓增设专业看前景，包括：第一，新增专业与学校办学定位的吻合度、对办学特色的支撑度。新专业是否与所在学校办学定位高度吻合，能否对办学特色提供充分支撑，是我们必须优先思考的问题。第二，新增专业与市场需求的满足度。在增设专业前，我们应充分做好市场调查，做到结论尽量靠谱。

---

　　* 本文刊发于《北京教育》（高教版）2018年第7-8期

第三，学校师资对新专业的支撑度。"所谓大学者，非谓有大楼之谓也，有大师之谓也。"期望每一位教师都成为大师是奢望，但教师起码要传道、授业、解惑。充足的师资是支撑新专业的必备条件，学校切不可因人开课、因人设科。高校只有厘清这些问题，才不会盲目跟风、逐利，确保新增专业符合社会需求，专业建设名副其实，人才培养质量高，真正让毕业生既有前景，又有"钱景"。

@ 吕世彦（中央财经大学党委宣传部部长）：

选择专业是考生和家长们必须面对的重要问题。社会在发展，行业和职业也随着社会的发展转变。专业有热门和冷门之分，热门专业和冷门专业也是变化的。我国处于社会主义市场经济时代，个人选择的自由度越来越大，人们的价值取向发生了巨大变化，考生和家长选择专业更多是从众心理和功利主义角度出发，根据专业未来的"钱景"来选择专业。几乎所有的考生都填报热门专业，填报冷门专业多是由于分数无竞争优势的无奈选择。占相当比例的学生不是根据个人的兴趣、能力和特长的理性选择。由于社会过度追逐热门专业，造成一些热门专业大量设置，几乎所有的高校都设置财经类专业，招生人数多，水平参差不齐，甚至造成人才过剩、就业困难，这对一般高校影响较大。要着眼于科学技术和人文社会科学未来的发展，适应国家、社会、人类未来发展的需要，实现个人根据自身兴趣和特长来选择专业。达到理想状态要靠行政手段计划调控、思想和社会价值引导、经济手段调节等来实现。

@ 黄国华（北京林业大学教务处处长、教授）：

日前，教育部下发通知，开展 2018 年度普通高等学校本科专业设置工作。专业设置是一个学校的大事，需要具备开展专业教学的师资、实验室等基础条件。好的专业设置，必然拥有良好的专业前景。好的专业设置主动对接国家战略、区域发展和行业需求，遵循质量标准，面向学生成长成才，形成"适应国家需要、适应社会需求、适应时代发展、适应教育规律、适应学生成长、适应质量要求"的适应性人才培养目标要求，能够实现人才培养与社会需求的高度契合。正因如此，近年来，许多高校结合学校办学定位、学科特色，紧密对接产业链、创新链，适时增加交叉和新兴专业，推动专业建设与产业转型升级相适应；大力调整专业设置，出台"招生—培养—就业"联动机制与办法；推进"调结构、调规模、调资源配置"的供给侧改革，通过"撤、停、减、缓、增"等多种方法，实现专业设置优化、招生规模动态调整。通过调整，专业内涵得到加强，质量得到提升，专业前景越来越好。

自主招生：选才的科学性与公平性[*]

@谭华霖（北京航空航天大学党委宣传部常务副部长）：

自主招生的目的在于赋予高校一定的招生自主权，为高校根据自身人才培养目标和办学特色来选拔优秀人才。制度设计要围绕这一初衷出发，充分考虑多元主体的职责与需求。科学性和公平性要放在全社会角度和长周期来进行衡量，要有利于高校选拔人才、要有利于激发青年学生的创新思维和创造活力、要有利于形成尊重人才成长规律的培养导向、要有利于培养德智体美劳全面发展的社会主义建设者和接班人。如果自主招生只是激励短期的学科竞赛成绩，而不是从人才成长的规律出发，从长远来看，其制度代价必将由全社会来承担。对于高校而言，要坚持目标导向和价值导向，把选才和育才结合起来：选才是手段，育才是目标；要以育才为价值追求来设计选才的考查形式和内容，对通过自主招生进入高校的学生进行长周期的评价，进而不断完善自主招生考核。对于教育主管部门而言，要着力顶层设计，要推动建立多元参与的监督体系，在强化监督的基础上进行充分放权，要保持政策的连续性和稳定性，给予高校和考生以合理预期，办好人民满意的教育。

@衣永刚（上海外国语大学党委宣传部部长）：

高考对中国的意义远远超出教育本身，任何有关高考的改革从来都是举足轻重的问题。回顾高考恢复40余年来的历史可以发现，高考改革一直在选才的科学性与公平性之间小心翼翼地保持着平衡，一旦有"冲突"的迹象，公平性毫无疑问地被置于改革优先考虑的出发点。自教育部发布《关于做好2003年普通高等学校招生工作的通知》推行自主招生以来，各方一直在努力保持这种科学性与公平性的平衡。最近，教育部印发《关于做好2019年高校自主招生工作的通知》，重申了"十严格"的要求。以报名资格为例，该通知要求，不得简单

---

* 本文刊发于《北京教育》（高教版）2019年第2期

以论文、专利、中介机构举办的竞赛（活动）作为报考条件和初审通过的依据。一方面，论文、专利、竞赛等确实为选拔具有某一方面特长和创新潜质的优秀学生提供了依据；另一方面，因为社会诚信体系的不健全，这些年出现了一些寻租现象甚至作假的行为，对高校声誉产生了不良影响，乃至对自主招生这一高考改革举措出现了质疑。公平还是科学？倘若两者不可兼得，显然公平第一！

@**程华东**（华中农业大学党委宣传部部长、党委教师工作部部长）：

　　考试招生是一项对科学性、专业性要求很高的工作，兼顾公平与效率也一直是招考改革的难点。实行自主招生政策是高招改革的有益尝试，也是高校选才的重要路径，一直在探索中前行。日前，教育部印发《关于做好2019年高校自主招生工作的通知》，提出了"十严格"要求。笔者认为，自主招生应以追求选才的科学性、公平性为要旨，实现高质量、多元化、有效性选才。科学性主要体现在选才目标与选拔标准、测试内容、选拔方式的契合，以利于选拔具有学科特长、创新潜质的学生。其关键在于科学的制度设计和有效执行，重点是招生目标和标准的精准化设定、选拔指标体系的整体性重构、招考方式的程序化再造、招考队伍的专业化培育。公平性主要体现在机会公平、程序公平、结果公平的统一，力求实现自主与规范、公平与效率的有效统一。关键在于强化公平的机制建设和有力保障，要把住全程公开招考信息、严格规范招考程序、严格监管招考过程、严肃问责违规行为等重点环节。

@**铁铮**（北京林业大学教授）：

　　公平性和科学性是自主招生不可或缺的两翼。离开了公平性，在中国国情下自主招生很难实施；缺少了科学性，就丧失了自主招生的本意和初心。在中国，高校不是个人或某个社会组织、集团的私有财产，而是最重要的社会公共资源。因此，高校自主招生必须把正确处理自主性和公平性的关系放在重要位置。公平性是自主性的首要、重要的前提，而做到公平的根本在于公开和公正。有关自主招生的信息都应面向社会公开，让广大公众拥有知情权，同时接受社会的监督。即便是有些不便于向公众公开的信息，也应由有关权威部门代公众行使知情权，并严格监督管理。科学性是自主招生的生命属性。不同高校在相同的办学规律下，具有自身的特殊性。因此，高校的招生自主性需要满足，但必须遵从办学、学科建设、人才培养的科学规律，绝不能以某个人或某些人的好恶为取舍。自主招生的过程应该成为研究高校自身科学规律的过程，而不能想当然，不能意气用事，更不能用所谓的良好愿望代替科学方法。同时，一定要保证自主招生政策的相对稳定性。

网络安全：监管与断网的博弈？*

@孙冬梅（北京建筑大学党委常委、党委宣传部部长）：

网络安全的根本问题是意识形态安全问题。对高校而言，应该构建基于大学校园网络的网络管理体系，重点打造网络安全管理平台和网络信息内容服务平台，建立"引""疏""防"并举的意识形态工作机制，以"引"和"疏"为主，以"防"为辅，用"引"和"疏"助力"防"，在确保网络意识形态斗争主动权的同时，进一步推动网络社会发展繁荣。这里的"引"是引导，指高校要着眼于网络内容和队伍建设，以"用户中心"为导向，以"用户体验"取胜，生产有意义、有意思的网络产品吸引师生，提高师生满意度，引领多元、多样、多变的网上舆论。"疏"是疏导，即要从加强对网络正常民意表达的保护力度着手，建立实施并完善师生网络表达和利益诉求响应反馈机制，达到开导、打通师生思想的目的。"防"是防控，指要通过技术手段、法律手段，以校园网为载体，以"用户管理"为手段，加强网络管理与技术防范体系建设，通过"一键断网"迅速切断不良信息在高校校园网上的再传播，筑牢意识形态阵地"防火墙"。

@张小锋（对外经济贸易大学党委常委、党委宣传部部长）：

网络安全是国家安全的重要组成部分，网络如同阳光、空气和水一样日益成为大众生活中的必需品。今天，维护好网络安全、营造清朗的网络空间，已经成为一个国家和政府必须承担和履行好的神圣职责，同时，也应该成为每一个公民倍加珍惜、人人维护的重要义务。然而，随着网络发展的"野蛮生长"，网络安全已成为每个人生命中的不可承受之重。事实上，网络安全有层次之分，大到国家、小到个人，由多重因素制约，断不是一句网络安全就是"监管与断

---

* 本文刊发于《北京教育》（高教版）2019 年第 2 期

网的博弈"所能涵盖的。要确保网络安全，必须从多个角度入手，多方用力。从国家层面而言，必须不断提升网络防控技术，出台和完善网络安全法律法规，加强网络安全教育；同时，必须加强网络内容监管，包括必要时采取断网措施，确保社会大众接收到的是健康、有益的网络信息。就个人而言，一方面，要提高网络安全意识，不可以在网络上"裸奔"；另一方面，要树立良好的网络"公序良俗"，不能在网络上传播不良信息、窃取他人隐私信息，更不能实施网络犯罪。

@铁铮（北京林业大学教授）：

互联网的虚拟性越来越弱。如今的互联网就等于"现实"，同时也是现实社会极为重要的组成部分。互联网直接关系着国家的安全稳定、社会的和谐发展、经济的繁荣兴盛、教育的振兴腾飞、百姓的安居乐业。因此，加强互联网的管理应该成为当前工作的重要关注点。加强管理是当务之急，问题的关键在于如何管理。互联网的管理要运用互联网思维，严格按互联网的客观规律办事，不能简单化、行政化。互联网被称为"第四媒体"，具有与报纸、广播、电视等媒体完全不同的规律性，在管理上必然存在众多的特殊性。因此，不能照搬其他媒体的管理办法。互联网不仅是媒体，而且它已成为现代人工作、生活不可或缺、须臾不可离开的重要组成部分。因此，对其也不能只按照传统媒体管理的办法行事。传统媒体的运作只和专业、专门人士有直接关系，而互联网仅在中国就有数以亿计的人在使用。因此，互联网管理就要充分考虑到海量网民的复杂情况；相对于传统媒体而言，互联网是新生事物，并且还在飞速发展，时时刻刻都在孕育新情况、提出新课题、发出新挑战。因此，互联网的管理最应该是与时俱进的。

@陈鷟（中国海洋大学党委宣传部部长、教授）：

互联网大大压缩了人际交流和舆论聚散的时空局限，给人类带来了空前的便利，带来了"假面舞会"似的自由，也带来了不负责任的网络流言、网络暴力、隐私窥探与泄露，不同价值观的交锋与族群撕裂，甚至有策划、有步骤的舆论战争。方便快捷是相对比较公认的好处，但对于网络言论的自由度及其监管，却有着完全不同的观点。有人赞赏网络自由的价值，这一点笔者并不否认。但我个人更倾向于适度监管，极端情况下还需用"霹雳"手段。君不见前些年网络过于自由，诸如虚假信息、色情信息、暴力场面都在网络泛滥，有时甚至真假难辨、群魔乱舞，着实令人焦心！近年来，由于国家重视，网络干净许多。

相信多数人都是乐见的。想利用网络图谋不当利益的人不高兴了，想利用网络造谣生事的人不方便了，敌对势力难以得逞了，有些"幼稚病"患者跟着这些人呐喊网络自由，其实他们真想要的是"由自"，是一个可以随心所欲、浑水摸鱼的江湖。面对这种声调，我们要敢于说不！坚决说不！为了社会的安宁和干净，为了国家的安全和发展，网络这个江湖也要有规矩！

"双一流"建设服务国家战略"再出发"*

@**蔡劲松**（北京航空航天大学公共管理学院、人文社科高研院院长）：

　　自 2017 年正式启动至今，"双一流"建设已进入周期总结、深化建设的新阶段。从建设维度和预期目标层面，绝大部分高校推进有力、成效显著，取得了高质量的进展。但也应看到，"双一流"建设是一个漫长的历程，衡量其绩效、质量和水平，除了量化指标、专家的定性评价，其实更应当关注大学发展的根本性动力体系是否形成，包括大学精神的思想内力、自主创新的核心驱动力、"立德树人"的人才培育力、服务国家需求的战略支撑力等。说到底，"双一流"建设的关键在于创新，包括办学理念创新、人才培养创新、科技自主创新、学科平台创新、大学治理创新。创新性是"双一流"大学的"裂变型""核能式"根本属性。新时代背景下，大学应在深化"双一流"建设的进程中，更多地突出和完善"使命担当、创新驱动"的顶层设计，凝聚"价值引领、追求卓越"的源泉动力，以现代大学治理的效能提升，促进"双一流"建设目标愿景从"应然"走向"必然"。

@**张小锋**（对外经济贸易大学党委常委、宣传部部长）：

　　服务国家战略是大学责无旁贷的崇高使命。目前，首轮"双一流"建设收官，各高校均如期交上了满意答卷，特别是晒出了服务国家战略的"成绩单"，可谓成绩可喜，未来可期。但也不可盲目乐观，与世界一流相比，我们犹存不小差距，亟待全力追赶。一要更加凸显前瞻性。既要研究和解决最新科技理论和前沿问题，也要具有预见性和超前性。二要更加强调基础性。要加大对基础学科的扶植力度，加快对基础学科人才培养的步伐，因为基础学科每前进一小步，就意味着建立在基础学科之上的相关学科很可能迈出一大步。三要更加看重人文性。在首期"双一流"建设中，文化传承创新方面的经费相对投入最小、

---

　　* 本文刊发于《北京教育》（高教版）2020 年第 10 期

成效甚微，成了不容忽略的"盲点"和"低谷"，而世界一流的大学和学科都有一流的文化环境与之相适应、相匹配，这是显而易见的道理，但也是最易被我们忽略的道理。四要更加注重协同性。要强化"双一流"建设"全国一盘棋"的理念，使各校都能发挥各自的优势，彼此支撑，互相耦合，避免恶性竞争、无序发展和重复建设。

@铁铮（北京林业大学教授）：

"双一流"建设"再出发"之际，要不忘服务国家战略的初心。建设世界一流大学也好，建设世界一流学科也罢，都是为了更好地服务国家战略，真正实现国富民强、民族振兴。忘记了这一点，就忘记了自己为什么要出发。这是我国独特的历史、独特的文化、独特的国情所决定的。正如习近平总书记所说，扎实办好中国特色社会主义高校，我国高等教育发展方向要同我国发展的现实目标和未来方向紧密联系在一起，必须做到四个服务，即为人民服务、为中国共产党治国理政服务、为巩固和发展中国特色社会主义制度服务、为改革开放和社会主义现代化建设服务。因此，在未来的"双一流"建设中，一是要把服务国家战略当成重要内容进行谋划，当作重要任务加以实施。各有关高校都应积极主动与国家战略对标，完善和调整切实可行的建设方案，在服务国家战略的大框架下加快建设步伐。二是在考核和检验建设成效时，要增加"服务国家战略"的权重，引导和约束高校把建设一流大学、一流学科的精彩论文写在中国的大地上。

@王洛忠（北京师范大学发展规划处处长）：

北京师范大学的"双一流"建设方案明确了"铸就教师教育领域珠穆朗玛峰"和"高原支撑、高峰引领"的学科发展体系，努力做好教师教育的顶层设计。加强建设教育学部，探索建设未来教育学院和乐育书院，构建完善"三维度·一体化"卓越教师培养模式，创新实施"四有"好老师"志远"计划和"启航"计划，在招生选拔、培养过程、就业激励上下功夫，努力做好教师教育的人才培养。在"双一流"建设第一个周期内，累计为国家基础教育输送毕业生6,700人。着力建设教师教育研究所、中国教育与社会发展研究院高端智库等一批研究平台，开展教师教育研究、教育决策咨询、基础教育质量评价等工作，努力做好教师教育的科学研究。持续开展"国培计划"等教师培训，累计培训全国骨干教师和中小学校长近10万人次；实施"四有"好老师奖励计划和"中国好老师"公益行动；强化对青海、四川凉山州、云南玉龙县等地教育扶贫，努力做好教师教育的社会服务，积极争做教师教育的"标杆"。

高校校园管理的"治慧"*

@ **李艳艳**（北京科技大学马克思主义学院副教授）：

对于疫情防控工作，习近平总书记强调，要开展耐心细致的思想工作，教育引导广大群众服从大局、遵守疫情防控各项规定，自觉维护社会秩序。近期，北京高校迎来了在校生返校，新生报到入学。由于北京高校数量多、学生多、分布广，疫情防控工作具有一定难度，这对于高校校园管理工作也提出了新要求。相较于以规章制度为本的刚性管理，柔性管理更加以人为中心，依靠校园文化、精神氛围，使学生自觉产生一种对于规章制度的内在认同，从而把组织意志转变为自觉行动。我们需要优化校园管理工作的方式方法，防止激发学生的抵触逆反情绪；需要调动校内各方的力量，让学生的诉求得到快速回应，做好学生的情绪抚慰工作。

@ **铁铮**（北京林业大学教授）：

第一，以人为本。一方面，应该贯穿以师生为本的理念。所有管理的最终目的，都应该是为师生服务的；另一方面，中国的大学校园都和社会有着千丝万缕的联系，在管理上还应该充分考虑其他相关人员的利益和感受。只对上级负责，只考虑管理便利，不真正为师生着想，不顾及其他相关人员的利益，校园管理就缺少人情味，甚至还会激化管理者与被管理着之间的矛盾，引发强烈的对立情绪。第二，科学公平。高校校园管理要遵循科学规律，把管理当成一门科学来深入研究、严肃对待。管理措施出台之前，要深入调研、反复论证，要贯彻公平、公正、公开的原则。第三，有效沟通。管理在一定意义上说，就是做人的思想工作，要讲求方式、方法，有效运用技巧，不能简单化处置，更不能粗暴。

---

* 本文刊发于《北京教育》（高教版）2020 年第 10 期

@赵锋（北京联合大学党委副书记）：

第一，要把立德树人根本任务落实到学校管理的方方面面，体现在工作的每一个环节，坚持"围绕学生、关照学生、服务学生"，在细小的事上下功夫，使学生有更多的获得感，实现"精细化"管理。第二，要树立科学的治理理念，对校园管理中的重点难点问题，坚持共治共建共享，既精准施策，又综合施策。坚持以人为本，尊重教职工办学的主体地位，发挥教职工参与学校管理的积极性、主动性和创造性。同时，教育引导学生自我教育、自我管理、自我服务，主动参与校园的管理，实现"精准化"管理。第三，完善规章制度，深化内部管理体制改革，优化内部治理结构，明确责任、加强协同、形成合力、提升治理效能，选树典型，发挥示范引领作用，实现"精品化"管理。

@王玮（北京电子科技职业学院党委副书记）：

第一，以党建强化理想信念，坚守办学底色。高校要坚持以习近平新时代中国特色社会主义思想为指导，把加强党员领导干部和师生的思想理论武装作为重要任务，建立健全政治理论学习机制。第二，以党建构建高校治理共同体，凝聚磅礴力量。充分发挥党组织在组织协同上的引领作用，以"党建＋专业建设""党建＋教学科研""党建＋管理服务"等方式推动基层党建与学校中心工作深度融合，将广大师生的力量汇聚到高校的根本任务上来。第三，以党建提振干事创业"精气神"，净化政治生态。要进一步丰富高校党的作风建设的内涵与构成，以优良作风和风清气正的环境为高校治理体系和治理能力现代化提供坚强政治保障。

@郭新春（江西农业大学党委副书记）：

第一，精治育人才。落实立德树人、环境育人根本任务，精心规划、精致建设、精细管理、精美呈现，努力建设精致精美、宜居宜学的美丽校园。第二，善治提品质。以改善办学条件和满足师生需求为导向，加大巡查排查力度，开展校园建设、硬件设施、治乱治堵、查漏补缺、修复修补等工作。第三，共治强实效。既发挥部门治理职能，又建立全校联动体系，更完善师生自治机制，激发校园治理活力。第四，法治促规范。以大学章程为统领，建立校园管理规定，明确治理格局、管理模式、工作内容、标准体系、应急预案，建立正向激励机制，落实负面清单及惩处措施，实现法治引领、共建共治、督查问效，推动校园管理法治化、规范化、制度化。

@田红芳（北方工业大学党委副书记）：

第一，育人为先，从细微处着手，在校园环境建设、学生日常管理、后勤服务保障中融入育人的元素，处处体现对学生的教育引导，形成良好的氛围，让学生在日常生活中有体会、受熏陶，潜移默化养成良好的学习与生活习惯。第二，安全有序，努力为师生创造安全稳定的校园环境，让教师心无旁骛做学问，让学生安静读书，让家长放心放手。安全方面做到全覆盖、无死角，突显人性化、便捷性；稳定方面做到融合线上线下、课堂内外，突显政治性、群众性。第三，和谐共进，努力营造团结一致、积极向上的校园文化氛围，以优良校风、师风、学风培育和践行社会主义核心价值观，始终保持校园和谐稳定、师生拼搏奋进。

中国大学，酒香也要会吆喝*

@张佐（清华大学党委宣传部部长）：

现代社会，不仅有酒，还有各色软饮、各种"功能"水。正如高校宣传部门日日打交道的网络：硬道理、软鸡汤并存，真相虚构甚至谣言有时难辨。故"酒香也要勤吆喝"。勤吆喝，就是要为"三十年陈酿"正名，要为所秉持的"爱国奉献、追求卓越""自强不息、厚德载物""行胜于言""中西融汇、古今贯通、文理渗透"等清华文化立碑。吆喝的是啥？真酒、好酒、回味无穷的美酒；真故事、好经验、打动人心的正价值。咋吆喝？"天街小雨润如酥，草色遥看近却无"堪作境界。一是方向正确、主题鲜明。就是诗句所歌咏的"春意"，也是大学里的教师和学生的向上成长，是他们与社会的良性互动。二是围绕重点、持续用力。好比雨露滋润才能春意满园，又如学校中的人才培养、学术创新、社会贡献、文化传创、国际交流五大核心功能，其根本在于人才培养。三是生生不息、蔚然成风。遥看似无实则春意已满园，久久为功必能让正确的教育理念随真情故事传播开来，变成社会行动。

@铁铮（北京高校新闻与文化传播研究会理事长）：

这是一个品牌的时代。品牌的构成起码有两个方面：一要有过硬的质量，这是树立品牌的基础。二要有很高的知名度与美誉度。知名度的扩大、美誉度的提高，都离不开"吆喝"。这又是一个媒介的时代，仅靠传统的吆喝，很难达到树立品牌的效果。因此，要注重借力社会媒体进行广泛有效的传播，要创办好、运行好自己的媒体，面向海内外进行科学的传播。但面临两个难题：一是社会媒体往往不按照大学的意愿进行传播。大学期望让社会知道的，社会媒体不感兴趣。而社会媒体感兴趣的，大学有时觉得不需要，甚至是反向的。二是

---

* 本文刊发于《北京教育》（高教版）2017 年第 6 期

大学办的媒体影响力、传播力有限，不仅面向社会上发不出声音，而且对校内也难以覆盖、作用甚微。

@ 张小锋（对外经济贸易大学党委宣传部部长）：

良好的声誉和坚实的基础是大学存续和繁荣兴盛的两大支柱。近年来，随着中国综合国力的提升，中国政府对大学的资金投入逐年增大，而大学也以提升人才培养质量为中心，进行了诸多的教学改革和探索，围绕国家和社会需要，开展了大量的科研攻关项目，取得了不菲的成就。应该说，中国大学的总体质量不断提升，越来越多的外国留学生也将到中国来求学、立业作为首选目标之一。然而，在几近一边倒的"外国大学总比中国大学好"的语境、世态中，办学实力快速提升的中国大学"很受伤"，个中原因很多，但是不注重宣传，不善于"吆喝"，不把面向世界范围内塑造良好形象、吸引优质生源作为办学兴校的看家本领、重要任务，无疑是最为重要的因素。换言之，与世界"一流大学"相比，我们的差距不仅体现在基础设施、办公条件、师资队伍、教学手段等硬实力上，更体现在形象塑造、传播手段、大学精神的公众认同等软实力上，而后者才是决定中国大学"木桶"盛水高度的"短板"。

@ 艾红红（中国传媒大学新闻学院教授）：

传统的中国大学信奉实干兴校，不注重自我包装和学校品牌的推广。常言道，"酒香不怕巷子深"，意思是只要产品好，就不愁没销路。这种论调与时下流行的"内容为王"可谓异曲同工，也与多数大学的理念不谋而合。然而，在各种突发事件不断涌现，任何信息都可同步传播到世界的互联网时代，酿得"好酒"却不会吆喝的人，实际成了失语的被言说者，不但自身形象完全取决于他人口碑，而且一旦遭遇形象危机，将面临极为被动的局面。中国大学需要转变理念，变过去的被外界言说、被他人塑造，到主动出击，通过官方网站等多种手段，形成权威可信的媒体方阵，在凸显本校实力与特色的同时，放大自己的声音，打造本校的形象。

@ 钟新（中国人民大学新闻学院教授）：

如今教育市场竞争激烈，重点高校为了争取优质生源，越来越重视面向中学开展体系化的各种"请进来""走出去"活动，甚至对各省高考状元等尖子生进行"一对一"的沟通。不仅本科招生如此，硕士招生也常常以夏令营等方式面向本科生开展活动。一方面，在教育全球化的今天，以留学生数量为重要标志的国际化水平早已是中国重点高校国际化发展的压力和动力。重点高校的"酒香"使其名声在外，但与教师、学生面对面的交流，仍然是帮助中学生真切感知本校、增强选择意愿的有效路径。另一方面，重点高校的"酒"如果不经常性酝酿和维护，其香气也可能越来越淡、越来越远离生源的视线。高校必须会"吆喝"是必然的，但需要防止的是恶性竞争的"吆喝"。

西湖大学：热闹与门道[*]

@铁铮（北京高校新闻与文化传播研究会理事长、教授）：

对于西湖大学的诞生，我们为之点赞；对于这所新型大学的愿景，我们充满期待。但我们希望西湖大学真正能走出一条新时代办好富有中国特色的高等学府之路，而不是娱乐至死时代的一场秀。因此，还是少些几年赶超世界一流之类的表态，多些教学创新、科研突破、社会服务有力、文化传承有效的具体措施。因此，除了看到大咖名流加入之外，还要看到致力于建设高水平师资队伍的具体行动。说到底，大学不是说出来的，而是按照教育教学的特殊规律一步一步办出来的。我不赞成将民办大学与公办大学对立起来的说法。在中国，无论任何形式的大学都是在党和政府统一领导下的，都具有鲜明的中国特色。办学的方法、途径各有千秋，但立德树人等性质是相同的。多种形式、多种模式、一个方向，是新时代中国高等教育格局最显著的特征。既不能僵化、固化、千校一面，又不能忘记初心、逾越底线。否则，新校不但会减缓成长的速度，还会在中国土壤上"水土不服"。

@杜治洲（北京航空航天大学人文与社会科学高等研究院副院长、教授）：

国家的发展需要创新驱动，尤其需要教育的创新、人才培养的创新。如果西湖大学可以实现其目标，将是我国教育发展史上具有里程碑意义的一件大事。作为中国最受关注的民办大学，西湖大学的确非同一般。一是小处着手的办学策略。西湖大学不贪大、不求全，近期专注博士研究生教育，主攻理、工和医三个学科，重视基础研究和成果转化。二是聚集了世界一流的雄厚师资。三是创新的大学治理结构。学校将明确行政权力与学术权力的边界，推行教授治校，主张学术自由，创新人才培养模式。这些特点足以让西湖大学给我国高等教育

---

* 本文刊发于《北京教育》（高教版）2018 年第 5 期

事业吹来一缕清风，为建立新时代中国特色现代大学制度提供宝贵的经验和参考。国家应该在政策上给予这个"新生命"更多的鼓励、关爱和包容，要允许她跌倒并能帮助她再站起来。社会大众也应该充分肯定教育创新的积极意义。我们期待在不久的将来西湖大学成为世界一流的高等学府，并带动整个国家教育体制的创新。

@ **黄国华**（北京林业大学教务处处长）：

近日，"西湖大学"不断刷屏，甚是热闹，但人们关心更多的是热闹之后如何走出"门道"，取得自己的辉煌成绩。"门道"之一，便是能否坚持育人根本，毕竟"西湖大学"不是往日的"西湖研究院"，已经成为育人的大学，而不是做科研的院所，诚如施一公校长回国之初所言"我回来的根本目的是为了育人"。"门道"之二，在于能否做出特色，西湖大学坚持"高起点、小而精、研究型"，颇有卓尔不群之味，能否坚持教育教学规律、成长成才规律、思想政治工作规律，落实以学生发展为中心的办学理念，育好英才、办出特色，是更多家长与教育人的期待。"门道"之三，能否"大师"造"大师"，西湖大学虽是初成，却已云集了杨振宁、施一公、戴维·巴尔的摩等一批大师，如此雄厚的师资力量，人们对西湖学子的期望自然不只是饱学之士，而是能否培养出有超强学习能力和创新思维的一流人才。蓝图绘就、群贤毕至、事业发端，让我们借施一公校长的话送上良好祝福"未来，我们终将不辱使命"。

@ **蒋朗朗**（北京大学党委常委、党委宣传部部长）：

诸多因素叠加，西湖大学的成立受到了广泛关注。高薪聘请顶尖专家，集中优势人才迅速产出科研成果，似乎指日可待。但我们更关心的是，这样一所"社会力量举办、国家重点支持的新型高等学校"该如何治理？民办高校大多设立了学校董事会，它与学校党委的关系是什么？西湖大学作为一所"明星"民办高校，具有研究和分析的案例价值。经教育部同意的《西湖大学章程》中19次提到了党，将"坚持党的领导""学校党委发挥政治核心作用，参与学校重大事项决策和管理""当然董事包括学校中共党组织主要负责人"等写入章程。此外，由属地区委党组成员担任西湖大学党委书记，将西湖大学党的工作纳入党的现有组织体系。这说明，无论是公办高校还是民办高校，同样都要强调立德树人为本、注重培育和弘扬社会主义核心价值观，除了把握方向，大学的运行体制必然纳入党的领导下，但充分发挥学术专家在学科与队伍建设中的重要作用，或可体现独特、灵活的机制，呈现体制创新与制度突破的特色。

优质资源如何突破大学"围墙"*

@铁铮（北京林业大学教授）：

　　大学的功能究竟是什么？许多人重视的是教学、科研，而往往忽视了其社会服务功能的发挥。如果真的能把社会服务当成是自己的本职而非副业，当成自己的职责、应尽的义务，而非额外的负担，许多问题都会迎刃而解，起码解决起来会变得简单。从这一点出发，高校应该给自己提出更高的要求，让为社会服务成为大学的应有之义。在条件允许的情况下，能够开放的资源尽量开放，能够拆掉的围墙尽量拆掉。人才资源、环境资源、物质资源都应为社会服务发挥更大的作用。那种人为地将高校与社会之间筑起各种各样壁垒与藩篱的行为，都将随着社会的发展被摒弃。当然，这只是问题的一个方面，而另一方面同样也是十分重要的。大学服务社会需要必要的硬件和软件条件。政府有责任和义务为大学创造更好的条件。该增加投资时，舍得给大学投资。该改善环境时，支持大学建设。否则，大学连为师生服务都做不好，怎么能谈得上为社会服务？除此之外，享受大学服务的公众也应该积极配合，做出自己的努力。

@韩宝志（天津大学档案馆馆长）：

　　大学服务社会包括两个方面：一方面，是大学满足当前社会对大学的需求；另一方面，是大学需要充分发挥其知识文化传承与创新的功能，引领社会的发展。目前，各种资源都十分丰富，大学资源的"优质"，在于依靠其庞大的学科群、科研平台，而产生一大批知识含量高、着眼未来长远的成果。但这些成果，很多没有走出高校的"围墙"。有三个原因：一是大学的一些研究，走在社会发展前面，一些成果很先进，但从经济成本核算的角度看，不太适合社会的需求；二是因为大学里有的研究存在着与社会相脱节的现象，单纯为了研究而研究，

----

　　* 本文刊发于《北京教育》（高教版）2017 年第 10 期

这样的成果并没有实际价值；三是成果与社会需求之间，信息不够通畅，供需缺乏一个高效的"媒介"。随着我国的发展，社会各单元之间的依赖性越来越强，高校中的优质资源与社会需求之间的联系越来越紧密，相信会有越来越多的优质资源，包括人才资源、科研成果、智力优势等，在社会上产生巨大影响。

@陈鷟（中国海洋大学党委宣传部部长）：

高校富集人才、智力、教育、科技和文化等优质资源。以往，这些资源比较集中地服务于高校自身的人才培养和科学研究。而今天，随着学习型、创新型社会日益形成，社会发展对高校优质资源的需求日益强烈，高校优质资源突破"围墙"，实现更大价值的渴望也与日俱增。然而，从观念到政策，从方式到平台，高校优质资源突破"围墙"输入社会或高校共享，都还存在诸多困难，亟待更新、改革和创新。第一，观念上要更加开放，高校优质资源要有主动冲出"围墙"的动力。第二，国家政策法规要跟上。没有政策法规做保障，高校师生与社会资源接受者之间都会缺乏安全感。第三，要充分发挥互联网作用。互联网为信息传递、知识传播克服了空间阻隔，大大提高了效率，为高校优质资源的突围提供方法上的便利，可以让高校师生足不出校即可智谋千里。第四，应由政府出面搭建平台。除了政府平台的公信力，更重要的是防止资源输出和交互的无序。总之，高校优质资源突破"围墙"意义重大，但各方面准备都要及时跟上。最好先搭好了桥再过河！

@刘长旭（北京师范大学党委宣传部部长）：

优质资源突破高校围墙，是共享经济和"互联网＋教育"对高校改革发展提出的时代要求，对于实现优质资源效益最大化具有积极意义。我们都知道，互联网尤其是移动互联网的出现，为用户搜寻高校优质资源提供了便利。现在，借助搜索工具，任何一个社会潜在用户都可以很方便地从网上了解某一所高校所具备的人才优势、学术资源与大型科研设备等基本信息，使得优质资源突破高校地理隔阂成为可能。当然，高校优质资源要突破"围墙"。首先，管理层得突破传统思维藩篱，强化共建共享意识。其次，高校要积极搭乘互联网技术快速发展的列车，大力建设慕课（MOOCs）课程，推进校际学分互认，实现优质学术资源的共享，让原本为少数人所独享的学术盛宴，成为大众都有机会品尝的"家常菜"。最后，积极参与科研大型仪器设备共享平台建设，大力推进大型科研设备购置、存储、运营方面的资源共建共享，做到有所为有所不为、不求所有但求所用，实现办学资源效益最大化。

学校如何应对教师的"个人表达"*

@ 张小锋（对外经济贸易大学党委宣传部部长）：

在人人都拥有"麦克风"的时代，高校经常面临着"教师个人表达"的尴尬，造成这一窘境有两个重要因素：一是学校的战略决策、管理水平、服务态度、学校与教师的沟通等还存在一定的短板或不足；二是教师个人的诉求、意愿、主张得不到满足。高校一旦出现"教师个人表达"，首先要分析原因，理清教师个人表达的动机是什么？如果是高校自身的原因，学校要查缺补漏，及时补上短板；如果是教师个人原因，要通过适当途径做好教师个人工作，让教师停止"个人表达"，并尽可能地消除不良影响。不管是什么原因，都要做好、做足与教师个人的沟通交流工作。只有渠道畅通、信息透明、教师从内心对学校产生强烈认同，才是中止或减少教师"个人表达"的根本举措。当然，高校平时就要重视对教师的思想政治工作，不断增强教师对高校的归属感、责任感和认同感。高校还要学会适应"教师个人表达"，对此不必太多忧虑，高校不可能完全禁绝"教师个人表达"，就像明星总会有绯闻一样。

@ 蓝晓霞（北京交通大学党委宣传部部长）：

思想上重视。特别是高校管理者要牢牢树立全心全意依靠教职工办学的理念。教师是高校事业发展之本。尊重并畅通教师个人表达，不仅是体现高校以人为本、民主管理等文化内涵的重要方面，而且在当前社会价值多元、高校教师民主意识、自我意识明显增强的时代背景下更具有特殊的必要性、紧迫性。进而通过思想指导行动，对教师的个人表达采取积极的、正面的态度，而不是一味抵触，回避甚至激化矛盾。机制上保证。要完善教代会、学术委员会、教授委员会等民主管理机制，做好校务公开、党务公开，充分保证教师的参与权、知情权。健全教师和学校领导、有关单位的信访沟通机制。价值上引领。对于

---

* 本文刊发于《北京教育》（高教版）2016 年第 1 期

教师个人合理的发展需求等权益表达应予以积极保护和回应，但对一些违反政治纪律、政治规矩甚至教师职业操守的个人表达，也要敢于亮剑，做好引导教育工作，并通过日常的、高质量的、科学化的思想政治工作加强对全体教师的价值引领，多管齐下形成良好的师风校风，才是着眼长远的解决之道。

@铁铮（北京林业大学党委宣传部部长）：

对于教师的个人表达，我不大赞成使用"应对"这个词。"应对"有"采取措施、对策以应付出现的情况"的意思。这样似乎把校方和教师摆在了对立面。事实上，教师和学校是命运共同体。教师不仅是各种教育教学活动的实施者，也是学校事业的建设者。学校决策需要广泛而认真地听取教师的意见，注重调动教师关心和参与学校管理工作的积极性。要给教师个人表达提供畅通的途径，采取多种形式主动征求他们的意见，多走进教师中虚心地听取他们的看法。同时，要引导教师依法依规地进行个人表达。对教师个人表达的内容要科学分析，接受正确的、合理的，解释误会的、模糊的，对暂时难以解决的给予必要的说明，争取教师的理解。如果对教师在个人表达方面提点建议的话，我最想说的是：依法依规，三思后行。对学校工作的意见和建议，还是先通过内部途径表达为宜。借助舆论的力量施加压力，或许有可能促进某一具体问题的解决，但也可能给学校带来被动或负面影响，反过来影响教师的自身发展和切身利益。

@周晔（北京邮电大学党委宣传部部长）：

一说"应对"，总是脱不开"采取措施、对策以应付出现的情况"，可教师的个人表达妥否，应先用法律的准绳来衡量，因为公民个人表达程度，体现出国家民主政治建设的进程。依据《中华人民共和国宪法》第 35 条，表达自由是公民的基本权利；而依据《中华人民共和国教师法》第二章，教师有权"对学校教育教学、管理工作和教育行政部门的工作提出意见和建议"，教师应当"遵守宪法、法律和职业道德，为人师表"，可见，表达自由与思想自由和行为自由明显不同。教师享有职务表达自由与个人表达自由，教师个人表达由公言论与私言论构成。教师职务表达受学校教育使命与学生特点的影响而受限，世界上没有哪个国家认为，对高校教师的课堂言论毫不设限是理所应当的。教师公言论比私言论受保护程度大，但教师个人表达一旦与学生利益相冲突，无论公言论还是私言论都要受限。所以，校方应在教育、制度和实践层面去引导教师将国家、学校和个人三者利益有机结合起来，完善教师代表大会、听证、民主评议等制度，善用校长信箱等网络化方式互通有无，构筑科学、畅通、高效的教师个人表达体系。

"四新"建设中——如何把握学科创新的
规律和导向*

@张小锋（对外经济贸易大学党委常委、宣传部部长）：

当下"四新"建设扑面而来，这是中国高等教育处在中华民族伟大复兴战略全局和世界面临百年未有之大变局的时代背景之下，紧扣时代脉搏，"想国家之所想，急国家之所急，应国家之所需"，积极主动调整学科布局、引领教育变革的重大举措。"四新"建设，必须遵循学科建设规律，要锚定人才培养的目标任务，在"新"字上下功夫。必须明白，"四新"建设不是常规意义上的工、农、文、医学科的"扩大版"和"加长版"，而是在学科交叉融合、新技术运用、学科资源的整合优化等方面勇探索、尽心力。必须以新的视野、胸怀、担当和情怀，全力推进。绝不能把"四新"建设当作争取资源的手段和噱头，绝不能把"四新"建设成果当成自家的"后花园"和"自留地"，必须做到资源真正共享、供需真正对接。在"四新"学科建设中，各高校必须做好顶层设计，根据实际采取最恰当、最优化的策略，选择不同的发展路径；既要突出特色、重点突破，也要注意处理好与其他学科之间的关系，做到各学科建设协同推进，达到彼此关照和相互牵引的效果。

@刘向兵（中国劳动关系学院党委书记）：

"四新"之新，新在创新，贵在创新。创新则须遵循专业创新、学科创新规律，走在学科发展的大道上，创新还须守正。一是遵循问题导向规律。把握时代需求、解答时代课题，瞄准经济社会发展的难点、热点和焦点，如新工科要聚焦产业结构调整需要；新医科要服务健康中国行动；新农科要助力乡村振兴实现；新文科要用中国理论、中国范式、中国标准、中国自信讲好中国好故事。

---

* 本文刊发于《北京教育》（高教版）2021年第5期

二是遵循协同融合规律。人类已经进入知识集成创新、交叉突破的时代，解决实际问题往往需要多种学科知识的支持。"四新"发展具有深度融合科学、技术、产业、社会的优势，工科、农科、医科和文科各个学科内部及学科之间，都要善于打破学科壁垒、开展协同融合。三是遵循循序渐进规律。"四新"强势来袭，不能眼花缭乱，而要聚力高等教育内涵式发展、高质量发展要求，把握学科创新的静气、定力，做好顶层设计、强化学科论证，稳扎稳打、精耕细作，必要时先搞试点、特区，积累了经验再全面铺开。

@ 王洛忠（北京师范大学发展规划处处长、政府管理学院教授）：

一是"四新"学科发展规划要务实。立足自身的办学基础和学科特色，科学制定"四新"学科发展规划，建立"四新"学科群特区，确保量力而行；积极谋划新兴、交叉学科发展，务实推动文理基础及冷门学科建设；结合"十四五"规划，处理好长短的关系，实现多学科协同发展。二是"四新"学科建设任务要压实。建立"四新"建设的专门机构，设立跨学科研究平台等。落实立德树人根本任务；推进科研评价改革，大力培育国家战略科技力量；通过决策咨询等多种途径，积极服务国家战略与经济社会发展。三是"四新"学科师资队伍要充实。整合校内外专家资源，建立"双导师"队伍，既重数量与规模，更重质量与结构；夯实专业知识和育人技能，强化师德师风；构建符合"四新"学科特点的人才评价体系。四是"四新"学科建设资源要落实。优化以任务和绩效为导向的资源配置机制，聚焦关键任务，提高资源投入的针对性和精准度；积极引进外部资源，建立资源共创共享机制；实施预算绩效管理，完善自我约束、自我激励、自我发展的治理体系。

@ 铁铮（北京林业大学教授）：

在"四新"建设的大背景下，学科创新要科学处理好三大关系。一是创新与传承的关系。任何新的东西都不是凭空产生的，一定是在传承的基础上发展壮大起来的。学科发展是一个历史的过程，学科创新也必须承上启下。新工科、新农科也好，新医科、新文科也罢，都不是对以往学科建设的简单、粗暴的否定，而是与时俱进地光大优良传统、借鉴历史经验、传承学科文化。二是本学科与他学科的关系。学科创新一定要关注学科融合的大趋势。本学科与他学科之间有一定的边界。但在时代飞速发展的进程中，学科边界既可能模糊，也可能变化。学科之间的融合发展往往会成为新的学科生长点。在学科创新中要特别强调各学科之间的交流与合作，倡导多学科携手攻关克难。三是理论与实践的关系。理论与实践是学科创新的两翼。学科创新既要靠理论的指导，也要靠实践的探索；既要注重理论上的升华与凝练，也要重视实践中的积累与提升；既要紧密结合学科发展需要在实践中勇于探索，又要及时将实践中取得的成果、经验转化成理论，进一步指导新的实践。

高等教育高质量发展中，新专业如何乘势而上[*]

@**陈鷟**（中国海洋大学党委宣传部部长、教授）：

一要有的放矢。新专业的设置要精准瞄向高质量发展的社会需求，对国家和区域高质量发展及相关专业人才的规格、质量和水平要求，对相关人才的数量需求，特别是持续性的需求要有清晰的认识，要有认真的市场调研、数据支撑和理性预判。对兄弟高校开设同类专业的情况要有了解，避免大面积同质化设置，要做差异化、有特色的个性化设置。二要有学科根基。新专业的建设最好是传统专业 + 云计算、大数据、AI 等新技术或者 + 法律、公共事务管理、心理学等现代社会需求的理论及方法，通过后者的赋能，改造提升传统专业，保证新专业既有适应社会需求的一面，也有传统的学科根基。三要紧贴社会。新专业必须要与社会发展紧密结合。培养理念、课程设置、培养模式和方法、实习实训等都必须紧贴社会，培养出适应社会需求的人才。四要专通结合。高质量发展既需要专业人才解决发展问题，也需要人才具备多方面融通的能力。因此，新专业的培养一定要专通结合，方能体现其新的价值。坚持"四要"，新专业才可能乘势而上、行稳致远。

@**张春萍**（北京工商大学商学院党委书记）：

一是明确专业定位，服务国家战略和社会发展。遵循国家重大理论和现实需要，着眼于社会发展需求和人民生活需求，谋划好专业发展定位和人才培养目标。二是建立创新引智机制，加强师资队伍建设。依托大学现有学科的人才优势，积极引进拥有稳定的研究方向和丰实研究积累的人才，并采取引进专职教师、跨学科选聘兼职人员和聘请具有较高知名度的兼职教授相结合等办法，集聚高层次师资。三是突出学科特色，做好交叉融合。破除学科壁垒，整合优

＊ 本文刊发于《北京教育》（高教版）2021 年第 5 期

质资源，主动应对国家和社会发展的需求开展科学研究、咨政建言、社会服务工作，并积极依托优势学科做好新专业的建设工作，持续产出高水平成果。四是优化课程体系，创新人才培养。拓展思维和视野，充分认识当前新技术革新和国际环境的变化，积极探索拔尖创新型人才培养，从学科归属等方面充分论证，优化课程设置，实现比较优势。培养大批熟悉我国国情，专业素质强，具有实干能力、创新精神和使命感、责任感的人才，助力实现中华民族伟大复兴的中国梦。

@ **黄国华**（北京林业大学教务处研究员）：

一要做好新专业设置。新专业就是为适应社会新需求而设置的，需要在新的领域服务国家发展。在新一轮科技革命和产业变革的背景下，要精准把握需求，充分论证，面向重点领域设置新专业，解决高精尖稀缺人才匮乏问题。二是要优化课程设置。课程是专业的基础。新专业设置之初，就要用全新的理念，精心设置课程，构建起科学合理的培养方案，用新内容充实新专业，实现新目标。三是要改进课堂教学。课堂教学是专业建设的命脉，专业的竞争最终体现在以课堂教学为核心的人才培养上。要主动构建以学生为中心的教学模式，用学生喜欢的语言和方式开展教学，推进"精讲、广阅、多思、勤练"的主动式自主学习，通过课堂革命提升人才培养质量。此外，还要注重专业发展，为新专业建设注入持续的活力，形成完善的专业建设发展体系，让新专业走出卓越路，成就新高度。

@ **铁铮**（北京林业大学教授）：

在新专业的建设中，有"五忌"：一忌"哗众取宠"。新专业要脚踏实地，在教育教学上狠下功夫，着力构建科学合理的教学体系、教材体系。要研究新情况，解决真问题，切实为经济发展服务、为社会服务、为丰富和完善专业布局服务，而不能沦为"花架子"和"形象工程"。二忌"贪大求全"。要找准新专业建设的突破口和着力点，抓住主要矛盾，攻克关键问题，而不能全面出击，战线不宜铺得太长。三忌"朝令夕改"。新专业建设是不可能一蹴而就的，需要持续发力。既要大胆尝试，又要积极稳妥。涉及新专业方向、路线的大事要事，一定要科学论证、审慎行事，不可感情用事，要理性而为。机会耽误不起，学生耽误不起。四忌"闭门造车"。新专业要开门建设，要紧密结合经济发展实际和国家需要，与校外研究机构、相关企业和有关部门联合办学。五忌"随波逐流"。既要根据社会和市场需要调整方向，又要有教育战略眼光；要坚持学术定力，按教育规律办事，千万不能唯利是图、见风使舵。

育人之策

做个让学生点赞的教师*

@铁铮（北京林业大学党委宣传部部长）：

　　教师作为传播者，一定要考虑受传者的感受，考虑受传者是否愿意接受自己传递的信息和情感。从这种意义上说，教师必须赢得学生们的点赞，但是教师和学生的关系又不是一般意义上的传授关系。一个负责任的教师，不但要告诉学生想知道、愿意知道的知识和信息，更应该告诉他们应该知道的知识和信息。而履行这一职责的过程，教师可能被学生理解，也可能暂时不被学生理解。也就是说，不能简单地以学生是否点赞作为教师的行动指南，而是要从立德树人的大目标出发，从教书育人的高度考量，从职业道德标准来要求。不能简单地迎合学生，更不能为了让学生点赞而丧失了教师的基本原则。对学生是否点赞要客观分析，对教师不被点赞的言行也要科学评判。既不能不考虑学生的特点、接受心理，按照教师的好恶，一厢情愿地进行教育；也不能一味地迎合学生，单纯地追求学生的好评和欢迎。事实上，若干年后可以发现，让毕业生点赞的就是那些认真负责、严格要求、当时并没有被学生完全理解的教师。

@高金萍（北京语言大学党委宣传部部长）：

　　教师曾被称为"太阳底下最神圣的职业""人类灵魂的工程师"，而今教师却被一些人称为"眼镜蛇"。其主要原因在于，教师职业道德和执业水平的下降。在这个微信、微博满天飞，新媒体不停吹的时代里，想做个被学生"点赞"的教师可不易。从职业道德和执业水平角度来看，教师需要"讲得了专业，玩得了微信；写得了论文，踢得了足球；穿得起名牌，逛得了淘宝；脊背从来挺直，也能屈膝弯腰；敢有理性淡定，又有绵绵深情；留下知识力量，辉映代代学生。"一个让学生点赞的教师，不应是满口理想信念，一肚子赚钱牟利；不应

---

　　* 本文刊发于《北京教育》（高教版）2014 年第 9 期

是信口雌黄，离题万里；不应是只述不做，毫无成果。在他的课堂上，很少提及理想信念，却总能激励学生涌动"为天地立心，为生民立命，为往圣继绝学，为万世开太平"的信念；很少谈及专业之重要，却总能让学生认识到学不好专业就无法面对未来；研究数量不是太多，却总是精彩纷呈。这样的教师，不是"眼镜蛇"，而是仁义智慧的"启明星"，照亮每名学生的人生。

@**刘凌**（华南师范大学党委宣传部部长）：

九月，教师节如期而至，新学生们在教师节的庆祝中接受教化育成。教师就像智慧之河上的摆渡人，周而复始、乐此不疲地领航启智，成为学生们心中敬重的明灯。近年来，教师的形象越来越呈现多元化的趋势，除了大家耳熟能详的优秀教师典型外，一些由民间发起的网络评选的、学生海选的最受欢迎的教师纷纷出炉，受到学生的热捧。这些"最师"忠诚于党的教育事业，真正醉心于这份职业与事业，但同时更具个性、更接地气，如华南师范大学文学院的李育中先生以80高龄入选学生网络评选的文学院最有魅力教师之列等。学校学生会从2010年启动全校学生海选我最喜欢的教师评选活动，他们有的执教讲坛数十年全心为教学，有的诙谐风趣、谈吐自若，有的青春激昂网络翘楚，每一届选出来的"最师"既各具风采又契合时代潮流。其实，何为良师？我以为，德为魂、智为基，只有真正深入学生的心中，可敬、可学、可亲、可爱，才能成为人师和良师。

@**史宝辉**（北京林业大学外语学院院长）：

韩愈《师说》有云："师者，所以传道授业解惑也。"虽然此言在一千多年来一直是对为人师者的基本要求，在这过程中从事过和正在从事教师职业的人不计其数，但时至今日这句话仍未过时，且要做到这三点绝非易事。作为教师，既要教给学生相关专业知识，也要教给学生学习的方法、做人的方法，还要扫清学生的疑惑。以下两点为我辈共勉：首先，教师要有学问。大学教师的首要任务是传授知识和学习方法，因此它是一个需要不断完善自我知识和技能的职业，只有不断拓展知识结构、更新所学，才能跟上学生对知识增长的需求，才能做好一个"良师"。其次，教师要有亲和力和幽默感。既要做良师，又要做益友，了解学生的兴趣点和兴奋点，缩小"代沟"和距离，寓教于乐，适当地表达幽默、理解幽默，既使学生感到轻松愉快，又让他们感觉到教师的聪明睿智，可以提高学生学习的主动性。

教师的考核评价如何让教师点赞*

@ 张小锋（对外经济贸易大学党委宣传部部长）：

　　各高校都采用了教学质量评估体系，让学生为教师的教学效果打分，并将其结果用在职称评定、评优评先和学生选课中。这一制度的设计其本意是好的，但在实际操作中出现了"走偏"现象：一方面，是过多地看重学生测评的比重，事实上，很多学生把对教师的评价与教师教学要求严格与否紧紧相连，这样的测评结果有失科学、客观，得不到教师的认同和支持；另一方面，就是对教师评估重"束约"、轻激励，甚至变成了教学主管部门套在教师头上的"紧箍"，使很多教师反感甚至反对。如何让教师评估得到教师的点赞，至少有两个方面要关注：一是评价机制要科学，要改变单一依靠学生好恶评价教师的机制，变成专家、督导组、同行评估和学生评价相结合的评价机制，要特别注重专家、同行的意见，走多元化评价之路；二是要使用好评价结果，不要把评价蜕变成学生选课的"指南针"，而是当成教师提升教学水平的"助推器"，不仅要评，而且更要根据评价结果给予有益指导，要把焦点对在后者而不是前者上。

@ 邸燕茹（首都经济贸易大学党委宣传部部长）：

　　高校通常是建立一套考核评价体系考核评价教师，考核结果与薪酬、职称晋升、评优等挂钩。目前，高校对教师考核往往重科研、轻教学，而科研考核侧重追求数量，教学考核简单笼统，并没有真正形成教学与科研并重的导向，考核缺乏科学合理性。高校是人才培养、科学研究、社会服务的高地，教师无论在哪一方面作出贡献都应获得鼓励和肯定。因此，实施多元化的考核方式，才能起到普遍激励的作用且最能获赞。多元化考核，即针对教师的不同专长制定不同的考评标准，采用不同的考评方法，进行分类考评，鼓励教师形成自己

---

　　* 本文刊发于《北京教育》（高教版）2014 年第 9 期

的教学、科研和服务特色，如可以建立人才培养型教授、副教授考核评价体系，对科研的要求可适度降低，但在教学任务、教学效果和教学研究等教学业绩方面应有更高要求。同样，对于教师的研究成果被政府部门或企事业单位采用，在社会服务方面作出贡献，考核中要有所体现。尊重广大教师的个性发展，只有做到人尽其才，才能推动高校人才培养、科学研究、社会服务协同发展。

@**韩宝志**（天津大学档案馆馆长）：

教师的考核评价体系，理论上应该就是让教师点赞的，因为这个评价体系应该是为激发教师"教书育人"的责任感而服务的。也就是说，凡是能让教师点赞的评价体系，都是能激发大家积极性的。而教师们不喜欢的根本原因，是体系的所谓"指标"没有从长远的角度按教育规律和培养人的规律办事。要想让教师点赞，改变的不是教师，而应该是评价体系。要想让教师点赞：一是在方向上，要真正把"育人"作为教育的根本任务进行设计，考核评价是为育人服务的，不把教师作为"下蛋的鸡"，不把学校的指标分解下去"数鸡蛋"；二是在内容上，指标设计应该合理，注重教师"人尽其才"，发挥教师在教学、科研方面的不同优势，尽其所长，注重教师的成长，形成促进教师脱颖而出的保障体系，给教师以舞台；三是在程序上，评价体系的制定过程，一定要让教师参与进来，走"群众路线"，听取意见，反复沟通，取得一致，把学校的指导思想转化为教师自己的行动。

@**蓝晓霞**（北京交通大学党委宣传部部长）：

完善教师考核制度是高校人事制度改革的重要内容，也是教师队伍建设的关键环节，某种程度来讲具有牵一发而动全身的"指挥棒"作用。目前，高校教师考核的最大问题是科学性不够、激励性不足，较大程度上存在重量轻质、重科研轻教学、简单粗放等问题。建立让教师满意且符合高教综合改革需要的教师考核制度，在当前尤其具有重要意义。应改数课时、数论文等量化考核为定量与定性考核相结合；要避免急功近利，注重质量考核，建立成果评价的长期化标准，代表作不求多而在乎精，鼓励积极创造、潜心研究，营造"十年磨一剑"的宽松氛围。应区分教学科研、文理科等不同岗位、不同学科特点，建立分类与分层相结合的教师考核制度。建立教学科研等效评价机制，不厚此薄彼，鼓励科教融合、教学科研相互促进。总之，应丰富评价内容，拓展标准维度，切实提升高校教师考核体系的科学性、适切性，真正发挥考核在促进教师个人成长、队伍建设和各项事业改革发展中的积极作用。

思政课如何叫好又叫座[*]

@**唐宇明**（国际关系学院党委宣传部部长）：

如何让"高高在上"的东西"接地气"，一方面，要建立学术和现实的联接。传统的思政课大多传授"形而上"的内容，教师们也常用庄子所说的"无用之用"来强调其重要性。但要想让当代青年人打起精神、竖起耳朵听，传递的思想就一定要直面现实、描述趋势、准确前瞻。另一方面，要把握好自由与纪律的界限。"学术研究无禁区，课堂讲授有纪律"是师德红线，思政教育尤其不能跨线。把思政课唱成一台叫好又叫座的大戏，既要评委满意又要观众买单，不仅是一门学术，也是一门艺术。

@**蓝晓霞**（北京交通大学党委宣传部部长）：

上好思政课，根在教师，贵在创新，关键是做到"三真"。教师要"真信"，教师要有尊严、有自信、有本事、有底气，才能真正上好思政课。既要使教师坚定信念、相信理论，提升精气神，自觉上好课，也要高校乐于投入、敢于坚持，在师资配备、完善激励、专项资金等方面下足功夫。教学要"真心"，要与学生平等对话，开放分享。要培养学生独立思考能力，告诉学生应该怎么做、学会怎样思考，以达到情感或思想的共鸣。内容要"真实"。做好课堂教学与学生需求的供需对接，运用先进技术手段和时代活跃元素创新教学模式。

@**张树辉**（中国青年政治学院党委副书记）：

高校思政课要做到"叫好又叫座"，就要主动适应青年学生获取知识、接收信息的习惯，对教学内容进行全新的"包装"。"全视频＋慕课＋移动互联"是一个值得探索的做法。定期把《新闻联播》《焦点访谈》《今日说法》等节目中

＊ 本文刊发于《北京教育》（高教版）2015 年第 2 期

对学生最有价值的内容进行编辑，加以生动、接地气地点评，融入和强化引导职能，润物无声地发挥"宣教"作用，启发学生思考讨论。另外，开发慕课、App、编辑订阅号，把内容精编改制成便于移动互联传播的内容，教师、学生、专家和实践导师们可以一起在网络社区中交流、研讨和答疑。

@张奕（北京联合大学师范学院党委副书记）：

上网搜索高校思政课程改革，不难发现：多的是思政课程体系中某一门课的改革举措，少的是打通式、立体化的全新课程设计。因此，应给予大学思政课一个更宽广的舞台，研发出更多受学生欢迎的立体式、主体化思政课程。全新的高校思政课程的研发需要分步进行，首先，要依托高校思政课程协作组，进行组内单课程的新一轮改革与创新；其次，需要培育出跨课程的系列成果，如"大学思政课主体教育实证研究"。建设高校思政课"叫好又叫座"的良好育人生态更需要科学的精神、学术的思考和改革创新的勇气。

@孙冬梅（北京建筑大学党委宣传部部长）：

把学生作为主体来进行教学方法的创新是实现思政课"叫好又叫座"的关键。一方面，应在课程内容的实用性上下功夫。教师应吃透理论并紧密结合学生日常生活实际，先说服和感动自己，再去吸引学生；要从学生存在的实际问题出发，以平等的方式和学生一起讨论，帮助学生学会用原理去解决问题。另一方面，应在授课技巧上下功夫。教师应学会用学生熟悉的话语体系、选择学生熟悉的例子去解疑释惑；把教师课堂讲授、专题讲座、案例分析等，同学生喜闻乐见的演讲、绘画、小品、微电影制作等多种形式结合起来，让学生参与其中。

@张小锋（对外经济贸易大学党委宣传部部长）：

任何一门课程要想"叫好又叫座"，不外乎两个方面，一是教师讲得精彩，二是学生觉得有用。思政课要精彩又有用：一是所讲的内容必须科学系统，具有严密的逻辑性和透彻的说服力；二是授课者本人必须真心热爱思政课，讲课时充满激情；三是要解决好思政课教育的有效衔接问题，避免"反复咀嚼"、避免出现"夹生饭"现象；四是要提高思政课在育人体系和用人机制中的比重；五是要加强思政课中的实践教学比重，在实践中增见识、长才干、厚底气；六是要形成一个人人重视德育、人人支持思政课的良好社会环境。

@**苏寄宛、黄存金**（首都师范大学）：

评价思政课是否"叫好又叫座"有多项指标，核心指标在于课程内容是否真正入心入脑，育人实效是否得到明显改善。高校重视是保证，把思政课建设纳入学校党委重要议事日程，纳入人才培养的重要环节；教师队伍是关键，要建设一支对马克思主义理论真学、真懂、真信、真用的思政课教师队伍；教学方法是重点，要针对学生、学科特点探索形成一套手段先进、方式多样的教学方法；教材建设是基础，要着力编写体现马克思主义最新理论成果、反映学科建设和学术研究最新进展，有理论、有案例的思政课教材。

大师远去 精神永在*

@**韩宝志**（天津大学档案馆馆长）：

2015 年 1 月"布鞋院士"李小文去世，引起大家的关注。大师去了，但他那种淡泊名利、追求真理的精神一直鼓舞着世人。人们虽然关注大师，但对其所从事的专业并不太清楚，却也丝毫没有妨碍人们对他的景仰。无论是陈省身还是李小文，他们身上都有着中华民族传统文化精髓的具体体现，他们爱国、敬业，淡泊名利、德高望重，人民尊敬热爱这样的人，其实也是尊敬我们自己的历史传统。李小文院士等大师得到关注，其实是当前社会价值体系构建的一种反映，也是人民对知识的尊重、对崇高道德的崇尚、对渴望成为一个什么样的人的具体反映。人们在关注这些大师的同时，更需要思考如何才能营造大师辈出的环境；如何把大师的精神传播出去、传承下去。让这些大师的故事永远流传、精神永远闪现，让身边的大师越来越多。

@**王丹平**（华南理工大学党委宣传部部长）：

冯秉铨，是新中国无线电电子学科的奠基者。作为华南理工大学的建校元勋之一，他的一生与华南理工大学紧密相联。冯秉铨少年得志，被视作哈佛大学的学术新星，却选择回到满目疮痍的祖国，投身科教兴国的事业；他在"文化大革命"中备受迫害，却从未向人抱怨，还以老牛自况，不用扬鞭自奋蹄；他的振荡理论本可发挥出更多的可能性，但为了促进人才成长，他却自愿搁置自己的科研工作。冯秉铨以其为学的态度、为教的风范、为人的品行，被誉为"士子楷模"，也为华南理工大学留下了一份宝贵的精神遗产。今年（2015 年）是冯秉铨 105 周年诞辰，在这个纪念先辈的日子里，我们重温他的创业历程，缅怀他的改革精神，回顾他的高尚事迹，从而获得持续前行所需的智慧和力量，

---

* 本文刊发于《北京教育》（高教版）2015 年第 2 期

为建设一流大学而奉献终生！

@鲁雷（北京信息科技大学党委组织部部长）：

时入 2015 年，中国教育哲学学科的奠基者和开拓者黄济教授、地理遥感科学领域里的领跑人李小文教授先后辞世。黄先生案旁堆放着诠释和普及中华国学经典的手稿，那苍劲有力的笔迹、整洁有序的纸笺映照着的是他一生坚守的勤勉和担当。李先生被冠以"布鞋院士"的称号，沉浸科研天地废寝忘食以致年仅 67 岁因病去世。大师远去，但他们的故事和著述铭刻在我们的记忆之中。没有奢华的生活，只有坚定的追求；没有豪壮的言语，只有淡定的从容；没有荣誉的衬托，只有宽厚的胸怀；没有天赋的禀质，只有不懈的耕耘，邻家大伯一般的大师，为我们留下的遗产正是这穿透时空的精神。

@姚治兰（首都体育学院党委宣传部部长）：

当一个人成为众人心中真正的大师时，我们会问："大师有什么？"敬业，是大师共同的底色，对事业的执着追求让他们在自己的领域安守学问学识，是大师共有的标签，与知识为友以智慧为师；大师有高山仰止的德行，犹如璀璨星河；大师有崇高的理想与实践，危难时挺身而出，平日里慎独戒躁。大师不一定有最强大脑，但一定有从容向上之心；大师不一定完美无缺，但一定有对精神世界的不懈追求；大师不一定都是低调沉默的"扫地僧"，但一定都有着惊人的天分；大师不会自封"我是大师"，但大师一定是一个经得起历史检验的标志性的符号。大师虽已远去，我们还需努力。

@曲茹（北京第二外国语学院党委宣传部部长）：

人们在感慨一代大师远去的时候，实际上更加感伤的恐怕是那个大师辈出的时代也正在与我们渐行渐远。1929 年，陈寅恪在王国维纪念碑铭中提出的"独立之思想，自由之精神"曾经影响了不止一代学人的学术理想与精神追求。江山代有才人出，的确，在看重成功、追求财富与个人价值实现的今天，越来越多的各行各业不同领域顶着"大师"桂冠的精英们，也无一不是今天人们心目中的榜样和追求的目标。但是为众生之师范，总还是要有一些精神上的力量，如独立思想、自由精神、逆境中的坚持、生活中的责任与担当。生命的历程中，大师终究都是挽留不住的，只是在他们的背影中，不忘初心，才能超越时代。

@ 高春娣（北京工业大学学生处处长）：

"大师"是中华民族的文化昆仑和精神脊梁，它体现了一个民族的意志力和创造力。大师精神，福泽后世。蔡元培先生走后，留下了"思想自由，兼容并包"；陈寅恪先生走后，留下了"独立之精神，自由之思想"；季羡林先生已然离开，但"破读万卷，神交古人"的浩气长存；李小文院士刚刚离开我们，但"两杯浊酒论天下，一双布鞋任平生"的豪情仍在。大师精神是宝贵的优秀文化资源，融大师精神于素质教育，融大师精神于校园文化，弘扬大师风范，引导教师和青年学生像大师一样做人、做事、做学问，在服务他人、奉献社会中升华对大师精神的体验感受和认知理解，是对大师精神的最好诠释。

就业质量报告"初长成"*

@铁铮（北京林业大学党委宣传部部长）：

说实话我不大看好凡事都搞一刀切。一声令下，各校齐秀就业质量报告，看起来似乎很美，实际上问题很多。从校方来看，有多少学校通过撰写这个报告，真的找到了人才培养的薄弱环节，真的研究了就业难在哪里，真的在报告公布后切实下功夫改进？就业质量报告不仅是为了公布，而且应成为教学改革和强化培养的指南。从社会来看，有多少人真正关心这个报告，仔细看了、真正看懂了这个报告？如果没有引起社会的关注、没有对公众起到必要的警醒和引导作用，这样的报告公布不公布又有多大意义呢？如何科学地看待就业质量？如何衡量就业质量？除了就业率还应该多些什么指标？作为培养人的大学，不考虑就业不行，但只看就业率显然也不行。大学生的选择日趋多样化，不少人为了考研、出国暂时不就业；有的人急着结婚生子不就业；有的还没想好干什么不急着就业。类似情况显然会拉低就业率，但这和培养质量真的有关系吗？就业质量报告的公布只是万里长征的第一步。如何写好这篇大文章，达到提高办学效益的目的，对社会有更大的帮助，都是需要研究解决和实践探索的大问题。

@袁本文（北方工业大学文法学院党委书记）：

2015年初，高校纷纷发布毕业生就业质量年度报告，很是热闹。但热闹过后，我们需要的是理性思考。官方要求高校公布就业质量报告的初衷是："全面系统反映高校毕业生就业工作实际，完善就业状况反馈机制，及时回应社会关切、接受社会监督，建立健全高校毕业生就业工作评价体系"，不过，在认真阅读近年的报告后，我们发现这一目的并未实现。高校统计数据基本上是自说自话，缺乏雇用单位数据佐证。所谓"灵活就业"的统计，更是天知、地知，你知、我知。水分不少的数据

---

* 本文刊发于《北京教育》（高教版）2015年第3期

怎能"反映毕业生就业工作实际"？更遑论"系统反映"？统计数据截止时间也不一致。2014 年高校报告的截止时间有的为 2014 年 6 月 1 日，有的为 12 月 31 日，可见自由裁量权有多大。这使高校之间的相互比较变得非常困难。这如何"回应社会关切"？就业工作评价缺失科学而相对统一的标准，其体系建设只能永远在路上。就业质量年度报告的核心是反映高校教育教学和人才培养质量，从报告中究竟能找到多少支撑？

@董会泽 ［中国矿业大学（北京）党委宣传部部长］：

毕业生是大学人才培养的重要成果，其就业质量是衡量一所大学办学实力的显著标志。教育部要求各直属高校每年公布年度毕业生就业质量报告，这无疑具有积极意义，必须坚定不移坚持并逐步完善。鉴于前一时期媒体对就业质量报告的不同解读和整理，笔者建议：一是教育主管部门要进行顶层设计，加强宏观指导，对高校毕业生就业质量报告提出明确要求，如报告内容、统计口径及时间、格式等，避免出现报告差异较大情况，带来对某些名牌大学毕业生就业工作的误读。二是各高校既要落实教育主管部门的要求，又要结合学校实际，坚持实事求是的原则，做好就业质量报告编制及发布工作。报告既要体现大学共性，又要彰显大学个性和办学特色；既要讲成绩，又不回避问题，绝不能为了高就业率而弄虚作假，其后果只能是砸了学校牌子，损了学校声誉，实为不屑之举。三是媒体要全面、客观报道高校就业质量，不断章取义，用简单的就业率排名来吸引公众的眼球，博得点击率、增加转载数的做法不可取。

@张树辉（中国青年政治学院党委副书记）：

编制和发布高校毕业生就业质量年度报告，对进一步完善就业状况反馈机制、回应社会关切、接受社会监督等具有重要意义。目前，高校就业质量报告的编制还处于探索阶段，在实践中也暴露出了一些问题：报告应涵盖的内容规定还较为简单，缺乏细致的规则和具体操作指导，导致各学校编制的就业质量报告内容参差不齐；就业率的统计口径缺乏严格统一标准，对于一些灵活就业的情况各省市认定的标准不一致；重就业数量、轻就业质量，导致个别高校公布的就业率明显与当前经济社会大环境和就业形势相背离，缺乏基本的说服力和公信力。针对存在的问题，笔者有以下建议：进一步细化规定，必须公布的信息要有详细的说明，统计口径要有明确认定标准。进一步加大监督，教育主管部门要对报告进行抽检，必要时还应该引入统计、人力资源、公证等第三方机构进行监督，对于弄虚作假的高校采取必要的惩戒措施。进一步加强引导，把更多精力聚焦于提高就业质量，以毕业生就业满意度作为衡量高校就业工作的关键指标，引导高校良性竞争。

研究生质量"再思量"*

@ **李爱民**（中央财经大学党委宣传部副部长）：

自改革开放后恢复研究生教育并重建学位制度至今，我国的研究生教育可划分为两个发展阶段：2013 年以前的 35 年是研究生教育的"数量时代"；2013 年以来则是研究生教育的"质量时代"。前一个阶段主要是通过规模扩张、学位授权点布局以及学位类型结构的调整，使我国跨入了研究生教育大国行列。后一个阶段的任务就是提高研究生教育质量，使我国实现从"研究生教育大国"向"研究生教育强国"的转变。实现研究生教育质量的根本提升，有两个问题非常关键：一个是研究生教育质量标准的科学设定；另一个是研究生教育质量保障体系的建立。前者解决的是衡量研究生教育质量的尺度和评价标准；后者涉及研究生生源选拔、教育过程、毕业生质量反馈等环节。教育质量的保障首先要关注生源选拔，选出真正"志于学"而又有研究潜质的生源，然后通过合理的课程设置、优秀的导师指导以及毕业生质量评价等各个环节，形成全过程、综合性的研究生教育质量保障体系，最终把我国的研究生教育质量提高到国际一流水平。

@ **高金萍**（北京语言大学宣传部部长）：

近年来，常有研究生水平下滑的说法萦绕耳边。凝神思索，可以发现：研究生学习的课程太多，培养目标模糊，能力培养薄弱。教育部门围绕这些问题也采取了很多措施，如全面深化专业学位研究生教育改革等。然而，这些努力并没有止住研究生质量下滑的趋势。究其原因在于：没有解决研究生培养中存在的最大问题。当前，国内不少高校的研究生培养与本科生培养没有拉开差距，这一点明显体现在课程设置上。研究生课程往往是本科课程的延伸，仅在知识

＊ 本文刊发于《北京教育》（高教版）2015 年第 3 期

广度和深度上有所延展，在独立思考能力、创新能力培养方面几无进展。各高校的研究生课程数量众多，导致研究生学习中无法聚力于某个领域或方向。虽然有些研究生已经开始跟随导师进行科学研究，但是依靠的往往是本科阶段学习的理论积累，如果继续深化就显得后继乏力。如果高校能够严格按照2015年1月14日教育部发布的《关于改进和加强研究生课程建设的意见》，结合研究生课程学习中出现的问题，制定翔实的培养规划，提供丰富优质的课程资源，将有助于高校提升研究生培养质量。

@刘长敏（中国政法大学周边安全问题研究中心主任）：

担任研究生导师多年了，与同行和同事们交流起来，大家都有一致的说法：近年来，研究生的质量一年不如一年。究其原因：生源学缘背景不尽如人意；学习过程中实用主义作祟；用心读书想做学问的学生越来越少；学生经常忙于应付各类兼职和考试，为就业做准备；严格要求学生的导师被视为异类等。问题出在哪里呢？出于对学术的敬畏和对学生的负责，我们的种种严格要求都没有错。但是，静下心来仔细想想，多年待在象牙塔里，是否对外部世界的变化感觉不敏锐，或者有意无意地无视呢？从学生的角度考虑问题，这些现象确实存在：由于出身学校不够响亮、就业不够理想从而选择再进校门；由于就业压力太大不得不进了校门就以就业为导向制定个人规划；由于经济压力需要一边读书一边兼职；由于导师给的分数太低会影响奖学金的评定乃至就业。然而，他们这样做就一定是他们自己的错误吗？导师和研究生既是一对结合体，也是一对矛盾体，更重要的是我们都无法摆脱社会环境的影响。所以，我的解方是：少一点抱怨，多一些理解；给一份劝诫，尽一份责任。

@张仕贤（台北海洋技术学院助理教授）：

如何落实研究生素质提升，我认为可朝五个方面努力：一是提升教学质量，培育优秀研究生。礼聘优质教师，提升师资素质，改善师资结构；同时建立奖励硕博生制度，定期予以奖励。二是鼓励研究生参与研究，提升竞争优势。各大学应积极筹募研究经费，鼓励导师辅助学生提出研究计划，落实论文发表，参加国内外学术研讨会，以塑研究风气，追求卓越研究。三是建立研究生系统化学术评鉴模式与指标。可由政府主导设立评鉴专业单位，建立属于学生的学术评鉴机制，并研究拟定接轨国际标准的评鉴指标，以厚植学生研究能量与专长。四是促进产学合作，促使研究生投入市场。一方面，由学校积极与产业密切合作，建立良好的互动关系，为研究生提供就业管道；另一方面，借由协助业界研发、创新产品，提升业界服务质量与竞争力，带动经济的成长与繁荣。

五是重视研究生英文能力，接轨国际化。英文已为世界语言，也是国际化的基础工具。唯有扎实的英语能力才能汲取国际学术新知、广结国际学术善缘、落实教育国际化，成为提升国家与个人国际竞争力的基础工具。

新生教育如何"出新"*

@**胡伟**（中国青年政治学院学生处处长）：

面对"95后"和未来几年也将迈入大学的"00后"，新生入学教育更要注重实效、立足创新。在内容上，要进一步凸显大学适应性教育的重要性，以理想信念、校史校情等教育为主，辅之以军训等手段，构建较为完善的新生适应性教育体系。通过讲座等多种方式，充分发挥校内外名师、名家的学术影响力，激发学生专业学习热情，初步掌握正确的学习方法。在形式上，要尽量避免单一枯燥的说教和灌输，采取丰富多彩的形式。要重视网络新媒体在教育中的作用，通过微信等自媒体建立新生交流平台；充分挖掘任课教师、高年级学友和杰出校友等不同群体的教育资源，使适应性教育和专业教育相结合、被动接受与互动交流相结合、学习提高与榜样示范相结合；要寓教育于服务，缓解学生在面临新环境时的不适应感。要通过细致工作发现在经济、心理等方面有问题的特殊群体新生，针对个体开展教育和服务工作。新生入学教育切忌以填鸭似的灌输和政治说教、理论宣讲为主打，要做到"润物无声"。

@**张奕**（北京联合大学师范学院党委副书记）：

笔者尝试对当下我国大学新生教育模式做不完全地归纳为：集中教育与长期教育相结合模式、师长教育与朋辈激励相融合模式、"引导教育＋自我教育"模式、"思想教育＋专业教育"模式，或以上几种模式再融合联动形成新的综合模式。在现有的大学新生教育模式下如何出新？紧扣人才培养，可以在"引导教育＋自我教育"模式创新和"新生引航工程"前移上多下功夫、下巧功夫。我们可以依托学校的官方网络信息平台提前完成学生信息登记和新生教育预热，让学生充分知晓整个教育流程，为相关教育专题做好功课。我们可以搭建"助

* 本文刊发于《北京教育》（高教版）2015 年第 9 期

力成长"平台，配备新生学业导师、新生班级助理，做好新生班主任选拔和培训工作，充分发挥"隐形助手"作用，帮助学生以最快速度适应大学阶段的学习生活，最终实现全面成才和幸福成长。

@ 李洪波（江苏大学副校长）：

期望在"几天内、活动式"地做好新生教育是不现实的。要采取分阶段、课程化的方式进行。第一周适应教育的工作重点是"关怀"。我们不能期望在一周内将校规校纪、专业思想等诸多内容"灌输"给学生，而要将工作重点放在"引导"学生初步了解大学生活方式上，重点关注自理能力弱的学生。通过名家讲座等形式多样的活动，引导学生憧憬美好的大学生活，从而愉快地度过心理困惑期。第一个月转变教育的工作重点是"转变"。在学生逐渐熟悉大学学习生活的基础上，通过课程化的教学，开展校规校纪教育等，将大学学习生活的基本规范逐步灌输给学生，让学生初步完成角色转变，转变为按章办事、自主学习、直面挫折的大学生。第一学期专业思想教育的工作重点是"学业"。让新生充分、深入了解所在学院的学科优势、专业情况、学科现状、发展前景等，培养新生的学习兴趣，掌握恰当的学习方法，稳定专业思想，增强对专业学习的信心和动力，做好学业规划，促进新生良好学风的形成。

@ 董竹娟（北京工商大学党委副书记）：

如何在短时间内使新生教育取得更佳效果，新思路、新举措尤为重要。笔者认为应整合校、院两级资源，发挥专任教师、辅导员与学长团的作用，营造全方位育人氛围。一是将开学典礼与日常教育相结合。气势恢宏、热烈庄重的开学典礼是新生了解学校、感受荣誉的最佳途径之一，势必在学生心中留下永恒记忆。但由于时间所限，学生们还不能详细了解校史校情，还应组织参观校史馆、了解学院风采等活动。二是将课堂讲授与感性认识相结合。除了室内讲座外，还应组织诸如定向越野之类的活动，将图书馆、食堂等学生们密切接触的地方设为检查点，寓教于乐，增强学生们对学校的感性认识。三是将发挥专任教师、辅导员作用与发挥学长团作用相结合。利用课余时间组织学生会干部、学生社团负责人深入新生宿舍，了解新生所思所需，点对点地进行个性化辅导。

@ 封林（三峡大学学工部部长）：

在浓厚的应试教育背景下，中国大学生普遍存在自我管理、社会认知、实践动手、职业规划等能力不足的现象，这对大学生学习生活以及职业发展都造成了一定的影响。作为辅导员、专业教师和优秀学长三个群体可以更为有效地开展新生教育工作：辅导员重点加强对新生适应性教育，在"人际关系、时间管理、心理健康"等方面开设讲座或专题讨论；专业教师特别是系部主任和院长则要针对学生缺乏基本的专业和职业认识这一普遍现象，加强"专业概论、专业实践、行业发展、前沿科技介绍"等教育环节，提升学生专业兴趣，激发其内在学习动力，合理制定学业和职业规划；组织朋辈辅导和优秀学长现身说法等活动对于新生明确学习目标、掌握有效的学习生活方法也是便捷有效的新生教育途径。另外，营造让大学生敢想敢为、大胆创新、个性发展的宽松环境以及建立多元化的学生评价机制，可以引导新生更加科学合理地规划大学生活。

大学能否成为"安静的象牙塔"*

@铁铮（北京林业大学党委宣传部部长）：

　　人们常用"象牙塔"来泛指那些脱离现实生活的小天地。在不少人眼里，大学正是这种地方，对此我颇有些不以为然。如果说在过去那种封闭的社会环境下，某些大学或许还可能与现实脱节的话，那么在新媒体时代，这种可能早已荡然无存。事实上，如今的大学和社会有着千丝万缕的联系，无论是办学方略还是师生思想，无论是教学科研还是人才培养，都受到了社会现实的多重影响。大学原本就是社会大系统中的子系统，在互联网的影响和作用下，大学不可能成为某些人期待的那种"象牙塔"。大学应该了解社会，应该为社会服务。大学不仅需要和社会同步，还应该引领社会。"躲进塔里成一统、哪管冬夏与春秋"的想法和做法都应该摒弃。为自己、为大学虚拟一个"象牙塔"并陶醉其中，无异于掩耳盗铃，不但害己，更会害校。当然，大学应该持有独特的风骨和崇高品性，公众对大学给予更高的期望，大学人自己也应有更高的追求、承担更多的社会责任。对于社会的不正之风和阴暗面，大学要有一定的抗体和定力，保持自己的纯洁与品质，决不能同流合污，更不能用知识和智商为其推波助澜。

@张小锋（对外经济贸易大学党委宣传部部长）：

　　在人们的印象中，大学是一个追求理想、勇于追梦的"世外桃源"。然而现实中，大学难以成为安静的"象牙塔"。首先，国家号召大学生要为民族繁荣分忧、为祖国昌盛担责。这就需要大学生利用一切机会，了解社会的方方面面，既要看到好的一面，也要了解不好的一面，这种了解对大学生的影响本身就是"双刃剑"，大学生焉能躲进校园成一统。其次，社会认同、用人单位青睐具有

---

* 本文刊发于《北京教育》（高教版）2015 年第 9 期

社会经验、社会阅历的大学生。为了能使自己将来找一个理想的工作，大学生尽一切可能增强自己的实习经历、社会阅历。在此过程中，社会上一切不好的习俗、观念、行为乃至一些"潜规则"，也无声无息地被大学生所接触、所习染。最后，大学生自身充满走出"象牙塔"的渴望和需求。当今社会，大学越来越开放，大学与社会之间的分野和界限越来越淡漠，社会上的诸多观念毫无例外地出现在校园内，如婚恋、理财等，大学生把向社会看齐作为成长过程的重要步骤，把成人化、社会化看成是成熟的标志和炫耀的资本，积极走出校园，努力摆脱学生形象，极力去学习模仿社会上的一切。当然，很多大学在人才培养导向上，也把走出"象牙塔"作为重要的理念灯塔，这一切，都促成了大学不会是安静的"象牙塔"。

@ **周晔**（北京邮电大学党委宣传部部长）：

　　本话题是一个很难用"是"与"否"来回答的辩证性话题。汉语中，大学确实应验了"象牙塔"的外延含义，即"脱离现实生活的文学家和艺术家的小天地"。作为一种文化与精神存在的大学，单纯就潜心研究学术、不为世俗所干扰，不去沦为"官、学、商"的附庸而言，确实该成为安静的"象牙塔"，确实该秉承回归与坚守，不被矮化和庸俗，不被遮蔽其社会引领性。可综观大学的历史和职能演变的不同阶段，从纽曼的知识传授，到洪堡的科学研究，再到威斯康星的社会服务，以至 21 世纪的引领未来，都一再宣告大学的功能在于：人才培养、科学研究、服务社会和文化传承创新。尤其是今天"大众创业、万众创新"的浪潮席卷，则昭示出大学的另一面，在安静的同时不能脱离社会、不能遗忘超越、不能没有持续发展的动力和源泉。所以大学，一方面，真的需要一种小时候看树下蚂蚁搬家的那份安静；另一方面，大学也真的需要火热，去激情引领社会，需要一种舍我其谁的勇气，甚至寓于固执的狂放！

@ **王丹平**（华南理工大学宣传部部长）：

　　大学是师生潜心学习、工作、生活的场所，是知识分子荟萃之所，是新思想和新知识的源泉。大学精神在整个文化体系中居于核心地位，具有很强的稳定性，内涵深刻、寓意深远的大学精神熔铸在知识分子的灵魂里，渗透力强的大学传统和先进的大学理念融化在大学人的血液里。而大学精神，弥漫在大学的安静和深邃之中，在科研学术的高深严谨之中，在大学历史的厚重久远之中。大学静谧的校园环境，对学人的学习、研究、创作具有重要的影响。置身于安静优美的环境中，才能形成一个相对独立思考的空间，便于学生们在这里求学，教师在这里静思，有利于创造力的激发，有利于形成积极向上的人生观和价值观。大学作为优秀文化传承的重要载体，是传播社会主义先进文化的主要阵地。在五千多年的文明历史中，中国形成了源远流长、博大精深的传统文化，深刻地透射到学人学习、思想、生活中。大学必须继承和发扬中华优秀传统文化中所蕴的丰富资源，独立和安静的"象牙塔"让人感受到文化和思想的美，大学厚重的历史才能回响在学人的脚步中，大学深厚的文化底蕴才容易被感知，以潜移默化的方式，使师生逐渐形成对所在高校的文化价值和思想价值的认同感和归属感。

"创新精神"成为国家标准之后*

@张小锋（对外经济贸易大学党委宣传部部长）：

在历史的长河中，中华民族曾经是世界上最富于创新精神的民族之一，中华文明曾经长时间领先于世界，据学者统计，在 1,500 年之前，中国在世界重大科技成就中所占比例始终保持在 50% 以上。然而 17 世纪以降，中国的发展却迟滞于欧美诸国，个中原因很复杂，但创新精神式微、创新活力匮乏是重要的因素。历史发展反复证明：创新精神是一个国家屹立于世界强国之林的最核心要素，创新驱动战略是一个国家实现崛起、长雄他国梦想的必然选择。客观地看，中国人富于创新的基因并未消失，只不过是在"全力追赶"的路上，被风雨打湿了创新的羽翼。教育部已明确表示，将创新精神和能力培养纳入大学本科教学质量国家标准。毫无疑问，培育创新精神的人、激活和点燃人的创新潜能和热情，大学是关键。无论是研究型大学还是教学型大学，抑或研究教学型大学，都应该勇挑创造学术新知、培育创新人才的重担，而欲达此目的，除要按照国家教育部门的总体部署和要求办事外，还要特别注意：崇尚创新精神，营造创新环境，允许并宽容失败，远离功利主义。

@李武（天津大学科研院常务副院长）：

从创新精神纳入本科教学质量国家标准，看到了政府对创新工作的重视和对创新精神的渴求，从某种意义上也反映出创新的缺失。时任国务院总理温家宝曾经指出："培养杰出人才，不仅是教育遵循的基本原则，也是国家长远发展的根本。"此次从本科课程体系上进行改进，是瞄准了社会发展根基，其意义非同寻常。但需要注意的是，从人的发展规律来看，人的品格形成是从儿时开始的，1987 年钱学森先生在《教育研究》发表了题为《要为 21 世纪社会主义中

---

* 本文刊发于《北京教育》（高教版）2015 年第 10 期

国设计我们的教育事业》的文章，文章指出"在过去，人们总以为小学生只能做知识的累积，教会简单的加减乘除，至于逻辑推理，那是在初中后期的事。"而他根据中科院心理研究所的一项科学实验成果，建议小学就可以引入抽象思维的教育，这样可以让学生的理论推理能力提前 6～7 年。可见创新精神的形成仅有大学教育的改革是远远不够的，各个教育阶段都应该高度关注创新精神的培养，应该说此次大学专业改革还只是创新精神培养教育的开始，创新精神的培养需要更多社会力量的参与，需要社会氛围的形成，任重道远。

@蓝晓霞（北京交通大学党委宣传部部长）：

创新精神和能力培养纳入国家教学质量标准，是我国高等教育深化创新创业教育改革的重要举措，也是高校服务国家加快实施创新驱动发展战略的迫切要求，作为推进高等教育综合改革的突破口，可以预见这项改革必将撬动和牵引我国高等教育人才培养机制走向更深层次的变革，这也必然要求教育理念首先实现一些实质性转变。笔者呼唤，改变"重理论、轻实践，重学术、轻实用"的教育理念，把提高学生创新精神和实践能力放在更加突出的位置，有效缩短毕业生与社会需求之间的差距。改变偏重知识传授理念为知识传授、能力培养、价值塑造三者并重，突出能力培养、社会实践等育人环节，建设创新创业课程体系。改变以书本考试成绩为主的学生评价理念，建立综合的、科学的学生评价标准，真正促进学生德智体美劳全面发展。改变学校是教育责任、就业创业是社会责任的观念，把就业创业作为人才培养质量检验的重要标准，紧扣创业就业导向进行人才培养类型结构调整。摒弃我国重文轻商文化传统的不利影响，走出"象牙塔"的封闭与孤傲，树立开放务实的理念，主动增强校企、校地、校所与国际合作的积极性、创造性，形成与社会、企业的创新创业合力。

@铁铮（北京林业大学党委宣传部部长）：

创新不仅仅是一个永久的热门话题，更是整个国家、整个民族、整个社会前进的永恒动力。举国繁荣之时，需要创新为持续发展加油充电；民生萧条之际，更需要创新为之输血、造血、唤醒青春。但创新并非易事，不可能一蹴而就，也不能一劳永逸。创新不能只凭满腔热情，也不能仅靠良好的愿望，而需要确立创新的理念、培养创新的思维、掌握创新的规律、学习创新的技巧。这些可以通过自己的经历和实践来完成。创新教育可以加快这个进程但不能替代它。理论上讲，创新教育应该走在创新实践的前面。但在当今条件下，创新教育的滞后也是不争的现实。这种局面要尽快改变。对此，既不可视而不见、掉以轻心，也不能操之过急、急于求成。创新教育的重点应放在创新理念的树立和强化、创新思维的训练与培养、创新实践的探索与尝试。要建立科学的评价指标体系来检验教育效果，而不能简单化、情绪化。创新教育是一项系统工程，需要校内校外配合，需要贯穿整个教育过程，需要渗透到学校工作的方方面面。

政府官员上大学讲台讲什么?*

@ 姚治兰（首都体育学院研工部部长）：

2015 年 7 月由中组部、中宣部、教育部下发的《关于领导干部上讲台开展思想政治教育的意见》（以下简称《意见》）中明确规定了两个"一"，即每个领导干部（重点是省级领导干部）每学期至少上一次讲台；每所高校的学生每学期至少听一次地市级以上领导干部的报告或"形势与政策"课。讲习近平总书记系列重要讲话精神，讲政治、讲政策、讲理论、讲中华民族伟大复兴的中国梦，这是《意见》对领导干部上讲台的任务要求。但要把这些大任务讲给学生听，让学生有所收获，感到有趣，甚至感觉对他们的人生至关重要，则可能需要的是小故事、真性情，需要的是个体经历和真心体会。领导干部要讲好课，首先需要了解青年学生的特点：他们关心什么、他们喜欢什么样的交流方式等。还需要拿捏好自身的角色，是选择以一个曾热血澎湃、苦苦奋斗的兄长、前辈的身份去跟青年交流，还是以高高在上的官老爷形象给学生一些说教，直接影响着领导干部的形象塑造，也决定着青年学生对其的信任和信服程度。

@ 董竹娟（北京工商大学党委副书记）：

2015 年 9 月，贵州省委书记、省长陈敏尔来到贵州大学，为青年学生授课并回答学生现场提问，受到广泛好评并引发热议。政府官员结合当代大学生关注的热点问题，上讲台宣讲党的基本理论、基本路线、基本纲领、基本经验、基本要求和重大政策，让青年学子从顶层设计的高度了解国情、党情、社情和民情，是落实《关于进一步加强和改进新形势下高校宣传思想工作的意见》的重要举措。如何让所授内容入耳、入心、入脑，笔者认为可以从以下几方面入手：一是宣讲时事。抓住重大历史契机，弘扬社会主义核心价值观，宣讲"四

---

* 本文刊发于《北京教育》（高教版）2015 年第 10 期

个全面"的战略布局，宣讲新常态下经济发展的新特点、新任务，宣讲当下的国际形势与国家的对外政策，解答青年学生所关注的生态、国防、环保、道德等社会热点问题。二是介绍情况。从自己工作入手，介绍部门设置、分管领域与发展趋势，介绍政策出台流程、落实情况及社会效益，揭开学生眼中政府工作的神秘面纱。三是寄语成长。结合自身成长经历，讲授做人原则、做事方法，讲授如何提高综合素质以及提升自身竞争力，讲授继承与创新，讲授责任与担当。

@**胡伟**（中国青年政治学院学生处处长）：

领导干部上讲台到底应该讲什么？个人认为，一是应讲讲理论，包括对中国特色社会主义理论、国家领导人的系列重要讲话精神和中国梦的宣传教育等。一般来说，中高级领导干部大都具备较高的政治素养和理论根基，特别是从官员的角度来讲授理论知识，也可以为学生提供一个新的视角。二是讲讲党和国家的大政方针。官员作为政策制定的参与者和执行者，对党和国家的重要政策、政令的认识和理解会更加透彻和深入，有利于学生消化吸收。三是多讲讲国内外形势，包括中国当前的政治、经济、文化背景和所处的国际形势状况等。官员们大都有较为丰富的实践经验，能够比较深刻地讲解和剖析中国社会各方面的难点和热点问题，这是他们的优势。四是可以讲讲专业。在政府管理专业化的背景下，有很大一部分官员具备相当深厚的专业基础，再辅以管理实践经验，其本身也成了该专业该领域的专家和权威，充分发挥他们的专业优势，势必可以影响更多的学生热爱专业。总之，官员上讲台是件好事，如果能精心策划和落实，官员可以提高，学生能够受益，一举多得，何乐不为？

@**铁铮**（北京林业大学党委宣传部部长）：

领导干部上讲台怎么讲？我们丝毫不怀疑领导干部的口才和能力，但给大学生讲课显然和领导干部们已经习惯了的说话方式、话语体系有很大不同。是否能把控得了课堂局面，是否能让学生入耳、入脑、入心，的确不是个小的问题。最好不要让学生听大报告，更不要搞什么现场转播，不要让学生们对着屏幕看领导，不要照本宣科，尤其是不要念秘书们写出来的官话、套话。多讲点生动的故事，采取大学生喜闻乐见的形式和熟悉的语言，谈论他们关注的话题。要适当和大学生互动，注意及时收集大学生的反馈。其实，我更看重的是领导干部上大学讲台讲思政课的示范意义和榜样的力量。领导干部讲课本身固然重要，但更重要的是以身作则、率先垂范，重视关心大学生思想政治教育。领导干部要认真了解大学生思想政治教育中存在的难点问题，深入了解思政课教师中存在的普遍问题，进行必要的调查和研究，切实帮助和支持高校加以解决。也希望有关部门的管理者、大学校长和书记们、教务部门的负责人以领导干部为榜样，争先恐后为大学生讲思政课，脚踏实地地为开展行之有效的大学生思想政治教育创造条件、铺平道路、营造氛围。

如何实现大学毕业生精准就业？*

@ 黄天丞（北京邮电大学研究生工作部副部长）：

实现大学毕业生的精准就业，要靠学校、个人、用人单位三方的精准发力来保障。一是学校就业指导要精准。在就业信息发布、组织企业入校等工作中要契合学校学科特点、人才培养定位、人文氛围等特质；在简历设计指导、困难学生帮扶中要实现"个性化""一对一"；后续的信息报送、归档环节要及时挖掘经验、总结不足。二是个人目标定位要精准。无论是在人生的价值追求、人生理想方面，还是个人的抗压、耐挫能力，以及对职业发展、生活环境、薪酬保障的期望等方面，毕业生都要保持自己清晰、坚定的认知。三是单位选人、用人要精准。在前期的入校宣讲、简历筛选、笔试面试等环节，要结合不同岗位的人才需求标准来分别确定考核要素。

@ 李洪波（江苏大学副校长）：

应按照"摸底建库、分类引导、资源协同、精准施策"的思路，推进精准就业：摸底建库，即了解每一位学生在就业中的需求和痛点并分类，安排专人跟进各类学生的就业进展状况；分类引导，即对学生不实际、不合理的就业规划进行调整，对政策有导向、学校有资源的就业去向重点引导；整合资源，即对学生的重点流向区域和单位强化合作，对升学、出国等主要发展类型专设平台，建设常态化运行的就业工作站、就业基地、指导机构等；精准施策，即通过资源平台的保障功能，为考编、考研学生重点提供专项培训，为出国留学生重点提供信息指导，为就业困难生重点提供实习实践或校友返校招聘信息，为一般学生提供重点意愿流向地的专场招聘和意愿单位的企业专场宣讲活动，为精英学生提供优生优培平台和重点推荐机会。

---

* 本文刊发于《北京教育》（高教版）2016 年第 6 期

@ 韦小强（广西大学艺术学院党委副书记）：

　　大学生就业一定要"慌"！首先，有利于学生就业能力培养目标设定的前置。在学校，大学生能通过教师的引导，树立合理的就业理想，合理规划自己的职业生涯。其次，能催发学生人格的培养和完善。让他们意识到就业的严峻性以及自己的未来使命和社会角色，提高学生的责任意识和担当意识，化"被动"为"主动"。再次，还要在一定程度上推动学生的"创新"意识和创新行动。因为"慌"，学生能认真分析传统就业岗位的限制以及未来的机会，学会从交叉学科、交叉专业、交叉领域中吸收新知识、培养新技能，走出自己的一条创新之路。最后，还能在一定程度上培养学生的竞争意识。

@ 余颖（贵州大学阳明学院党委书记）：

　　大学生就业说难，可能难在留在北上广深，难在当金领、高级白领，难在薪资优厚、工作环境安逸。说不难，是因为我国正处在全面建设小康社会的冲刺期，需要大量的人才补足短板。发达与落后、富裕与贫困之间存在的鸿沟，需要人才用自己的成果、智慧一点点填平。就业，其实是在社会中寻找到自己适合的位置。与其削尖脑袋一心只往一线城市钻，不如想想怎样挖掘 21 世纪的"钻石矿"——大数据。大数据新业态代表的创新理念与传统行业长期孕育的工匠精神碰撞产生的火花，为虚拟世界与现实世界融合发展，重塑产业链、供应链、价值链点亮了光明的未来。

@ 封林（三峡大学学生处处长）：

　　推进高校人才培养供给侧精准改革，高校就业和教学部门应定期开展社会人力资源需求形势和大学生就业情况大数据统计分析工作，及时调整相关专业招生计划和优化专业课程设置。推进职业规划与就业咨询精准服务，高校应加强建设"专业化"的职业规划咨询教师队伍，在保障传统"大水漫灌式"团体就业指导有效开展前提下，帮助大学生结合个人职业素养和国家发展需求，树立合理的就业观念并培养必要的求职技能，对毕业生提供更加有效的"一对一滴灌式"职业规划与就业咨询精准服务。推进学生需求与就业信息精准对接，高校应充分利用"互联网＋"技术，推进学生需求与就业信息的精准对接。

@ 胡伟（中国青年政治学院学生处处长）：

　　精细化方面，应提早为学生做好学业和就业规划，指导和帮助他们结合自身实际做出合理的升学和就业决策，也可按照学生需求开展分类指导工作；个性化方面，要求熟悉和掌握每一位学生的综合情况包括其就业意向和动态，通过"一对一""面对面"等方式加强指导与服务，为其提供匹配的就业信息，力争实现用人单位与毕业生的无缝对接，打造针对性更强、效果更直接的就业指导与服务；信息化方面，要突出对新媒体尤其是手机客户端的应用，把就业信息全面、及时、准确地推送给学生，也要注重通过网络开展就业能力提升、就业政策宣讲等就业指导与咨询工作。

"一个人的毕业照"折射了什么?*

@ **张小锋**（对外经济贸易大学党委宣传部部长）:

最早看到"一个人的毕业照"时似乎是三年前,当确认这不是新闻炒作而是铁定的事实时,顿觉胸口被猛击一拳,有说不出的难受。这样的窘况和尴尬如果不扭转、不采取积极措施,几年后,就会出现该专业解散和绝迹的悲剧。"一个人的毕业照",是高校招生以就业为导向极致化的必然结果,是社会对人才需求取向功利化、短视化的曲折反映。诚然,大学专业设置和人才培养模式确实要考虑市场需求,如果不及时调整各专业招生人数,势必会造成冷门专业人才缺少和热门专业人才过剩,增加就业压力,影响学子前程。但如果大学过分以市场需求为招生人数指挥棒,以就业前景良否、培养成本多寡为人才培养"方向盘",可能会滑入利益金钱至上、功利主义盛行的泥潭,在这种文化氛围中熏陶出的学生,其价值观难免会带上"一切向钱看"的色彩。大学既惊呼社会利己主义盛行,又无形中助长这种世风;既谆谆教诲学子要有家国情怀、民族担当,又在现实中无奈秉持着追本逐利、扶强抑弱的办学理念。大学,不光要让培养的人才能找到满意的工作,还要培养出国家和社会需要的各类人才,引导他们投身富有价值的事业。

@ **铁铮**（北京林业大学党委宣传部部长）:

北京大学古生物学专业从 2008 年创立至今,每年都只有一个毕业生,至今已是"六代单传"。对于出现这种特别的"一个人的毕业照"现象,还是应该辩证地看:既不可简单地拍手叫好、草率复制,也不能轻易地加以否定、一味棒杀,而要根据具体情况具体分析,采取不同的对策。在高等教育从精英化走向大众化的进程中,为了提高办学效益、满足更多人求学深造的需求,扩大招生是

---

* 本文刊发于《北京教育》（高教版）2016 年第 6 期

大势所趋，并且在人才奇缺的情况下发挥了积极作用。那时，一个班、一个专业，学生众多甚至人满为患，是可以理解的。因为，单纯从办学的经济效益这个指标来看，用较小的投入培养了较多的学生，是十分合算的。随着高等教育改革不断深入，随之而来的将是高等教育人才培养的精准化和小众化。在满足社会对人才一般性需求的同时，逐步重视有针对性的、量身定做式的精细化培养，会成为高等教育发展的趋势。这也是社会不断发展、改革不断深入的一个标志。需要注意的是，这种精细化、小众化培养的前提是科学把握教育教学规律，科学预测和分析社会的需求，需要有科学的决策，既不能搞"长官"意志，也不能想当然。

@**韩宝志**（天津大学档案馆馆长）：

"一个人的毕业照"走红：一方面，毕业之际，在学子们各种有创意的网络毕业照中，这张反差最大；另一方面，这也是公众对一个人能对自己理想坚守的一种敬佩。其实，能一个人读完这样的专业，既需要学生的坚守，还应该感谢学校的坚守，对学生的爱护，对学生理想的守护。因为，这样的课上起来"成本"太高。但分析一下，学生们的兴趣，应该是丰富多彩的，但最后却只有一个人坚持自己的兴趣，上了一个"冷门"学科，不能不说，这与社会发展中普遍存在的对物质利益追求胜过兴趣爱好的现象有关。一个人从事自己感兴趣的专业，才会乐之、好之，才会不知疲倦、有所成就。我们应认真分析背后的原因，继续深化教育改革，让不同专业的毕业生都可以有尊严地生活，让学生们能够追随自己的兴趣发展。

@**蓝晓霞**（北京交通大学党委宣传部部长）：

2016年5月，北大古生物学专业毕业生"一个人的毕业照"再度"刷屏"网络。当前，我国高校的专业设置，除了延续传统之外，大多因循社会发展趋势，根据市场变化有所调整。一方面，我们看到一些冷门专业的坚守，即便只招收一人也坚持做学问的本真，在冷僻专业里"为往圣继绝学"，培育人才贵在精而不求多。另一方面，也看到一些曾经的热门专业遭遇就业寒流。所有专业人才都是社会需要的，随着时代发展在一定时期内的需求也有所侧重，但如果缺乏长远发展规划，追赶热门一哄而上进行扩招，必然会埋下就业市场供需失衡的隐患，也会影响人才培养的质量。对学生个人而言，报考热门专业是在情理之中，也是个人选择，但高校应该有更加长远而持续的专业人才培养规划，既不忘探索真理、仰望星空；又懂得与时俱进、脚踏实地，有坚守、有传承，抓机遇、求创新。如此，才能破解专业人才培养的尴尬之境。

如何看待"慢就业"*

@余颖（贵州大学阳明学院党委书记）：

如今，各高校9月的迎新季如火如荼地进行，招聘季也随之悄然而至，各高校就业网站时常从9月就开始有一些就业招聘信息发布。原本还应该坐在教室里上专业课的大四学生，已经开始忙碌穿梭于各招聘会场、用人单位面试地点了。招聘热是如何形成的呢？对于就业单位，他们生怕优秀人才被其他单位抢走，尽可能把招聘工作提前。而对于学校，生怕用人单位的进人指标被其他学校学生占满，尽可能希望用人单位早到学校开招聘会。对于学生来说，生怕好的职位被他人抢先，也希望应聘能尽量提前。因此，大四学生们已无心上课，甚至有的教师戏称现在的大学本科不是四年制，而变成了三年制！套用一句话：在就业路上匆忙赶路的大学生们，能否慢一点儿，等等那个应该具备多一些专业知识的自己！面对"快"招聘，"快"找工作，是否应该"慢"下来，趁着在校，先裨补阙漏，有所广益。羽翼既丰，又何惧不能翱翔？

@宋健刚（东南大学学生处副处长）：

针对不同的"慢就业"情形，应区分情况看待。在"大众创业，万众创新"的政策环境下，越来越多拥有创新思维和能力的高素质、高学历的高校毕业生投入创业中，他们以自己的思维、知识和技术，推动社会创新，更好地实现精神追求和自身价值。对暂缓就业的毕业生，我们也应当从多元化的角度来看待。"95后"的毕业生也开始进入就业市场，很多人追求的是与兴趣相结合、人岗更匹配的职业发展理念，实现自身的高质量就业，在高校全方位提供职业生涯规划、求职理念等方面的指导基础上，要容许他们有"追求"的过程和时间。对于就业存在困难的毕业生群体，高校就业部门要从知识、能力、技巧、经济等方面加大帮扶力度，也要向相关用人单位做好推荐工作。

---

* 本文刊发于《北京教育》（高教版）2016年第10期

@李怡佳（厦门大学学生就业创业指导中心）：

导致"慢就业"的原因很多，既有就业形势和就业结构的影响，也有青年一代就业观念的变化。这种"慢"可能是自主型追求更好的"慢"，也可能是被动型漫不经心的"慢"。前者表现为不仓促就业，有计划地放慢脚步，给自己一些时间，通过一些经历来进一步了解社会环境，认知自我和观察职业世界，以更好地定位职业生涯从何处开始；后者表现为拖着不找工作，或因自我效能感低，或因各种客观的就业条件所限，他们抱着得过且过或者啃老的心态度过毕业季甚至更长的时间。在进行就业指导时，自主型积极的"慢"，可以给予一定的支持，提供参与游学、支教、创业探索的资源和平台，并协助其多体验、多探索、多思考，"慢"出质量。被动型漫不经心的"慢"，应当及时介入指导，了解"慢"的真实原因，这可能多半与学生的信念、认知或心理有关，需要特别的关注和针对性的扶持，不要让"慢"成为托词和借口。

@仵林军（南京理工大学学生处副处长）：

对于大学生"慢就业"，我们认为需要辩证地看待。部分大学生，在条件允许的情况下，在经历了十几年的学习，走出校园时，希望给身体和心灵一定放松，认真做好职业规划，为今后更好发展打好基础，这种"慢"是一种沉淀和积累，是值得尊重和理解的。这种"慢"是为了未来就业的快、高、好。对于部分大学生以"慢就业"为借口，逃避社会竞争，"原地踏步""在家啃老"，社会应该持反对态度。"慢就业"，而非"不"就业，这种"慢"是一种对个人、家庭和社会的不负责任。我认为通过大学期间的"职业规划"教育，可以实现"慢就业"的前移，把"慢就业"的"慢"前移到大学期间，使大学生规划好大学学习生活，实现"快就业"。

@李洪波（江苏大学副校长）：

由于多种因素的影响，大学生对未来就业选择存在着一定的迷茫。一是就业竞争越来越激烈，毕业时未必能选到合适的工作岗位；二是现行的教育制度限制，很多的学生学习了自己不愿意学的专业；三是"灵活性"就业又为学生提供了"过多"的选择。选择的迷茫使得不少学生为就业而就业。其实，"慢就业"并不可怕，"漫无目的的就业"才可怕。对于一直在学业生涯的道路上"一路狂奔"的学生来讲，"快"是他们生活的全部。大学毕业、进入社会是他们人生中的一个分水岭。在就业之前从事一段时间的支教、创业、游学等"尝试性就业"，可以更加理性地评判自己、更加科学地规划未来，从而走向"快就业"的轨道。

如何构建"中国式师生关系"*

@铁铮（北京林业大学党委宣传部部长）：

教师与学生的关系，是互为依存的。从这种意义上说，教师在处理师生关系时，应该以学生为本，一切从有利于学生成长、成才、成功出发，适应学生心理，满足学生需求，为其提供全方位的服务。当然，这并不等于教师一味地迎合学生，而要真正做好"四个引路人"。学生应该给教师以必要的尊重与敬意。这也不等于简单、被动地接受教师的教诲和训导，不能师云亦云、亦步亦趋、不越雷池一步，而要在继承的基础上不断创新，要教学相长、后浪推前浪。所谓的中国式师生关系，既要遵从国际教育的一般规律，又要符合中国的国情：中国的教师不但要教书，还要育人；不但要管学生学业，还要管学生的思想品质；不但要在课堂上对学生负责，还要为学生的全面发展服务。

@李庆春（河南大学党委宣传部部长）：

如今，经济环境日益复杂，社会观念渐趋多元，大学里的师生关系发生了微妙的变化，师生之间不再像过去那样融洽，甚至有时还出现极端冲突。在这种现实情况下，构建中国式师生关系，我觉得最重要的是教师要成为学生的良师益友。成为学生的良师，首先要成为一个严师。教师需要有渊博的知识、丰富的阅历，但更要有严格的教学态度。古人云："严师出高徒。"教师要充分认识到，在尊重学生人格的前提下，无论是课堂还是课外，对学生严格要求，都是对学生的负责。如果没有严格的要求、严肃的纪律和严谨的态度，在课堂上和考试中一味大开绿灯，是无法培养出优秀学子的。成为学生的益友，首先要成为诤友。教师不仅要以崇高的理想激励学生，以高尚的情操感染学生，更需要正确的观念引导学生。课堂上，要与学生充分交流，给学生展示的机会；生

---

* 本文刊发于《北京教育》（高教版）2016 年第 10 期

活中，要经常亲近学生，关心他们的学习和生活，及时发现和制止他们的不良行为，引导他们坚持正确的人生观和价值观。

@ **程华东**（华中农业大学党委宣传部部长）：

　　构建良好的大学师生关系亟待厘清三种观念：一是大学师生是教学共同体。教学是师生关系的基本载体。教师立身基于学生，学生成长起于教师，师生是教学共同体。大学教学是一种多向度的意义和关系构建活动，其要旨在于培养学生的自学能力、研究能力、实践能力、合作精神、创新精神。二是大学师生是学术共同体。师生对学问的探究，对知识的创新，是大学的重要使命，师生成为学术共同体。三是大学师生是人格共同体。大学是思想高地，担负引领社会之责。叶圣陶先生说"教育工作者的全部工作就是为人师表"。新时代的教师应有理想信念、有道德情操、有扎实学识、有仁爱之心，追求立德树人的"不求而至，不为而成"。

@ **陈鷟**（中国海洋大学党委宣传部部长）：

　　首先，要从观念上进行重构。要倡导形成一种纯洁而温情的师生关系。要继承中国传统文化中"师徒如父子"的温情，倡导教师爱生如子，倡导学生永感师恩。同时，又要摒弃人格上的主从关系，并竭力消除师生间的利益交换关系，让师生关系回归人类文明的传导链上来。其次，要在师德培育上下功夫。要义利并举，一方面，不断强化师德教育，提升为师者的境界；另一方面，国家社会要主动提高教师待遇，维护教师尊严，让教师不必为"五斗米而折腰"。最后，要用制度做保障。围绕新的师生关系的形成，完善落实相关法律、法规和各种规章制度，规范师生行为，让师生在规范中处理好彼此的关系。

@ **周晔**（北京邮电大学党委宣传部部长）：

　　初接到这个话题，我有点蒙，难道还有"美式""英式"，抑或"法式"的师生关系吗？又加之如何构建，就说明这种特色需要发扬！一千多年前，韩愈在《师说》中写得很明确，"师者，所以传道授业解惑也。""弟子不必不如师，师不必贤于弟子，闻道有先后，术业有专攻，如是而已。"所以，构建"中国式师生关系"，在汲取传统精粹的同时，更应彰显现代风范。因为今日，师生关系已不再是"手板"与"戒尺"的关系，也不是"一日为师，终身为父"的家长与子女式的关系，也不应是雇主，抑或老板与雇员的关系，而应是一个"支架"关系，目的是培养学生的独立性与自主性，最终撇开依赖式关系。教师应根据学生的需要提供帮助，学生踏着教师提供的"支架"，主动学习构建知识体系，在学生能力增长时，教师适时撤走"支架"。只有确立这种画布与艺术家的构建关系，做学生的良师益友，铸教师高尚师魂，才能彼此找寻教育乃至生命的真实意义与价值。

校风，风往哪儿吹？*

@铁铮（北京林业大学教授）：

一所大学的风气、风尚如何，直接关系到办学的成败。如何建设校风，大学的校风该往哪儿吹？一是大学校风的共性。大学作为社会的一个子系统，应该有区别于其他子系统的特性、风气和风尚。教风之清正、学风之严谨、研究之深入、文化之引领，都应成为所有称之为大学的共同遵循与追求。二是中国大学校风的共性。中国大学培养的应该是中国特色社会主义事业的建设者和接班人，其校风中必然应该含有立德树人的内涵。独特的历史、独特的文化、独特的国情，决定了中国大学校风要同国家发展的现实目标和未来方向紧密联系在一起。中国大学的校风，要有利于帮助师生树立为人民服务、为中国共产党治国理政服务、为巩固和发展中国特色社会主义制度服务、为改革开放和社会主义现代化建设服务的思想，必须坚持正确政治方向，坚持不懈培育优良校风和学风，使高校治理有方、管理到位、风清气正。三是中国大学校风的个性。一所大学的存在与价值，一定与其个性紧密联系在一起。在校风建设中，要突出各自的办学特色、专业特点、学科特性、师生特质，而不能笼而统之，大而化之。

@胡伟（中国青年政治学院学生处处长）：

校风是一所学校办学以来传承积淀的教师治学治校之风、学生学习生活之风，代表了学校的精神气质和办学水平。通俗一点讲，校风要解决的是学校的培养目标、方向和方法的问题。高校校风建设要紧紧围绕培养中国特色社会主义事业建设者和接班人这一根本目标，强化思想理论教育和价值引领，需要广大教师用好课堂讲坛，用好校园阵地，用自己的学识、阅历、经验引导学生牢固树立中国特色社会主义道路自信、理论自信、制度自信、文化自信，引导学生自觉践行社会主义核心价值观。

---

* 本文刊发于《北京教育》（高教版）2017 年第 3 期

高校校风建设还要贯穿全员、全过程、全方位育人，把握师生思想新特征和新需求，注重课堂教育和课外实践相结合，针对新情况、新变化创新工作方式方法，形成教书育人、科研育人、实践育人、管理育人、服务育人、文化育人、组织育人的长效机制。高校校风建设更要因地制宜、突出特色，在学校历史发展传承的基础上，结合国家与社会发展的时代特征和国际责任，积极主动营造既有中国特色，又有学校风格、具备社会担当和国际视野的氛围，为实现伟大复兴中国梦凝心聚力，贡献力量。

@余颖（贵州大学明阳学院党委书记）：

寓居于千年学府岳麓书院半步斋中的毛泽东，因每日面对"实事求是"牌匾，开始了人格修炼、经世致用，于是有了他将马克思主义与中国实践相结合，产生了毛泽东思想。校风是什么？在贵州、四川等地，很多人家都会有个泡菜坛子，一样的萝卜、圆白菜，放到不同人家的泡菜坛子里几天后，有的偏酸、有的偏甜、有的偏辣。类似的是，学生到不同学校学习，几年后，有的思维缜密、做事严谨；有的天马行空、富有创造力。校风，就像泡菜坛子，潜移默化地改变着人的思维方式和行为习惯。校风往哪里吹？怎么吹？工科教师对学生设计作业一个小错误的纠正；文科教师在课堂中的大量旁征博引；理科教师的严谨；行政人员耐心地处理事务；校园文化活动中的科研、技能、艺术导向；同学间的一个提醒；食堂工作人员的一个笑脸；图书管理员的一句问候；校园中伫立的雕像、文化墙；等等。这些都像泡菜坛子一样慢慢改变、塑造着其中的师生。校风不仅是喊出的口号，更是师生共同参与反应后的精神烙印与行为风格。

@封林（三峡大学学生处处长）：

校风是学校内涵品位和价值取向的综合体现，是教师的教风、学生的学风、学校干部的作风以及学校特有风尚的总和，是学校品位和格调的重要标志之一。社会主义高校的校风必须与党的教育方针保持高度一致，不忘初心，回归本源。高等教育工作者要牢记并贯彻党的教育方针，在加强自身建设的同时，努力培养德、智、体、美、劳全面发展的社会主义合格建设者和可靠接班人，增强国家核心竞争力。习近平总书记在全国高校思想政治工作会议上的讲话中，谈到如何"扎实办好中国特色社会主义高校"时，强调了一个重要思想：我国高等教育发展方向要同我国发展的现实目标和未来方向紧密联系在一起，坚持"为人民服务，为中国共产党治国理政服务，为巩固和发展中国特色社会主义制度服务，为改革开放和社会主义现代化建设服务"。高校校风要以"四个服务"为风向标，坚持把"立德树人"作为中心环节，将优良校风吹向以学生为中心的"立德树人"教育总方针。

思政力量，"响"从何来?[*]

@ 张树辉 （中国青年政治学院党委副书记）:

习近平总书记强调，"育才造士，为国之本"。树人须先立德，"要因事而化、因时而进、因势而新。要遵循思想政治工作规律，遵循教书育人规律，遵循学生成长规律，不断提高工作能力和水平。"要在提升能力上深耕细作。高校思政工作，师生既是对象又是主体，要注重课堂内外的引导熏陶，既要注重全局又要抓好个体。这就要求我们既要坚持原则又要立足现实，既尊重规律又正视差异，既种好责任田又能联动协同。要在手段创新上虚功实做。思政工作是做人的工作，是"活"的工作，看似无形，对象却是实在的人；看似虚化，效果却必须实在。要坚持改革创新，把传统手段和新技术相结合，增强时代感和吸引力；把传统经验和积极探索相结合，摸索出行之有效的工作手段。要在长效机制上难事长做。高校思政工作的成效，也绝非一朝一夕能显现，要抱着"难事长做，久久为功"的信念，着眼未来发展，做好顶层设计，建立长效机制，使得这项工作不因人员环境的变化时松时紧，而是始终有制可依、有章可循，始终贯穿于高校育人全程。

@ 宁秋娅 （中国农业大学党委副书记）:

要使思政工作更具影响、更有反响，要按照"1135"的工作模式，开创思政工作新局面。牢记一个根本。思政工作从根本上说是做人的工作，只有牢记这个根本，才能获得巨大动力，产生深远影响，实现立德树人有道，春风化雨无声。建立一个大格局。要建立思政工作大格局，贯穿教育教学全过程。同心同德、同心同向，形成合力、久久为功，实现全过程、全方位育人。遵循三个规律。遵循规律事半功倍，违背规律事倍功半。要遵循思政工作规律、遵循人

* 本文刊发于《北京教育》（高教版）2017年第3期

的成长规律、遵循教育规律。增强"五个力"。增强思政工作力量的方法就是要增强思政工作的凝聚力、感染力、吸引力、渗透力和影响力。

@铁铮（北京林业大学教授）：

思政工作的影响、反响从何来？不是"喊"出来的，而是遵从科学规律"干"出来的。喊破嗓子造势，不如撸起袖子干事。既要踏踏实实、认认真真干，又要讲求技巧、注重方式方法。一是要以人为本。思政工作是做人的工作，必须尊重人、关心人、爱护人、体谅人，一切从工作对象出发，充分考虑师生员工的思想需求和切身利益。离开了以人为本，就忘记了思政工作的初心，所有的工作也就很难奏效，甚至还有可能会适得其反、事与愿违，败坏了思政工作的名声。二是要从小处着手。思政工作是做人的思想工作。不能疾风暴雨，不能简单行事，不能搞政绩工程，而要和风细雨、润物无声。在谋划上大处着眼，在措施上落实、落细、落小。要从生活的点滴入手，从工作的细节切入，真正让思政工作抵达师生的生活、工作和心灵。三是要寓教于乐。思政工作不能靠"吊脸子""打板子"，也不能照本宣科、简单从事、枯燥乏味。要努力使内容丰富起来、形式活泼起来。要尽量采用广大师生员工喜闻乐见、愿意接受的方式和方法，努力使思政教育的过程轻松、愉快，充满温情和乐趣。

@邓军（广西艺术学院党委书记）：

一要强化思想理论教育和价值引领，让思政工作"热"起来。要旗帜鲜明广泛地开展中国特色社会主义理论体系学习教育，把从中吸取的营养变为师生坚定中国特色社会主义道路自信、理论自信、制度自信和文化自信的强大力量。二要创新高校思政工作，让思政工作"亮"起来。推动思政工作从学生到教师；推动大学生思政教育从思政课拓展到专业课；推动思政工作从"指间"直达"心间"。三要强化以文化人、以文育人，让思政工作"响"起来。各高校应立足自身办学特色和办学传统，以社会主义核心价值观为引领，建设具有时代特征、中国特色、学校特点的大学文化，把思政工作融入"政治方向对、学术氛围浓、文化品位高、道德风尚好"的校园文化建设中，从而不断提升思政工作的影响力和感召力。

@李洪波（江苏大学副校长）：

良好的思政教育效果需要教育主体优势互补、教育力量优化整合。任何教育活动都离不开一定的环境，社会环境对思政教育具有重要的影响。教育者和受教育者都不同程度地接受着环境的熏陶，社会环境直接影响着人们的思想、行为和习惯。在不同社会环境中成长起来的人，在思想观点上存在着明显差异。家庭教育是思政教育的基础力量。家庭教育对孩子的三观形成具有基础性作用，家庭成员间在思想品德、作风习惯、价值观念的形成上具有潜移默化、无法替代的影响。学校教育是思政教育的主导力量。学校是日常思政教育的主阵地、主课堂、主渠道，教育方式具有强制性、系统性、感染性。学校教育对学生思想道德素养的形成具有主导作用。

毕业季与变形计*

@铁铮（北京高校新闻与文化传播研究会理事长）：

毕业，对于每个学生来说都是一件大事，甚至是整个人生的大事。如何才能让毕业既有意义也有意思，真正在每个学生心中镌刻下美好而深刻的印象，成为这段珍贵学业的最后一课？最重要的是顺势而为、因时而变、因事而化。一方面，要重视毕业这一具有仪式感的教育环节。学生在校多年的思想政治教育到底成不成功，看看学生如何与学校、教师告别就可以得出一个初步的结论。作为管理者要高度重视，不仅要站好最后一班岗，而且要站出与以往不同的一班岗。另一方面，毕业教育的方式要随着时代的变化而变化。除了传统的毕业典礼、校长寄语、颁发证书、拨穗正冠、座谈对话，学校、学院、班级还能做些什么？校方要认真分析学生的心理特点、思想情况、兴趣爱好，创新教育形式，丰富教育内容。学生的智慧是无穷的。积极鼓励他们尽情地发挥想象力，一定会有许多教师绞尽脑汁都想不出的点子与惊喜，也一定会有许多出乎教师意料之外的感动与收获。当然，放手不等于放任，更不等于放纵，而要有效地管理、正面地引导。

@张树辉（中国青年政治学院党委副书记）：

逃离约束限制的大学生开始从"被管理者"变形为"管理者"。一个合格的管理者要具备管理意识和管理才干。一要管好自己的思想。时刻准备为实现中华民族伟大复兴贡献青春力量的理想信念不容动摇，家国情怀、责任担当、明辨是非、追求真知是成就事业的基石。二要管好自己的情绪。环境是全新的，同事是陌生的，竞争是残酷的，情感不再那么纯粹。调节、控制、疏解都是管理的有效方式，但要做好很难。三要管好自己的时间。没有了熄灯铃、上课铃，更没有了按掉手机之后舍友的提醒，整块和碎片的时间需要学生去利用、去填

---

* 本文刊发于《北京教育》（高教版）2017年第6期

充，而不是去浪费。要保持学习并提升学习能力。大学生真正从大学里背走的就是学习的能力，能让这个能力产生效益并升值，也只能靠大学生自己。说到管理，刚毕业的学生最想管理的就是财富，其实大学生拥有的财富就是新思想、好情绪、大好时光和学习创新的能力。至于真正的金钱，学生暂时还不会有太多，倒是应该想想如何更好地创造财富，去奉献社会，去造福乡里。

@李洪波（江苏大学副校长）：

面对新形势、新要求，我们要变观念、变角色、变路径。一是变观念，引导毕业生树立正确的就业创业观。要鼓励毕业生多层次就业，尤其鼓励其去基层就业，确定健康、坚定的工作心态。要提升毕业生的创业意识，鼓励有条件的毕业生投身创业。高校可以通过先进人物的创业成长经历来引导、激励和帮助有志创业的学生，同时提供相关政策和校友资源护航毕业生创业。二是变角色，指导毕业生明确未来的职业发展方向。要注重毕业生就业指导，帮助他们缓解就业心理压力。要引导毕业生掌握有效的心理调适方法，建立能够适应社会的健康心态，使学生顺利完成职业人的社会角色转换，明确自己未来就业方向。三是变路径，多种方法加强毕业教育活动。根据毕业生的自身特点和就业形势要求，合理安排多种方法开展毕业教育活动。通过组织部分学生到实习、见习单位和基地考察，增加毕业生对实际工作的体验；通过对毕业生的集体集中教育，加强学生个人的自我激励，实现毕业生的自我认识、自我完善、自我提高。

@王成（中国民航大学党委宣传部部长）：

毕业季，兴奋季，也是淡淡的忧伤季。又一届大学生以毕业的方式告别校园，以变形的姿态投身社会，在人生的拐角处，提醒毕业生们一定要处理好"选择、代价和结果"三者间的关系。选择，是每个人不经意间的常规行为，日用而不觉，却决定了自身的发展路径和走向；代价，往往是每个人承载最多的负重，而大多又伴随着抱怨，甚至质疑公平，特别是需要加倍付出的时候，很多年轻人往往忽略了为什么而出发，把初心抛在脑后，全然不记得曾经为何而做出的选择，一味从客观环境中找寻原因和理由，全然不从自身主观层面查找问题、寻找对策；结果，是每个青年学子幸福的期望，虽然很多人认为他们做事已经不顾及结果，但事实证明每个人都期望幸福圆满、得偿所愿。做出什么样的选择，就要付出与之相应的代价，才能取得自己预期的结果。并不深奥的生活哲理，往往被多数年轻人忽略。作为高等教育工作者，需要唤醒青年人的理性思考，调整心态、直面现实，努力让自己的人生出彩。

补上生命教育这一课*

@任延明（青海大学党委常委、副校长）：

　　最近几起学生轻生的新闻让我们不禁唏嘘感叹，正值花季的青少年以这样的遗憾来结束自己的生命。作为教育工作者，在我们将教育的侧重点置于学业、安全以及心理健康教育时，往往对生命教育缺乏必要的关注。生命教育需要社会多方面重视，从小开始须加紧开设相关课程，让学生更深层次地了解生命的含义。此外，学生的抗挫折能力也需要引起家庭和学校的重视，抗挫折也是生命教育的一部分，现在的年轻学生由于承担的责任太少，遇到的挫折也不是很多，普遍抗挫折能力并不是很强，猛然遇到过大的压力就无法承受。生命教育的目的在于让学生正确认识"自己"，能够使学生正确理解死亡、面对死亡且不畏惧死亡，认识到消极生命、遮蔽生命乃至伤害他人的生命都是不理智的行为。米兰·昆德拉曾在《生命中不能承受之轻》中说："人只有一次生命，绝无可能用实验来证明假设，因此他就永远不可能知道为自己情感所左右到底是对还是错。"加强生命教育，是为了让学生们有珍爱自己生命的意识，认识到生命的可贵。

@罗涤（重庆大学马克思主义学院党委书记、教授）：

　　敬畏生命是教育的伦理起点，也是教育的价值归依。生命教育应该从小抓起，并持续终身。高校也是生命教育中的重要一环，但目前高校中存在生命教育内容针对性不强、教育方式简单化、教师队伍缺乏等问题，一定程度上导致生命教育不到位，这些需要引起高校高度重视并予以改进。一是在教育目标上从"不要学生出问题"转变到"实现生命价值"。二是在教育内容上从"从生命谈寿命"转变到"从生命谈质量"，引导学生感受生活的美好，珍爱生活，感受生命的质量。三是教育路径从"单一型"转变为"多样型"，要开设面向全

---

　　* 本文刊发于《北京教育》（高教版）2019 年第 3 期

体学生的专题化教学。同时，也要融入心理健康教育课、职业规划指导课、思政课、专业指导课等；融入课外实践活动中、社团活动中、校园网络宣传渠道中等。四是教师队伍从"保卫队伍和学工队伍"转变为"全体教职工队伍"，高校每位教职员工都承担着教书育人的重任，生命教育也要体现在全员育人、全过程育人、全方位育人中。

@覃川（清华大学党委宣传部常务副部长）：

生命教育旨在帮助青少年学会尊重生命、理解生命的意义，以积极健康的心态，通过科学的生命管理实现生命的最大价值。这一源自西方的教育理念，已在包括我国在内的世界大多数国家和地区得以开展。生命教育内涵丰富、外延广泛，是一种全面关照生命多层次的人本教育，也指向人的终极关怀，具有哲学命题的高度，其核心是人生观和价值观问题。对于高校而言，一是要开设专门课程，引导学生树立正确的生命态度，对自我和他人的生命、对由不同生命构成的社会及自然场域进行完整的认知和理解；二是要将生命教育融入思政课和各类相关课程，形成多维度、立体化的课程体系，细化、深化、强化教育效果；三是与"第二课堂"及各项育人工作有机结合，在学校管理服务、心理咨询、志愿活动、文化建设等环节中渗透生命教育，发挥隐性课程作用，营造全方位的生活化、体验式教育场景；四是要针对受教育者的突出问题和关键需求，做到有的放矢、突出实效，以扎根中国大地、富有时代特征的生命教育夯实青年学生全面发展的基石。

@铁铮（北京林业大学教授）：

生命教育，内容为本。其中，有四点需要进一步强化。一是生命的不可逆性。对于每个人而言，生命只有一次，而不是像某些戏剧、影视、游戏里演绎的那样，人有多条命，或者可以起死回生。因此，要特别加以珍惜，绝不能当成儿戏，轻易放弃。二是生命的公共性。人的生命不仅仅属于自己。每个人都应该承担必要的责任。对国家、对社会、对家庭、对至爱亲朋，都需要履行一定的义务。人活着还是离去，不能仅从自己的角度加以考量，而要有强烈的社会责任感、家庭责任感。三是生命过程的艰苦性。人的一生不可能总是一帆风顺，必然会遇到各种各样的困难和考验，这是再正常不过的。遇到一点挫折就打退堂鼓，碰到一点困难就一蹶不振，受到一点打击就寻死觅活，不是对待人生的正确态度。要百折不挠，越挫越勇。四是生命过程的愉悦性。人都是向死而生，这是不可抗拒的自然规律。人之所以要活着，就是因为人生有无限的美好。要学会享受人生的快乐。这正是人类不断繁衍生息的动力源泉。明知有一天肯定会告别人世，却要活出精彩。

青年亚文化，我们怎么看？*

@ 赖明明（深圳技术大学基础教学部副教授）：

当代我国青年亚文化具有三大特点：一是具有鲜明的科技特点；二是具有强烈的网络新闻特点；三是具有文化热点快速切换的特点。青年亚文化虽然不是主流文化，也需要予以重视与研究。一是不要把青年亚文化看成"洪水猛兽"，青年亚文化是社会现象、文化现象，也是生命阶段现象，是青年在心理与行为表现方式上的一个阶段性特点。随着年龄的增长，曾经沉迷亚文化中的青年也会回归主流文化。二是要用包容态度对待青年亚文化现象，要给予青年转变的时间，在教育引导方法上切忌粗暴生硬。在高校思想政治教育中，要以习近平新时代中国特色社会主义思想为指导，弘扬正能量、主旋律，用青年学生"听得懂的语言、愿意接受的方式"不断提高教学方法、创新教学模式。

@ 张树辉（中国社会科学院大学副校长）：

当代青年学生群体接受中国传统思想文化呈现两大特征：个体原则和宽容原则。个体原则强调尊重个性，执意表现自我。宽容原则表现为非权威化，拒绝独断，要求以宽容的态度对待不同的思想和行为。网络平台上历史剧、文化益智节目等热播，在弹幕等部落式观影氛围中，青年学生往往一边调侃，一边接受。"95后""00后"的学生群体是网络世界的原住民，他们在互联网中营造出了与主流网站不同的社群感，属于亚文化，不断刷新人们的视野。这些青年亚文化主要强调与成人主流文化的差异，甚至是对后者的反抗。中国的青年亚文化多是消费青春的流行文化。当然，青年也挪用古典文学艺术的一些元素，搞古风汉服之类、穿越之类，可见其骨子里还是认同现实的规则秩序。互联网只是更便于组装各种文化元素，传播跟扩散更多变，受众不断参与再生。没有理想主义支撑

---

* 本文刊发于《北京教育》（高教版）2019 年第 3 期

的青年文化很多只是消极存在。青年群体对中国传统思想文化的接受有冲突，但更多的是认同，只是表现方式更加个性化，当代社会应以宽容的姿态重新审视。

@管向群（南京艺术学院原党委书记）：

青年文化是整个社会文化有机和重要的组成部分。在发生学的意义上，它是社会文化的滥觞，代表了社会文化的蓬勃朝气、浩然正气、创新锐气与奋斗志气。青年文化具有自身的鲜明特质。青年文化应该是最富理想、最富激情的、最具奉献精神的……当今，中国的青年躬逢盛世，将亲身经历、亲眼见证中华民族伟大复兴的实现，这是一种何等的荣耀与荣幸！青年强则国强。"幸福都是奋斗出来的。"实现中华民族伟大复兴，要靠全体中国人民勠力同心、奋力同行；而这一历史责任，又首先属于有理想、有担当、有作为的当代中国知识青年。

@向仲敏（西南交通大学人文学院党委书记）：

我们把青年人特有的文化样态，称为青年亚文化。从人类社会发展历程看，青年亚文化始终存在，且充满魅力，这魅力之源就在于生命的活力、创新的激情。古往今来，有多少思想巨擘、科技精英、文艺骄子，在生如夏花的青年时代便迸发出天才般的创造力，为人类命运共同体贡献了卓越识见。纵观人类历史，"自古英雄出少年"。青年亚文化的魅力在于创造、在于激情；青年亚文化要如常青藤般繁荣，有赖于社会各界营造出适宜创造、永葆激情的氛围。青年人不安于现状，不走寻常路，这是他们骨子里就有的反抗精神。我们无须崖岸自高，更不必颐指气使。

@铁铮（北京林业大学教授）：

事实上，高校管理者、教育者中有些人对"青年亚文化"的概念还很陌生。这就提出了一个非常严峻的问题。如果对教育对象不了解、了解不深入，又如何积极有效地加以引导呢？因此，要继续大力提倡走近学生、了解学生、研究学生。青年亚文化是一种社会文化形态，它主要由青年群体创造，与父辈文化和主流文化既相抵抗，又有一定程度的合作和交叉。对此，应该积极地看、辩证地看、全面地看、用发展的眼光看，既不能全盘肯定，也不能简单否定。要正视这种文化的存在，积极主动地了解它、研究它，并努力找到有效的教育引导对策。既要看到其对青年、对社会产生的负面影响，尽量规避其可能带来的危害，也要看到其带来的积极因素或正面成分。既要看到其表面现象，又要看到其本质。在这个集合概念中，包涵了许多分支。要全面、系统地加以看待，而不能只看一点、不顾其余，否则得出的结论一定是不客观的。任何事物都是在不断发展变化的。因此，既要分析其产生的历史条件和时代背景，又要看到和把握其发展趋势和方向。

思政"小课堂"与社会"大课堂"*

@**周晔**（北京邮电大学马克思主义学院党总支书记、院长）：

思政课不能脱离社会，要把人民群众丰富的实践再现出来。实践乃是哲学把握人的本质的唯一可能的视野与途径。一是课堂不能脱离社会。课堂要有深度与广度、理论联系实际的鲜活内容；教师要从与学生成长、国家发展密切相关的现实问题谈起，引导学生运用理论分析和解决问题。二是"小课堂"要延伸至社会，如博物馆、纪念馆、工厂车间、农村麦田等，让学生置身于改革开放的热土，探寻"春天的故事"，讲出思政课的科学性、真理性、人民性、实践性，以及开放性、时代性与创新性。三是把思政"小课堂"同社会"大课堂"结合起来，教育引导学生加深对科学理论的理解把握，把爱国情、强国志、报国行自觉融入民族伟大复兴的奋斗之中，知行合一。坚持习近平总书记在学校思想政治理论课教师座谈会上提出的"八个统一"，教育引导学生立鸿鹄志，做奋斗者。四是打破思政教育工作中的学校教育与社会教育之间的"藩篱"。把教科书与新时代中国这本"大书"融为一体，构筑学校教育和社会教育协同育人的大教育格局。

@**张晖**（中国农业大学马克思主义学院院长、教授）：

习近平总书记在学校思想政治理论课教师座谈会上强调，要重视思政课的实践性，把思政"小课堂"同社会"大课堂"结合起来，教育引导学生立鸿鹄志，做奋斗者。这一论断充分体现了辩证唯物主义原理和思政课教学工作要求的有机统一。立足于我国改革开放和社会主义现代化建设实际，通过思政"小课堂"，用习近平新时代中国特色社会主义思想武装学生头脑，使青年对马克思主义的立场、原理和方法形成感性认识。在此基础上，通过社会"大课堂"，深化青年学生对我国现实国情和马克思主义科学理论的理解，在实践锻炼中厚植情怀、积累智慧和增长

＊ 本文刊发于《北京教育》（高教版）2019 年第 4 期

才干，不断增强道路自信、理论自信、制度自信和文化自信。马克思主义理论具有显著的实践性，思政"小课堂"与社会"大课堂"的结合，能够有效地将科学理论学习与社会实践教育统一到思政课教学中，帮助学生在"知""行"合一中充分领略和体悟马克思主义作为科学真理的理论魅力、现实解释力和实践指导力，实现对马克思主义理论由感性认识到理性认识的飞跃，助推思政课教学目标的顺利实现。

@**吴为民**（同济大学法学院党委书记）：

如何把思政课开好、讲好，需要每一位思政课教师不断创新、持续探索，既突出课程内容的思想性、理论性，又能够使其讲授的内容具有亲和力、针对性，让学生真正进耳、入脑、印心。习近平总书记强调，推动思政课改革创新，要从坚持"八个相统一"具体着力。其中之一是要坚持理论性与实践性相统一，用科学理论培养人，重视思政课的实践性，把思政"小课堂"同社会"大课堂"结合起来。一方面，要求教师把理论讲生动、讲透彻，提升青年学子的思想境界和认识高度；另一方面，也要求教师注重从正反两方面引入社会实践中具体的人物、现象和事例，借助分析点评，褒扬友善、戒免丑恶。同时，要让学生更多参加各种考察调研，形成直观感受，与课堂讲述的理论相互印证、加深印象、增进理解。思政课是落实立德树人根本任务的关键课程。此外，各专业、各学科相关课程的教育教学，也应该承担应有的职责。这体现了全员、全过程、全方位育人的应有内涵，也为思想政治教育提供了更鲜活的素材。

@**铁铮**（北京林业大学教授）：

加强和改进思政课的途径和方法很多，其中将思政"小课堂"与社会"大课堂"有机结合是非常重要的一环。脱离开社会"大课堂"的磨炼，思政课便上不好；缺少了思政课"小课堂"的科学指导，学生在社会上就容易迷失方向。一是思政课要用好社会丰富的素材。在思政课的教学中，要紧密结合社会现实。既要坚持正面教育引导为主，又不回避社会矛盾；既要理直气壮地宣传和介绍取得的成绩，也要帮助学生正确认识和看待存在的问题。二是要开门办思政课，而不能禁锢在小课堂里。让学生走出去，在社会中验证思政课学过的内容，丰富思政课讲授的内容；把社会人物请进来，结合思政课教学，让他们登上讲台，成为难以替代的老师。三是注重社会实践教学，指导和帮助学生到社会中经风雨、见世面、长知识、练才干。四是践行理论联系实际。在思政课教学中，紧密结合我国国情、社情、党情、民情，力戒空对空、空讲大道理。同时，注意引导学生用科学的理论、方法看待、分析社会现实。

百年"五四"——青春与迷茫*

@ 张树辉（中国社会科学院大学副校长）：

"你觉得迷茫就对了，谁的青春不迷茫？"青涩、懵懂、迷茫，是青春最原始、最贴切的标签。迷茫只能是阶段性的，迷茫之后，要笃定地走向成熟理性，要决然地做出正确选择，这样才不会是没有意义的迷茫。一百年前的五四运动，是那一代青年激荡青春、拒绝迷茫的觉醒与起行，青春有如此的"不迷茫"，是民族的幸事，是青春的幸事。百年前的青春觉醒，有百年前的时代背景。新时代的青春觉醒，也绝不能坐等和奢望青春先贤的基因拷贝。我们可以允许青年人犯"迷糊"，但更要引导和教育青年人少些迷离，拒绝迷乱，绝不迷失。我们要把经过百年淬火的五四精神与崭新的时代接轨，用人工智能、融媒体等来搭建时代青年与民族先贤思想激荡的桥梁，用政策、学养和胸怀真正把关注青年、关心青年、关爱青年落在实处，让青年亲耳听到中华民族伟大复兴的时代召唤，亲身感受社会主义建设者和接班人的使命担当，真正感知青春奋斗壮美的过程、体验和结果。我们想听到更多青年人说："青春迷茫，我有方向；青春酸涩，我有理想；青春易逝，我一直在奋斗；青春无悔，我曾绽放！"

@ 封林（三峡大学水利与环境学院党委书记）：

青年总是容易迷茫矛盾，而又容易激昂热血。一百年前的青年，面对积贫积弱的旧中国，在黑暗中为探寻救国救民的道路苦苦挣扎，他们对现实不满，对未来迷茫。一百年后的青年，虽无救亡图存的重任，亦无饥寒交迫的困苦，但很多青年依旧为学业、就业、情感、未来和理想而踌躇不知所措。何以驱散迷茫？心中有信仰，前途不迷茫！随着十月革命的炮声，南湖红船上中国共产党成立，一百年前的青年把革命理想和实现共产主义作为自己的信仰，从此有了前进的方

---

* 本文刊发于《北京教育》（高教版）2019 年第 5 期

向和动力。几代青年人前仆后继，朝着建立新中国的目标挥洒热血，以理想之灯塔照亮前进的道路，把迷茫转化成了反帝反封建的不竭动力。红日初升，其道大光；河出伏流，一泻汪洋！一百年后的青年，作为时代的答卷人，要树立起对国家美好未来的坚贞信仰，以奋进者、开拓者、奉献者的姿态来勾勒、描绘祖国的壮美蓝图。以责任、担当、信仰自勉，用投身新时代的志向驱走青春的茫然。

@**铁铮**（北京林业大学教授）：

谁的青春不迷茫？青年人风华正茂、血气方刚、思想活跃，充满批判精神。对过去多有不屑，对现实多有不满，对未来多有不顾，也是非常正常和可以理解的。人生究竟怎么成就，社会到底该如何前行，世界应该向何处发展，青年人都会有这样、那样的思量、思忖、思考。有些问题想明白了，上路一身轻松。还有许多一时想不明白，找不到路在何方。也就是在这迷茫接着迷茫的过程中，青年人慢慢地成熟、成长、成才。迷茫带来的不仅仅是负面的情绪，还带来了前进的勇气、前行的动力。当青春随着岁月流逝过去之后，回首往事，人们往往应该感谢青春时的那些迷茫。对于青年人的迷茫，社会应该给予宽容的态度。让青春，少迷茫。青春易逝，如同流水。青春宝贵，不能都用来迷茫。应该尽快明确前进的目标，树立起远大的理想，脚踏实地，认认真真度过青春的每一天。对于青年人要引导、多帮助、多关心，特别是他们陷入迷茫之时，要伸出热情之手，而决不能袖手旁观，这是全社会不可推卸的责任。

@**韦小强**（广西大学党委组织部副部长）：

青春是每个时代的希望，代表着新生"血液"，代表着朝气，是一股新生力量。每个时代的青年都有过自己对未来的迷茫，只是迷茫期的长短而已，从这个意义上说，迷茫是一种常态。迷茫，起源于问题，碰到问题就意味着有思考，没有思考就没有迷茫。迷茫意味着责任，只有对自己、家人、社会负责的人，才会去认真思考自己的人生。迷茫也意味着对世情、国情、社情以及对自己的认知不清晰，意味着选择能力的缺乏。信之坚，行之远。信念改变青年，一个对未来充满信念的青年，不管在未来路上充满多少的荆棘，都会砥砺前行。一是榜样塑造青年。每个时代都有杰出的青年代表，可以将每个时代的杰出青年作为楷模，学习他们身上成功的优秀品质。二是学习改变青年。学习是掌握未来的一把钥匙。只有不断加强学习，才能增强本领，破除困局，解决各种难题。三是实践成就青年。青年要勇于投身于实践，成功是干出来的。只要坚定目标、勇于探索、善于实践，解决一个一个的难题，人生的迷茫困惑就会越来越少。

百年"五四"——青春有担当[*]

@**陈鷟**（中国海洋大学党委宣传部部长）：

五四运动以激情呼唤理性，将爱国落实于担当，是当时中国先进青年的惊世壮举，也是中华民族沉沦危亡之际浴火重生的伟大转折。有了五四精神的召唤，一代又一代先进青年勇立时代潮头，肩负起民族兴亡、文明复兴的重任。大革命时期，多少有志青年为了坚持真理而抛头颅，以青春热血为后来者铺展追寻光明的道路；抗战时期，多少有志青年放弃优越的城市生活，奔赴革命圣地延安，在血与火的洗礼中成长为中国革命的中坚力量；抗美援朝战争中，多少青年雄赳赳气昂昂跨过鸭绿江，保家卫国，成为最可爱的人；新中国建设时期和改革开放以来，雷锋、女排、抗洪战士、凉山消防英雄……无不以青春支撑起中国的精神脊梁。今天，中华民族正以昂扬姿态加速走向复兴。新时代的新青年依然需要焕发五四精神，担当起历史重任。接续用青春的激情为历史注入强劲动力，接续用文明的理性为民族和世界追寻光明。因为五四精神，古老中国得以焕发青春；因为青年，伟大中国将永远年轻！

@**田阳**（北京林业大学理学院党委书记）：

一百年前的中国青年先驱在五四运动中率先喊出救国强国先声。历经百年的革命、建设和发展，一代代青年始终以先锋的姿态播撒青春热血，自觉扛起了使命担当。当今，中国特色社会主义事业已进入新时代。接稳、接好实现中国梦的接力棒，成为新一代青年人要共同回答好的时代必答题。新青年要有新担当：一方面，要从回顾历史与关照现实紧密结合的维度，继承、实践并发扬"爱国、进步、民主、科学"的五四精神，时刻警惕知识恐慌、精神恐慌，真正将勤学、修德、明辨、笃行贯穿到成长、成才全过程，做到求真力行、知行合

---

* 本文刊发于《北京教育》（高教版）2019 年第 5 期

一；另一方面，应按照德智体美劳全面发展的要求，着力练好人生和事业的基本功，坚持以"四个意识"强基铸魂，始终保持坚定跟党走的定力，通过读懂中国的不懈实践，有效提升把握大势的"眼力"，采取向人民、向实践学习的方式，不断增强扎根中国大地的"脚力"，通过落脚到自己学习工作岗位的自觉奋斗，拓展书写人生大文章的"笔力"。

@**铁铮**（北京林业大学教授）：

　　时代总是在不断前进，而且前进的步伐越来越快。有抱负、有作为、有担当的青年人是推动社会前进的生力军。先进青年知识分子是一百年前爆发的五四运动的先锋，一代代青年人现在和将来都是世界的未来。因此，要对青年人充满信心、饱含期待；同时，要加强对广大青年的政治引领，深入研究了解青年的优势和弱点，引导他们把树立远大理想和脚踏实地统一起来。全社会都要关心青年、服务青年，积极做好青年工作，为广大青年成长成才创造有利的环境。广大青年也应该发扬五四运动的光荣传统，牢固树立远大的理想，真正担当起推动社会前进的神圣使命。时代不同了，形势变化了，但青年人的目标不应受网络上不良信息的干扰，青年人的朝气不应该让粗俗、低俗、庸俗的风气所污染。相较而言，当今的青年人肩上的担子更重，面对的形势更加严峻，承受的压力也更大。相信青年人能经受住考验、抵御住诱惑、承受住挫折，更好地担当起实现中华民族伟大复兴的中国梦的重任。

@**王君**（首都医科大学党委宣传部常务副部长）：

　　习近平总书记说，青年一代有理想、有本领、有担当，国家就有前途，民族就有希望。回溯一百年前，青年学子以其爱国行动书写了一首隽永的青春史诗，形成了激励一代代青年人奋勇前行的五四精神，深刻诠释了那个时代的青春担当。今年是五四百年，我们这一代的青年学子要传承和弘扬五四精神，肩负起新时代青年人的责任和使命。青春至美是担当，青年人要有坚定的理想信念，要矢志不渝朝着自己的梦想努力，当好新时代的"弄潮儿"，收获有意义的人生。青春至美是担当，青年人要求得真学问，练就真本领。青年时期是人生最有激情和创造力的黄金阶段，要珍惜青春韶华，刻苦学习，潜心钻研，为成就一番事业奠定良好基础。青春至美是担当，青年人要胸怀天下，把小我融入大我，用火热的青春在新时代创造出更大的价值，唯有担当作为，才能不负祖国和人民、不负时代和历史，让青春年华在为国家、为人民的奉献中焕发出绚丽光彩。

创新创业教育的中国经验*

@ **曲绍卫**（北京科技大学教授、中国教育学会教育经济学分会副理事长）：

　　研究型大学"创新—创业"特征显著，即以创新项目为基础而开展的创业活动。作为以研究生教育为主的高校，首先，研究生创新创业能力的实现需要以专业知识为基础，而专业知识是反映学科专业领域的前沿知识以及多学科间交流的最新知识。其次，专业能力是开展大学生创新创业活动与培养创新创业能力的基础。大学生在研究型大学接受的专业知识、技能，为其创业活动提供了智力保障与理论支持，以专业为背景的技能大赛也为创新创业提供了实践的机会；同时，创新创业能力的发展也为专业知识与技能的培养注入了新的思维与活力。最后，以专业背景为基础的创新创业能力培养，是现阶段我国研究型大学人才培养的必然选择。研究型大学培养学生的专业知识、发展能力与创业能力，促使参与创业的学生能较好地发挥理论知识优势，进而提升创业的成功率。学校的创业导师与实践指导制度也保障了创新创业能力与专业知识的有机融合。因此，专业教育和专业能力是大学创新创业的基石，高校创新创业教育需要立足高质量的专业教育。

@ **刘玉峰**（黑龙江大学创业教育学院副院长、副教授）：

　　面向第四次工业革命，创新创业已成为全人类应对技术变革、商业模式迭代、社会环境发展的内生动力，是人类不断发展的本性使然，也是教育提质、引领变化的必然。20 多年来，我国的创新创业教育事业走出了一条具有中国特色的教育发展道路，为全球教育发展贡献了中国智慧和中国力量。一是在党中央的领导下，集国家之智、全社会之力构建了"政、产、学、研、金、介、贸、媒"为一体的创新创业生态系统，使创新创业蔚然成风，成为时代的主旋律。

---

* 本文刊发于《北京教育》（高教版）2019 年第 11 期

二是从教育的本质入手，遵循"三全教育"理念，形成了"课程教学—项目实践—竞赛实训—成果转化—创业孵化"的创新创业教育全价值链育人体系，开展了形式多样、效果显著的"专创融合""科创融合""就创融合""师生共创"的创新创业教育实施路径，把培养符合国家高质量发展所需的创新创业人才作为深化教育教学改革的重要任务和发展目标。三是创新创业教育在实施过程中依托体制、机制不断完善，服务于利益相关者的不同需求，充分调动其积极性与主动性，搭建平台让其释放潜能，以包容、开放、共享、协作的思维和行动，彰显教育者的初心与使命。

@ **王滨**（同济大学教授、学校创新创业教育研究中心副主任）：

近年来，专创融合成为国内"双创"教育最前沿的内容。首先，明确了专创融合是"双创"教育的应有之意和主要突破口。其次，从方法论层面探索专创融合方法论。提出了全员融合、有机融合、尊重差异的融合、以创新精神为重点的融合等原则。最后，探索了不同融合路径。第一种方式是采取"专业+实践"的方式进行加入融合，专业教育中以培养创新能力为目的的各类教育活动都算融合，包括与专业实践结合、与各类学科竞赛结合、开放实验室等。第二种方式是采取"专业+新课"的方式进行融合。修改专业培养方案，增加诸如专业方法论、跨学科方法论、通用创新方法、专业历史、专业前沿导论等课程。第三种方式是融入一门具体课程中。同济大学探索出一种 PMRT 的教学模式，通过为专业教师提供工具包的方式，让专业教师通过这些工具包自觉将创新方法与自己的课程结合。这些工具包主要包括：Problems——基于问题库的问题分析；Methods——基于方法库的方法渗透；Resources——基于资源库的全局贯穿；Tools——基于工具包的辅助工具开发与利用。

@ **施永川**（温州大学创新创业学院副院长、副教授）：

为改变传统教学观念落后、教学方法陈旧、人才培养质量低下的痼疾，创新创业教育成为高校人才培养改革的重要突破口。高校通过创新创业教育，实现了人才培养机制的新跨越，打破了学科专业之间的壁垒、产业与学校之间的屏障、国内与国外之间的隔阂，产生了令人欣喜的"破壁效应"，实现了多学科交叉融合、跨学科学习、校内外协同、国内外互动。近年来，教育部门实施一系列强有力的举措，立课标、开金课、建基地、办大赛、强实践，完善人才培养质量标准，创新人才培养机制，健全创新创业教育课程体系，改革教学方法和考核方式，强化创新创业实践，创新创业教育改革取得显著成效。经过 20 多年的发展，中国的创新创业教育已经形成了比较鲜明的特色与发展模式，完全可以向"一带一路"倡议沿线国家输出中国"双创"的好经验、好做法，在全球创新创业的舞台上从跟跑到并跑，乃至在个别领域实现领跑，将为构建人类命运共同体，为全球的经济发展与繁荣体现我国应有的大国担当。

创新创业教育的——国际视野*

@ **张鹏**（优客工场首席创新官、团中央中国青创联盟孵化器协作会副秘书
长、原任 APEC 中国工商理事会项目合作部主任）：

第一，当今是一个由创新推动社会进步的时代，我们都需要敬畏并积极拥抱新科技，因为科技发展的加速度越来越快。人与人连接形式的改变是人类社会进步的根本。而今天，也定会诞生层出不穷的创新产品。因为移动互联网的出现，智能化颠覆了过去一百年来人类社会的各种认知和看法，而未来30年将会有大量的应用层创新，这是互联网应用技术和传统行业的全面结合。第二，未来创新群体的思维方式和生活方式产生极大变革，我们要学会用换位的思维方式重新认识他们。在日本，线上虚拟偶像产生的经济价值已经超过了活生生的人，这对于中年人而言是不可想象的。究其原因，一方面，是社会发展太快，导致今天社会主导者与年轻人脱节的程度比过去要大很多；另一方面，是社会主要的决策者和主要建设者们将"90后"十年的人口结构简单地"标签化"，还没能接受一代人的群体细分观念。

@ **王正**（北京体育大学教师、美国杨百翰大学访问学者）：

中国的创新创业已经融入全球发展的大环境中，成为国际创新创业生态的重要平台。当前西方发达国家的创新创业教育与中国相比既有共同点，也有其独到经验。例如：美国高校创新创业教育模式主要包括三个环节：教师课堂教学；创新创业中心举办的课外活动，如讲座沙龙工作坊；创新创业大赛。这与国内高校创新创业教育的模式类似，也是我们可以继续将这一模式延续下去的经验支持。在此基础上，全美高校越来越重视"精益创业"，将其列为创新创业教育的核心之一，基于"方法论"和大量案例指导的教学方法具有可复制

---

* 本文刊发于《北京教育》（高教版）2019 年第 11 期

性、可操作性和可延展性，使得没有创业经历的教师一样可以上好创新创业课。中国自 2013 年以来，不断营造全民创新创业的良好局面，在短短六七年时间里取得的成果有目共睹，正吸引着来自世界各地的关注目光。这样的局面来之不易，得益于党和国家的大力支持，得益于奋战在创新创业教育一线教育者和工作者的共同努力。我们有理由、有底气、有信心，继续探索并走出一条具有中国特色、服务国家经济发展命脉、构建人类命运共同体的创新、创业、创造道路。

@ **黎怡杭**（美国约翰霍普金斯大学博士、法国巴黎商学院 DBA 创新创业及科技产业化方向博导、南京燃慧咨询与 iLink 加速器合伙人）：

创新创业生态建设是目前世界各国发展的重点，它涉及各层各面。获得 2006 年诺贝尔和平奖的社会创业家及经济学家穆罕默德·尤努斯说："人人都是创业者。当人类还居住在山洞中时，我们都是自营业主——自己觅食，自给自足，那是人类历史开始的地方。"这些都告诉了我们，创新、创造力是人们与生俱来的。但当我们长大了，这天生的能力去哪了呢？美国著名设计师巴克敏斯特·富勒认为，每个人都是天才，但在成长的过程中，他们的天赋也逐步地被磨去了。爱因斯坦也同意类似的看法，他说："每个人都是天才，但是如果我们以爬树的标准来判断鱼的能力，那么，鱼将一生都会认为自己是一无所用的"。设计思维的引领者——汤姆与大卫·凯里兄弟，在他们合著的《创造力自信》一书中，特别感谢他们的父母给予他们发挥其创造力的自由与信心。他们也说到"多失败能让成功早到来。"由此，世界上的优秀教育者们都开始意识到，鼓励学生培养创造力、培养主动思考和信心，是创新创业教育的基石。

@ **韩晨光**（北京联合大学副教授、学校大学生创业孵化基地负责人）：

随着全球经济发展波动日益增强，以往模仿式创新和次级创新面临的挑战已经越来越大。世界主要国家的高等教育均以各种形式强调创新、创业、创造教育。在这个过程中，有两个特点需要格外关注：一是对创新创业教育的本质进行再认知，在世界银行开展的创业教育与培训项目（EETP）当中，明确地将创业的教育和创业的培训进行了区分。创业（创新）作为一种教育，其本质反映人的综合成长，而非简单的技能生成培养。以美国斯坦福大学、麻省理工学院（MIT）为首，更是将创新创业教育融入学生的生涯发展中，重点培养学生运用创新创业的思维和能力来解决问题，而非指导学生如何去开办一家公司。二是方法论在创新创业教育中的作用愈加凸显。随着国际创新创业教育发展，一些新的创新创业教育的方法体系、工具体系被总结、发明出来，如发轫美国大学的"设计思考"方法、源自硅谷实践的"精益创业法"等，受到包括中国高校在内的全球创新创业教育界的重视。优秀的方法和工具将极大提升教育效率，但对于舶来工具的本土化改造，依然任重道远。

《新时代爱国主义教育实施纲要》师生谈[*]

在庆祝中华人民共和国成立70周年之际，中共中央、国务院印发《新时代爱国主义教育实施纲要》（以下简称《纲要》）并发出通知，要求各地区、各部门结合实际贯彻落实。如何认识《纲要》出台的时代背景和特色亮点，并结合国民尤其是青少年实际予以贯彻落实，是当前和今后的一项重要任务。《北京教育》（高教版）邀请三位高校教师和五位大学生以"教师导读—学生分享学习体会—教师点评"的形式组成圆桌论坛，以期增强对《纲要》的理解。

教师导读

《纲要》主要内容

@代玉启（浙江大学马克思主义学院副教授）

中华民族有着源远流长的爱国主义传统。在漫长的历史长河中，爱国主义始终是最本质、最深层、最永恒的价值与情怀，始终是民族精神的核心，是中华民族团结奋斗、自强不息的精神纽带，是维护民族自强独立、激励中华儿女生生不息的强大力量。深沉的爱国主义、浓厚的家国情怀，厚植于中华民族优秀传统文化的土壤之中，涵养于中华民族精神氛围之中，早已融入民族心，汇入民族情，铸就民族魂。

《纲要》共9,246字，分为六个部分，分别是总体要求；基本内容；新时代爱国主义教育要面向全体人民、聚焦青少年；丰富新时代爱国主义教育的实践载体；营造新时代爱国主义教育的浓厚氛围；加强对新时代爱国主义教育的组织领导。

---

* 本文刊发于《北京教育》（高教版）2019年第12期

《纲要》出台背景

@ **徐建飞**（扬州大学马克思主义学院讲师）

当今世界正处于百年未有之大变局，正经历新一轮大发展、大变革、大调整。新一轮科技革命和产业革命迅猛发展，国际体系和国际秩序深度调整，大国战略博弈呈现新特点，经济全球化、政治多极化、文化多样化、网络信息化、思潮多元化深入发展，文化因素与精神力量在综合国力竞争中的地位越来越突出，发挥的效能越来越大，爱国主义将凝聚中华民族复兴的伟大力量，肩负起培养理想信念、凝聚价值共识、弘扬民族精神的使命担当。

党的十八大以来，中国特色社会主义进入新时代。伟大的时代孕育伟大的思想。新的时代赋予爱国主义新的使命和责任担当，蕴含了爱国主义新的内涵和时代特征，昭示了爱国主义新的方向和实践指向，彰显了爱国主义新的价值和世界意义。当前，中华民族正处于民族复兴的关键时期，在各种社会思潮竞相涌动、各类价值观念纷涌而入、各种主义纷繁杂陈，新自由主义、历史虚无主义、西方宪政民主、普世价值等思潮泛起的形势下，爱国主义无疑具有强大的凝聚力、感召力和生命力，它能最大限度地感染和聚集各民族、各群体共同的爱国意志，摒弃成见、凝心铸魂，形成强大的精神力量。

《纲要》的特色亮点

@ **蔡中华**（河南科技大学马克思主义学院讲师）

《纲要》是继 1994 年党中央颁布《爱国主义教育实施纲要》25 年后针对爱国主义教育再次进行的战略谋划。《纲要》具有鲜明的时代气息，具有六个亮点：一是把习近平新时代中国特色社会主义思想作为指导思想和基本内容，贯穿全文并用其武装全党、教育人民，以此展现新气象、激发新作为，化为爱国报国的实际行动。二是把实现中华民族伟大复兴的中国梦作为鲜明主题，引导人们厚植家国情怀，追求国家富强、民族振兴和人民幸福的价值愿景，坚持中国道路、弘扬中国精神、凝聚中国力量。三是把坚持爱国和爱党、爱社会主义高度统一作为当代中国爱国主义的本质，引导人们深刻认识到国家的命运和我们党的命运、社会主义的命运紧密相连、不可分割。四是把立足中国、面向世界作为鲜明特质，坚持推动构建人类命运共同体，把弘扬爱国主义精神与对外开放结合起来，尊重各国发展的差异性，反对狭隘的民族主义。五是把思想政治理论课作为爱国主义教育的主阵地，理直气壮开好思想政治理论课，让有爱国情怀的人讲爱国，引导学生把爱国情、强国志和报国行自觉融入中华民族伟大复兴的奋斗之中。六是把各级党委和政府作为爱国主义教育的组织领导，明确规定其要负政治责任和领导责任，纳入意识形态工作责任制，要求工会、共青团、妇联、文联、侨联等人民团体和群众组织，广泛开展爱国主义教育，在具象化、细微处下功夫，反对形式主义、官僚主义，做爱国主义的坚定弘扬者和实践者。

学生分享学习体会

《纲要》第 11 条指出：“广泛开展党史、国史、改革开放史教育。”

@王莹（扬州大学马克思主义学院硕士研究生）

古人云：“以史为鉴，可以知兴替。”中华民族自古以来就有存史、学史、读史、治史的光荣传统。党史、国史和改革开放史的发展进程深刻揭示了中国共产党在领导革命、建设、改革的历史语境中，是如何选择马克思主义理论的科学指引、选择中国共产党的领导、选择中国特色社会主义道路的探索与开拓、选择改革开放的战略决策。通过对党史、国史、改革开放史的全面梳理、系统学习、深刻领悟，可以重温党的历史、铭记党的光辉、颂扬党的业绩、传承党的传统、发扬党的精神、提升党的建设；可以更系统地理解和认同中国共产党先进的政治属性、崇高的理想信念、坚定的意志品格、高尚的价值追求、纯洁的革命品质；可以深化对中华民族从站起来、富起来到强起来的逻辑推理和理论阐释，增强人民对道路自信、理论自信、制度自信、文化自信的价值认同、情感认同和政治认同。只有把学习、宣传党史、国史和改革开放史同新时代爱国主义教育紧密联系起来，才能把握好中国共产党不断壮大的主题和主线、主流和本质，真正做到不忘初心、牢记使命。

《纲要》第 30 条指出：“涵养积极进取开放包容理性平和的国民心态。”

@徐盼（河南科技大学思想政治教育专业 2018 级本科生）

爱国主义是反映个人与祖国之间关系的心理情感、道德要求、政治原则和法律规范的统一体，集中体现着个人稳定积极的真善美心态。大国国民需要与之匹配的大国心态，即国民心态的集体展现。在前进过程中，我们必然会遇到许多风险、困难和挑战，对此我们以什么样的心态面对，直接反映着整个社会的舆情，影响着爱国主义教育的氛围，彰显着国民的精神风貌。作为一名思想政治教育专业的本科生，身处新时代，肩负着民族复兴的时代重任，我一定会按照党和国家提出的“时代新人”的标准校准自己。一方面，努力了解中华民族爱国主义优良传统，学习历代爱国人士身上体现的爱国、报国精神，特别是要全面深入学习红色文化，传承红色基因，涵养厚重、理性、平和的爱国心态。另一方面，我深知当今时代是全球化的时代，中国与世界其他国家彼此相连、相互影响。我们每个人都无形中体现着国家的形象，积聚着国家发展的力量。面对多元、多样、多变的时代，正确把握中国与世界的发展大势、中国与世界的关系，理智表达爱国情感，把爱国之情化为报国之行，才是新时代青年爱国的正确"打开方式"。

《纲要》第 22 条指出："注重运用仪式礼仪。"

@ 刘妍（北京大学马克思主义学院博士研究生）

仪式礼仪是爱国主义教育的重要载体。生活离不开仪式活动，节日庆典、重要纪念活动、开学典礼、校庆活动等是我们学习和生活的重要组成部分。当下，年轻人越来越强调生活的仪式感。这是因为，仪式具有重要的情感凝聚功能。通过仪式典礼，可以有效传递价值理念、增强认同感、汇集凝聚力。因而，仪式礼仪已经成为爱国主义教育的重要载体。让我印象最为深刻的是，为庆祝新中国成立 70 周年而举行的阅兵仪式和群众游行活动。国庆前后，走在大街小巷我们常能听到歌曲《我和我的祖国》，自己也会情不自禁地哼唱起来，爱国之情油然而生。观看阅兵时，我们每个人都感到心潮澎湃，为祖国的强大和繁荣昌盛而动容。新中国成立 70 周年庆典活动给我们上了一场生动的爱国主义教育课，它浓缩了中国共产党的革命史和建设史，将国情和党情教育融为一体。在庆典活动的烘托下，我们感到自己的爱国心和报国情都极大增强了，对中国特色社会主义的情感认同也极大增进了。

我认为，当前增强仪式礼仪的爱国主义教育功能可以从以下三方面着力。一是增强仪式活动的参与感。只有那些能够带动参与者的情绪体验、具有较高参与度的仪式才能真正引起共鸣，发挥爱国主义教育价值。二是突出主题，精简流程。仪式的组织应避免烦琐冗杂的流程，在内容上要做到层次分明，凸显特色、突出主题，将功能相似的环节有机整合，突出仪式活动的核心价值和教育主线。三是充分利用各种形式的仪式活动开展爱国主义教育。现在许多效果好的仪式活动都打破了空间限制，走向室外，有效增强了仪式活动的灵活性和机动性。此外，比起定时、定点的典礼仪式，参与者往往更喜欢非强制性的仪式活动。

《纲要》第 26 条指出："用好报刊广播影视等大众传媒。"

@ 朱惠羽（浙江大学马克思主义学院硕士研究生）

在日常生活中，我们接触最多的就是大众传媒尤其是互联网等新兴媒体。

同学们每天对手机"爱不释手",看新闻、看电影、听歌乃至学习都在手机上进行。大众传媒引导着我们看待和了解事物的方式,深深塑造着我们的价值观,这种引导却往往不被人所注意。如今,网络等新兴媒体呈现出"泛娱乐化"的倾向:娱乐化新闻节目泛滥、电子游戏动漫盛行、低俗网络语言遍布……这种"泛娱乐化"倾向会消磨大学生的政治理想,使大学生的价值追求产生偏差甚至扭曲大学生的心理。近几年来,历史虚无主义借助大众娱乐恶搞、消费历史,扰乱社会公众的历史认知。一些人拿英雄人物、红色经典"开涮",肆意抹黑革命英雄、诋毁革命领袖,以博取人们的关注。

如何破除网络"泛娱乐化"、历史虚无主义等对爱国主义教育的不良影响?我认为,应当积极贯彻落实《纲要》提出的,"新时代爱国主义教育要面向全体人民、聚焦青少年",重点把握青少年的现实生活场域,大众传媒尤其是网络等新兴媒体,把"爱国主义主题融入贯穿媒体融合发展,打通网上网下、版面页面"。首先,政府需要针对不同类型的大众传媒制定相关的法律法规,为各媒体提供依据,让大众传媒有法可依、有法必依。对于传播杜撰、编造不良信息和"恶搞"节目的媒体或个人,追究信息发布者的法律责任,使青少年健康成长的环境得到法律保护。其次,优化大众传媒传播信息的审核制度:一方面,国家要完善信息审核制度,控制娱乐节目的数量,提升娱乐节目的质量,从源头上减少不良节目的出现,防止不良信息扭曲青少年价值观;另一方面,国家对大众传媒信息应采取分级制度,保证青少年接触到的始终是积极的、健康的、向上的信息。最后,引导大众传媒关注青少年的成长,在引进国外青少年文化产品时,要态度谨慎,关注国外青少年文化产品中蕴含的价值观与我国主流价值是否有冲突,对于引发青少年价值冲突的国外文化作品要坚决抵制,不予引进和传播。引导大众传媒加强中华优秀传统文化宣传。中华优秀传统文化能提高青少年对国家的认同感和归属感,自觉抵制"泛娱乐化"带来的不良影响,帮助青少年树立正确的世界观、人生观和价值观。

《纲要》第 31 条指出:"强化制度和法治保障。"

@覃鑫渊 (浙江大学马克思主义学院硕士研究生)

《纲要》要求我们将爱国主义教育融入社会治理,就是把爱国主义教育融入社会治理各领域、各方面、各环节,通过培育和弘扬爱国主义精神,凝聚社会共识、提升国家认同、增强爱国信仰。培育和弘扬爱国主义精神,可以善用、活用市民公约、村规民约、学生守则等相关法律法规和政策制度,让爱国主义蔚然成风。这些制度政策,可以有效凝聚价值共识,推进法治与德治的协同。

法律和道德都具有规范社会行为、调节社会关系、维护社会秩序的作用，在国家治理中都有其相应的地位和功能。社会治理强调法律"硬度"与道德"温度"相协调的治理方式，共同促进社会秩序的规范运行。推进爱国主义教育人法人规、入德入行，形成共同的法治理念和道德观念。

将社会主义核心价值观融入社会治理，应该增强社会主体对国家的自觉信仰。社会主体必须担当起爱国主义精神的宣传、传播、教化、引领的使命和责任，自觉引领社会价值取向，提高人们对各种社会思潮的批判引领能力，自觉维护社会公平正义，自觉抵御西方意识形态渗透影响，以社会治理主体价值责任的自觉担当展示社会发展软实力，增强社会发展的凝聚力、向心力。

教师点评

《纲要》的意义和践行

@**代玉启**（浙江大学马克思主义学院副教授）

《纲要》是新时代加强爱国主义教育，把爱国主义教育贯穿国民教育和精神文明建设全过程的基本遵循和重要参照。《纲要》的颁布和实施，对继承爱国主义传统，培养爱国主义情怀，激发爱国主义情感，凝聚爱国主义力量，提高全民族自信心、自强心、自尊心，引导人民坚持中国道路、弘扬中国精神、凝聚中国力量，决胜全面建成小康社会，夺取新时代中国特色社会主义伟大胜利，实现中华民族伟大复兴的中国梦具有重要的价值指引和现实意义。

《纲要》内涵丰富，学生们谈到的广泛开展党史、国史、改革开放史教育，涵养理性平和的国民心态，注重运用仪式礼仪，用好报刊、广播、影视等大众传媒、强化制度和法治保障等内容，是我们学习《纲要》的重要抓手。在学习认知基础上不断践行《纲要》，才是更好的学习。希望学生们从一点一滴的小事做起，做积极践行《纲要》的模范。

疫情之下——"乘风破浪"的毕业季*

@**铁铮**（北京林业大学教授）：

　　2020 年的毕业季因新冠肺炎疫情而非同寻常，各高校都在为毕业生的大学生涯画上一个圆满句号。"乘风破浪"的毕业季过后，值得高校深思的有四点：一是处理好形式和内容的关系。既要注重形式、有仪式感，更要重视内容，使毕业生、在校生及其家人受到正向的激励和鼓舞，在社会上产生积极、健康的辐射和影响。二是处理好眼前和长远的关系。既要脚踏实地地做好毕业季的每项工作，更要注重毕业生转变为校友的各项环节，使毕业真正成为高等教育过程中的里程碑，而不是终点，不能将毕业生送走了事。从这点看，许多高校还有很多工作需要做、应该做。三是处理好理性和感性的关系。毕业工作必须饱含和渗透真情，将爱融入具体的政策、规定和做法中，真正做到以情感人、以情动人、以情留人。过于理性地"照章办事"，缺少必要的人文关怀，都很难达到理想的教育效果。四是处理好创新与坚守的关系。毕业文化需要传承，需要沉淀出相对固定的做法、项目和品牌。同时，也应与时俱进，不断有新内涵、新形式。

@**李洪波**（江苏大学党委副书记）：

　　特殊毕业季，事关毕业生核心利益的"就业"更在破浪前行中，需要高校循势而进、保驾护航。第一，针对线上市场信任度差且签约率低的痛点，重点打造三类线上市场。一是打造校友企业专场，基于校友与学生的天然联系来保证供需双方的亲切感；二是打造地方政府专场，政校联合、官方搭台，提高特定高校学生与特定区域企业的签约率；三是打造学院和行业专场，发动前期互动良好的产学研单位来学校线上招聘，提高供需双方信任度。第二，针对各方

　　* 本文刊发于《北京教育》（高教版）2020 年第 7 期

签约与解约手续办理不畅的痛点,重点推进两项制度革新。一是全面推进网上签约制度;二是实行"不见面审批"手续办理,为毕业生提供就业派遣"云服务",办结材料通过邮寄等方式送达,切实保障毕业生权益。第三,针对离校之后就业信息与指导缺失的痛点,及早启动两类跟踪服务。一是对未就业毕业生全面摸底、建立台账、结对指导、责任到人,做到"离校不离心、服务不断线";二是对就业困难毕业生采取深度细分、动态建库、个性研判、跟踪辅导,分门别类实施帮扶。

@ **高国伟**(北方工业大学党委学生工作部部长):

这是一次史无前例的毕业送别,有遗憾,有期盼;无仪式,更温情。疫情危机也是教育契机,为毕业生上好大学"最后一课"意义非凡。在这个特殊毕业季,北方工业大学毫不松懈地抓牢学校疫情防控工作,做好"以学生为中心"的"一人一策"毕业服务;同时,抓住疫情危机的教育机会,讲好"以人民为中心"的一点一滴抗"疫"故事。通过线上与线下、课内与课外、启迪与感化、疏导与规范、言传与身教等相结合的方式,带领学生见证中国人民创造的抗"疫"奇迹、坚信"中国之治"的制度优势,引导学生立足岗位讲奉献、刻苦学习做表率、发奋工作克时艰,使"中国表达"更具青春奋斗的朝气、底气和锐气。

@ **韦小强**(广西大学党委组织部副部长):

踏入社会,即进入了一个崭新的"大课堂"。毕业,并不意味着学习的终结,而是学习的开始。历练是一个人成长的必修课。作为一名毕业生,要学会"在危机中育新机,于变局中开新局",在"大课堂"中坚守我们的"大信念"。不管时代风云如何变幻,不管我们在职场中遇到多大的挫折,我们的信念都不可动摇,在关键的人生选择中坚定初心,锤炼"大品质"。在"大课堂"中,学会转化我们的"小专业"变成"大专业"。既要坐得"冷板凳",深挖专业深度;也要抬头看路,在职场中捕捉新机。时刻保持乐观、向上的童心,眼眸有星辰、心中有山海,从此以梦为马,乘风破浪,不负韶华。

@ **封林**(三峡大学水利与环境学院党委书记):

伟大精神形成向心力、增强战斗力,凝聚起万众一心、共克时艰的强大合力!作为社会主义高校培养的大学生,学生们要主动融入时代的洪流,同祖国和人民一起奋斗,青春才能亮丽;同祖国和人民一起前进,青春才能昂扬;同祖国和人民一起梦想，青春才能无悔。2020 年，每一个中国人，都在危机中寻找无限可能。对站在人生岔路口的毕业生来说，新冠肺炎疫情这只"蝴蝶"扇动翅膀引来的飓风带来的效应到底有多大？或许只有时间才能回答。冲击也可能转换成另一种机遇，一定要坚持自己的理想和规划，坚持思考，脚踏实地，在各自的人生路中寻找答案。2020 届的学生们，愿你们乘风破浪，勇往直前，奔山河而去，山河也终将奔你们而来！

疫情之下——高招的"守"与"变"*

@刘艳杰（厦门大学招生办公室主任）：

　　特殊时期，厦门大学统筹推进疫情防控和招生考试工作。第一，守初心，变方案。招生工作担负服务高校人才培养、服务国家战略、促进社会公平、引领学生成长的初心和使命。疫情期间，学校根据不同类型人才选拔的特点，科学调整各类招生工作方案，稳妥组织实施，确保招生录取工作的安全性。第二，守原则，变形式。招生工作最基本的原则是科学和公平。2020年，部分考试（含初试和复试）前所未有地调整为线上进行，采用新形式，必然面临新挑战。通过严格考试标准、科学调整考试内容、加强考试过程的组织管理、坚持综合评价和全面衡量，确保了科学性和公平性。第三，守服务，变情境。精心做好考生报考服务。由于调整了招生录取方案，考生较往年需要更多指导和服务，学校加强线上服务，致信高考学子，整合学校资源推出系列文章、讲座、视频，为考生提供心态调整、知识科普、学科专业解读等内容。同时，安排专人受理考生电话及网上咨询，加强对线上考试录取办法、流程和要求的答疑解惑，组织线上考生大会和远程复试全过程演练，保证"云上服务不断线"。

@任延明（青海大学党委常委、副校长）：

　　从高等教育的发展趋势来看，高等教育普及化的总趋势没有变。2020年的高考报名人数达到1,071万人，比去年增加40万人，虽然全国高校招生人数也在增加，加上独立学院转设工作步伐的加快，但高考难度不会降。对于考生而言，由于疫情影响，坚守17年的高考时间从6月延期到7月，多出了一个月复习时间，可以更好地查缺补漏，但如何调整心理煎熬状态，如何参加"疫情防控常态化下的高考"，成为守中之变。从招生宣传来看，各高校的招生宣传从线

　　* 本文刊发于《北京教育》（高教版）2020年第7期

下的入校、入班宣讲迁移到了网上。各高校专家学者进驻网络直播间，在"云端"为考生家长提供更加贴心的专业辅导，相信高考后会有更多的高校组织专家为考生、家长提供志愿填报服务。从招生计划来看，2020年的专升本和研究生招生计划在前期已经做了扩招；普通高校招生全国统一考试的招生计划目前尚未发布。但是，我们相信高校一定会竭尽全力做好招生计划安排，确保高招三个"不降低"。

@铁铮（北京林业大学教授）：

在突发危机下，如何以招生宣传的措施之"变"应对任务"不变"，是摆在各高校面前的一道必答题。守也好，变也罢，其中有四个原则尤为重要。第一，虚实结合原则。既要注重招生各项信息的精准传播，又要广为宣传富有特色的大学文化，着力塑造高校良好的社会形象。第二，软硬并举原则。既要推出切实可行的吸引考生的措施和办法，又要注重倾注情感，力求打动考生和家长的心灵，增加吸引力和感召力。第三，巧妙植入原则。除了采取必要的直接传播外，还应寻找契机、创造条件，寻找合适的载体，讲好大学故事，将学校形象、专业介绍、招生信息等巧妙植入其中。第四，注重借力原则。注意发挥意见领袖的作用，借助校友、社会人士、第三方评价等传递招生信息，扩大学校和专业的影响力。

@邓怡（北京航空航天大学招生就业处处长）：

北京航空航天大学探索打造融媒体模式下的立体招生宣传新模式。一是打造"北航云课堂"，探索面向中学及考生的在线讲座及课程点播等新方式。二是创办"来北航，学这个"官方微信公众号专栏，方便考生足不出户了解学校专业。三是推出"致考生的一封信"，并将招生咨询前置开放。四是举办"云瞰校园"系列活动，通过720°全景校园地图等形式，全方位、多角度展现学校风貌。五是全平台、多维度宣传。与新华网等平台合作，通过"大师科普讲座"形式，树立学校"高、精、尖"形象；参与中国中央电视台等访谈、采访，多渠道开展招生宣传；开设"北航招生"抖音等账号，宣传学校招生工作动态。六是上线北航招生在线咨询系统，招生政策等一键获取，"北航小智"可提供 7×24 小时智能在线咨询。

@徐蔡余（南京理工大学学工处招生办主任）：

传统招生宣传模式以"走出去、请进来"等现场宣传为主，受疫情影响，此类线下活动基本停止。目前，各大高校陆续通过抖音、微信、微博等各大媒体平台宣传学校办学特色等，面向高中生开设云端公益讲座，借助第三方平台开展个性化招生政策咨询等，这一系列举措的确为考生提供了方便，但宣传内容与考生需求的匹配度、宣传平台的使用率、宣传信息的精准度等还有待提高。高招的实质就是办学实力的宣传，是学校整体影响力的体现。因此，高招的"守"在于人才培养等硬核指标的建设，坚持立德树人，加强专业、课程、科研创新实践、教师队伍等自身建设，只要练好内功，高招宣传自然可以事半功倍。

特殊开学季——教师的"教思"*

@**王君超**（清华大学马克思主义新闻学与新闻教育改革研究中心执行主任，清华大学新闻与传播学院长聘教授、博士生导师）：

对于 2020 年春季学期的网络授课感悟很多，最主要的有以下三点：第一，疫情期间授课方式的转变。网络授课可以说是一次"被动式的教育改革"，向没有慕课授课经验的教师提出了挑战，同时也催生了基于网络视频技术的当代教学模式的转变。疫情结束后，视频化的远程教学和"现场—远程混合式教学"的方式还会持续，后者很可能会成为未来的一种主流授课方式，并将进一步推动高校教育的社会化。从这方面来说，这次猝不及防的"被动式的教育改革"的总体影响将是积极、正面的。第二，在 5G 时代，教育与科学技术的融合更加紧密，高等教育应更加重视人性化网络教学平台的开发，尤其是人性化、简单易用的视频会议教学平台。第三，高等教育要勇于创新和迎接各种挑战，克服困难，保证教育质量和效果。

@**程美东**（北京大学马克思主义学院教授）：

20 年前，当因特网开始在中国出现时，人们开始怀疑人文社科大学实体空间教育的必要性；如今，当慕课已经普及、手机互联网进入 5G 时代，优质教学资源可以在世界范围内共享的时候，人们不禁追问：不需要特殊的空间和物质条件的大学人文社科教育在多大的程度上需要独立的大学教育？新冠肺炎疫情以来的大学教学实践更加重了人们对于人文社科教学形式和内容如何时代化的疑虑：人文社科在此次疫情中的教学受到的影响总体比自然科学尤其是需要实验室从事研究和学习的教学要小一些。面对这种情况，我们的大学人文社科教学该如何做前瞻性的战略思考呢？对于信息化时代大学人文社科教学，我想谈四点认识：一是要更多地注重精准的学术动态介绍、学术资源的提供；二是要

* 本文刊发于《北京教育》（高教版）2020 年第 9 期

更多地注重培养学生独立解决问题的能力；三是要更多地帮助学生聚焦问题、稳定方向；四是要更多地帮助学生掌握一些独特的专业基础。

@高金萍（北京外国语大学马克思主义新闻观研究中心主任、教授）：

在疫情时有反复之际，不免要反思未来高校教师在突发灾难事件中如何从容应对？一是及时提升技术能力，熟练掌握教育技术。每次网络教学效果调查时，教师回顾教学过程总有些许遗憾。这些遗憾很大程度上可以通过更加娴熟的技术运用得以解决。加强教育新技术培训和学习有助于为教师提供现代化"武器"，切实保障高校教师在危机时刻能够从容不迫。二是贴近学生生活方式，把教学内容生活化。当前，大学生的主体为 Z 世代（1996 年至 2009 年出生者），其知识获取往往以兴趣为导向。教师应结合 Z 世代的兴趣落点，将理论传授与二次元文化结合，善用他们熟知的话语进行意识形态教育和知识传授，把抽象的学习生活化、趣味化、时代化，真正实现教育入眼、入脑、入心。

@董玲（北京中医药大学教授、博士生导师）：

特殊的开学季带给中国高等教育新的发展要求和变革考验，尤其是研究生教育因为专业性发展要求更为突出。面对这种特殊状态，教师应从多方面做好应对准备。一是心态，教师的良好心态和信心能够极大地给予研究生信心，尤其是党和政府在疫情防控中表现出的能力和信心，更应该成为我们面对一切问题的勇气。二是多种方式教学，强化专业能力教育，优化专业视野，帮助学生成为"互联网＋"时代的专业能手。三是整合和调整专业课题的方向，结合疫情防控的需要设计整合课题，让学生感受到专业的成就感，让专业学习更为生动和有效。四是有效帮助学生，紧密结合教育部和学校等的管理政策，帮助学生渡过心理和学习的难关。

@铁铮（北京林业大学教授）：

一方面，需要深思的是，我们的高等教育是否符合时代发展的需要，是否适应形势、局势的突变？高等教育从来都是所在时代的产物，都和社会发展有着千丝万缕的联系，都时刻受到自然环境、社会环境的影响。因此，仅仅将高等教育关在象牙塔里"内循环"显然是自断其路。高等教育所处的是变化的时代，面临的是未知的世界。除了研究教育教学自身的规律之外，如何应对突发的危机、如何以不变应万变，应该被列为高等教育最重大的研究课题之一。另一方面，需要反思的是，作为教师队伍中的一员，我们的视野是否足够开放？心理是否足够坚定？谋划是否足够超前？对策是否足够有效？能力是否足够强大？水平是否足够超前？疫情终将过去，但由此带来的深思、反思不应该被忘记，应该成为前行的动力。

228

特殊开学季——教师的寄语*

@铁铮（北京林业大学教授）：

一是寄语国家。教育是民族振兴、社会进步的重要基石，是对中华民族伟大复兴具有决定性意义的事业。要更加重视教育，更加重视教师。希望能出台更多的政策、增加更多的投入、采取更有力的措施，进一步提高教师的社会地位和经济待遇，切实为教育发展和教师敬业提供支撑、创造条件。二是寄语社会。教育的腾飞、教师的成长离不开良好的社会环境、有利的舆论氛围，离不开各方的支持和助力。全社会都应把办好让人民满意的教育当成分内之事，助推教育，珍爱教师。三是寄语教育管理部门。无论是学校还是各级教育管理机构，都应进一步树立和强化为教师服务的理念，要切实调动教师的积极性和创造性，继续改善、优化教师的工作和生活条件，让教师更舒心、更快乐地投身教学、科研、管理之中。四是寄语同仁。广大教师要更加自律、更加敬业，努力做有理想信念、有道德情操、有扎实学识、有仁爱之心的"四有"好老师，学为人师、行为世范，无愧于教师这个称号，无愧于这个新时代。

@董少校（上海音乐学院马克思主义学院讲师）：

2019年秋天，我刚踏上教师岗位时，得知学校有合作的线上辅助教学系统可以选用。但是，当时最多是从那套系统借用少部分课件，对线上签到、线上互动则多少有些抵触情绪。我心里想的是，先把传统上课方法学好再说吧，不要那些虚头巴脑的东西。新冠肺炎疫情突如其来，线上教学从备选手段变为必选渠道。春节后，我借助电脑和手机，坐在家里跟学生上了一学期的公共课。我意外地发现，网课有网课的好处，借助任务驱动、展示交流、发帖问答或评论等方式，学生一样可以融入课堂，师生在互动中达成教学目标。新冠肺炎疫情给

---

* 本文刊发于《北京教育》（高教版）2020年第9期

人们生产生活和教育活动带来诸多不便，但当这种改变作为一种现实横在眼前时，作为教育工作者唯有坚定信心，拥抱变革，与时俱进。这是时代对教师提出的要求，也是教师应当有的责任担当。新的学期即将开始，学校安排公共课继续以线下教学方式进行，这意味着可以有新的机会去感受线下教学的优势，去探索和思考线下教学规律，一起更好地实现立德树人的使命。重任在肩，唯有全力以赴！

@**周晔**（马克思主义学院党总支书记、院长）：

寂静了一学期的校园，终于又恢复了生机。特殊开学季，特别的爱，寄语特别的你。第一，做一个善良的人。但不能只看"点"而失去"面"，不能只单纯共鸣于个体，而麻木于整个群体的走向。第二，做一个有责任感的人。不要说世界与你无关，人类命运共同体昭示出，人类只有一个地球，各国共处一个世界。我们与祖国休戚相关、荣辱与共；我们与世界难分彼此、水乳交融。第三，做一个有本领的人。不要只会咆哮，拿不出半点儿能耐。落后就要挨打，贫穷就要挨饿，失语就要挨骂。要有这样一种情怀："今日痛饮庆功酒，壮志未酬誓不休；来日方长显身手，甘洒热血写春秋。"第四，做一个视野宽阔的人。宰相肚里能撑船，将军额头能跑马，"大鹏一日同风起，扶摇直上九万里。"视野宽阔能让善良成为大爱无疆，能让责任成为民族的担纲，能让本领几何级增长。同学们，让我们携手护好家园、校园，护好平安安康，护好这份诗意的栖息、诗意的远方……

@**朱延华**（江苏省淮安技师学院院长、研究员）：

特殊开学季之所以特殊，是因为情感、管理、历史、精神都非常特殊。一是这个开学季是在超长假期之后的同学、师生相见，长时间积累的相思情感即将因相见而爆发的特殊感性时段，需要我们学会更加理性地面对人与人的分别与重逢，学会运用更加科学的新型礼仪拥抱新的相见，学会涵养更加科学的交流习惯、交往素养和情感表达。二是这个开学季是在继续严防严控特殊条件下的应开尽开，在相对封闭的严格社会管理背景下，需要我们学会更加开放包容，学会运用更多的方式与社会、与他人、与世界积极联结。三是这个开学季是在世界历史因为疫情而发生重要转型的特殊时刻，我们不仅要见证这个世界历史的重大转型，而且也要学会以自己的专业知识、专业理论来解释分析这个世界历史的重大转型，更要学会适应、参与、影响和改变这个世界历史的重大转型。四是这个开学季是在抗疫英雄辈出的特殊时期的开学，我们要学会崇敬英雄、学习英雄，争当新时代的英雄，不断弘扬抗疫精神，践行抗疫精神。

给学生一个怎样的毕业典礼?*

@ 李洪波（江苏大学副校长）：

　　毕业典礼是高校对毕业学子进行思想政治教育的"最后一课"，如何把这一课的效果更好地呈现给毕业生，让他们有仪式感、获得感和归属感，值得深思。第一，要做有意义的毕业典礼。有意义的毕业典礼，主题一定要鲜明，最好能够与开学典礼的主题一以贯之。毕业季要围绕毕业典礼的主题设计活动，最终的毕业典礼应该是主题鲜明的系列活动的最终呈现，从而拉近学生与毕业典礼的距离，使其仪式感更加突出。第二，要做有意思的毕业典礼。有意思的毕业典礼，形式要多样化，学生才有参与感。毕业典礼的流程要不拘一格，要体现学校特色与人文关怀，可兼具仪式感与艺术性；毕业典礼现场的氛围营造要从能够让更多学生参与的角度设计，让学生喜欢并乐于参加。第三，要做有意味的毕业典礼。有意味的毕业典礼，学生要有收获与感悟，更要有认同感，这是"最后一课"的终极目标。成功的毕业典礼，要有能让学生从中汲取有益的养分，要有能增强学生激情的活力因子，要能提升学生的校友意识和对学校的归属感。

@ 黄建云（中国社会科学院大学学工部部长）：

　　大学应当给学生一些仪式感。而毕业典礼无疑是全体师生员工最高兴、最庄严的时刻。毕业典礼，既要有对学生顺利完成学业的回顾与祝贺，也要有面向新的未来的祝福与嘱托。毕业典礼，要有学子成长的青春回放。毕业典礼，要有学子成长的真情感恩。大学学子的成长，凝聚学校教师、父母、同学朋友的教育、哺育和共育。除了学生代表的发言，还应当有"鞠躬感恩礼"：向教师（包括后勤管理人员）鞠躬感恩，向家长鞠躬感恩，向同学朋友鞠躬感恩。毕业典礼，要有师长校友的殷殷嘱托。除了这些基本的仪式，还要有反映学校文化和价值观的文创礼品和整个典

---

　　* 本文刊发于《北京教育》（高教版）2018 年第 7 - 8 期

礼的光盘，作为物化的精神产品，赠送给毕业学子，成为永远的大学青春记忆。

@**任延明**（青海大学党委常委、副校长）：

毕业对于每个大学生来讲是一个人生的节点，意味着学生生涯的结束，人生新征程的开始。大学毕业典礼是坚持"以生为本"，推进"四个回归"的最后一个育人环节，应做到全员参与、有仪式感、有纪念意义。学校更应该重视毕业典礼。绝大多数大学的开学典礼很壮观、很气派。如果说一个好的开学典礼是给学生们信心和决心，那么一个好的毕业典礼则意味着给学生们以依靠和勇气。毕业典礼更应该注重全员参与。校方应让每一个毕业生都有机会参加毕业典礼，共同创造一个最美好的回忆，为人生的一段美好时光画上一个圆满的句号，这是学校应尽的责任和义务。学校也应该邀请家长代表、教师代表和职工代表，共同见证他们的成长，一起为他们祝福。毕业典礼更应注重仪式感。发放毕业证、拨流苏、与校长合影，毕业典礼给学生们提供的仪式感，一方面，表达着母校对即将步入社会的学生们深深的眷恋和不舍；另一方面，赋予每一个毕业生以告别学生时代的勇气、坚定的信念和奋斗的力量。

@**王文杰**（北京工业大学党委宣传部常务副部长）：

毕业典礼的真正主角永远是毕业生，我们期望能够为毕业生呈现一场淳朴而深刻的毕业典礼、耐人寻味的临别盛典、富有新意的隆重仪式。我们期望带给学生一场充满归属感的毕业典礼，通过多元视听的方式增强情感互动与交流，成为结束大学生涯、迈入社会的一次庄重洗礼，为学生留下值得珍藏的美好回忆；我们期望带给学生一场充满仪式感的毕业典礼，通过迎校旗、唱校歌等环节，激发学生内心情感，以最庄重的仪式引导青年踏上人生新旅程；我们期望带给学生一场充满感恩之情的毕业典礼，感恩母校的关爱和培养，感怀在学校的难忘时光；我们还期望带给学生一场充满家国情怀的毕业典礼，鼓励学生勇敢肩负起时代赋予的重任。

@**谢红岭**（呼伦贝尔学院音乐与舞蹈学院党总支书记）：

毕业典礼是学生在学习时代接受到的最后一次教育，这个特别的仪式感能更好地凝练出感恩与离别、责任与力量的深层次内涵。一个具有感染力、让人印象深刻的毕业典礼，一定是人生道路上宝贵的精神资源。近年来，学校领导们"微笑几千次、站立几小时"的形象温暖着毕业生的心，必将长存于他们对母校的美好记忆中。因此，以生为本的毕业典礼，就是学校传递给毕业生最真诚的核心价值：学业圆满，是对过往勤奋的总结；踏上新程，依旧不忘初心！

毕业记忆*

@ 苏寄宛（首都师范大学党委宣传部部长）：

　　毕业，应该是一个让我们微笑去追忆的词语。今年有毕业生喊出"当青春散场，暧昧离席，让我们为了青春再叛逆一次，一次，就好！"的毕业口号，以集体走红毯的方式来纪念毕业。"毕业戒"是近年来形成的一种毕业纪念形式，一枚刻有学校、院系、班级和个人代号的毕业戒指将成为毕业生们永久的纪念。"毕业旅行""散伙饭""毕业照""跳蚤市场"等传统保留项目，是证明毕业生在大学中生活、学习过的最有力证据，不舍情结蕴含其中。纪念需要形式的载体，而究其内涵不仅是"无为在歧路，儿女共沾巾"的眷恋与不舍，而且更是"仰天大笑出门去，我辈岂是蓬蒿人"的情怀，报效国家的远大志向的启程。

@ 何进（北京科技大学党委宣传部部长）：

　　毕业生是大学精神的传承者、践行者、发扬者、传播者，做好毕业教育工作：一是以毕业生为主体，提升其参与性和积极性，如设计毕业季活动和纪念品时，广泛征求毕业生建议或由其主导开展；二是加强师生互动，搭建多元交流平台，如师门之间使用更贴近学生的交流方式，使用微信等学生常用的新媒体平台温情互动；三是体现学校特色和文化，挖掘毕业生的共同回忆，精心设计毕业盛典。毕业典礼及学位授予仪式是大学教育成果的重要体现形式，学校在毕业典礼的设计理念中充满了"北科记忆，北科精神"，带领毕业生们一起重温在北科的学习生活，力求为毕业生留下难忘的毕业回忆。

@ 韩宝志（天津大学档案馆馆长）：

　　各高校在毕业时，都会设计各种仪式、活动，来唤起学生对大学生活的回

---

　　* 本文刊发于《北京教育》（高教版）2014 年第 7 - 8 期

忆：大学生活会影响一个人的一生，其重要性不言而喻；"毕业记忆"与其说是毕业之际的精心设计，不如说是大学办学理念在大学生毕业之际的集中体现，如果大学生在就读期间没有体会到学校、师长的关爱，任何设计都是无用的；"毕业记忆"要用学生所喜闻乐见的形式去承载内容，最重要的是"爱"：到学校曾经走过的角落留个影，留下自己的青春记忆；与自己的老师合个影，听老师的谆谆教诲；设计一场感人的毕业典礼，秉承学校的传统走向社会，留给学生精心制作有学校特色的纪念物，使其能感受学校的关爱。

@毛赟美（中国青年政治学院党委宣传部副部长）：

毕业季，各高校都在绞尽脑汁给毕业生留下有形无形的"毕业记忆"。大学是人一生中最美的时光，母校是人一生中最牵挂的地方，需要一些"有形记忆"让记忆永存心间。"有形记忆"：不可过于标新立异，从而失去了承载校园记忆的功能；要体现学校特色，造就独一无二的"它"；要符合学生的审美趣味；要便于携带和收藏。相对于"有形记忆"，高校多给学生留一些"无形记忆"更有意义：如毕业前的精彩一课、毕业典礼上师长的谆谆教导等。大学归根结底是培养人才的地方，给予学生最多最深的"记忆"应该是知识增长和精神成长，这是伴随其一生的"记忆"。

@铁铮（北京林业大学党委宣传部部长）：

毕业记忆，关键是给毕业生们留下了怎样的记忆。花里胡哨的活动和仪式，可能会引起一时轰动，但缺少实质内容和纪念意义，无法成为他们永久的记忆及前行的动力。因此，在策划中要追求新颖、力求丰富，但更要注重内容、注重实际、注重鼓舞和激励作用，而不能仅仅成为一场"秀"。学校也好，教师也罢，要想方设法多为毕业生办实事、办好事。例如，赋予毕业生永久使用学校邮箱的权利、向毕业生发放永久性学校图书馆借阅卡、让毕业生永久性地优先享有学校多种优质资源的便利等。建立毕业生网上联络平台，永久性地听取他们的意见和建议，帮助他们解决在社会上遇到的各种问题。

@张小锋（对外经济贸易大学党委宣传部部长）：

凤凰花开，青春飞扬，又到了一年一度的大学生毕业季，我不知道如何给学子更好的建议，让他们的毕业记忆更富有意义。但是，有两点建议，也许值得注意。一是毕业纪念不要"俗"。毕业时总有学生想在女生宿舍下，点亮一个大大的心形蜡烛，然后约上人一起喊某人的名字，以此表达爱慕之情。这种方式，已经"OUT"了，俗了。二是毕业纪念不能"暴"。不要以摔瓶子、砸东西、撕掉书本等带有暴力抑或破坏性的方式来宣泄自己的情绪。书本如果不需要，可以送给师弟师妹，也可以捐赠他人。一些不想或不能带走的东西，也可以通过更文明的方式，让其发挥更好的作用。

@刘凌（华南师范大学党委宣传部部长）：

　　大学生活是一个人生命历程中最为光华的阶段，能作为这段灿烂岁月书点的莫过于毕业仪式了。传统毕业仪式的重头戏是毕业典礼：校长在离别之际的谆谆教诲，教师给予学生的肺腑之言，美好的大学时代伴随着帽檐上流苏的轻轻一拨，"嗖"的一声就从指间流过了。随着网络时代的来临，各种草根性、个性化的毕业记忆也应运而生。笔者认为，大学毕业既是神圣的仪式，也是校园文化的展示。华南师范大学非常关注大学毕业环节：薪火相传的毕业典礼；"四留下"的文明离校；离校工作一站式服务平台；"华师小木"校园移动 App；"指尖上的华南师大"。这些都延续了学生对母校的感情，开启了新的生活。

@席宇梅（北京服装学院党委宣传部部长）：

　　毕业礼物应尽可能地在形式、材质、功能等方面做文章，让其成为学生乐意珍藏一生的物件。形式上求特，突出学校特色，如中国农业大学送植物种子、北京服装学院送毕业生自己设计的 T 恤、北京科技大学送带有编号的金属戒指等都是独具匠心之作。材质上求牢，为了便于长久保存，最好是由不易破损、变形、变质的材质制作完成。功能上求存，要求礼物最好是非消耗品，能兼顾观赏性和实用性。总之，毕业礼物最好能兼有小巧、便携、具有母校特色、寓意深远等特质，在毕业离校之际，为莘莘学子送上创意小礼，学校换来的必将是桃李芬芳、星火遍地，因为母校温暖的记忆已经植根于学子心底！

@崔亚军（甘肃省天水师范学院统战部部长）：

　　对毕业生而言，六月是一个汇集了离别、转身、不舍、歌声、眼泪等词汇的月份。在这个特殊的日子里，如何正确引导毕业生文明离校、安全离校、有序离校，形成文明离校的好风气，在规范毕业生文明离校的同时给毕业生留下诸多的美好回忆，是一个非常细致且很有意义的工作。多年来，学院始终把毕业生离校当作重要工作来抓，在继承以往工作的基础上，学校开展欢送毕业生系列活动，如毕业生感言及照片征集活动、毕业生爱心捐赠活动、网上"临别寄语"征集活动、制作"青春之约"毕业纪念 DV 等。当活动丰富多彩、贴近学生，就能受到毕业生的欢迎，对在校生也是很好的教育。

@ 张奕（北京联合大学师范学院党委副书记）：

毕业季该给孩子们留下些什么？我谈三点看法。一是精心策划一场毕业典礼。校长授予学位、教授拨穗；校长讲话、教授语录、学生感言；留下影像、记录回忆等。太多太多的元素包含在毕业典礼中，核心依然是大学精神！二是"记录青春"——赠送给毕业生的礼物。留下每一位毕业生的灿烂笑容，记录学生们的青春记忆。三是搭建毕业生微信、飞信、短信等"微媒体"平台。留下学生们的所思所想，赢得学生的关注与关心，建立良好的校友资源库，实现"毕业不离校，关注依旧在"的新境界。如何将校友资源与在校生的培养有机融合是值得大学人关注和探究的新课题。

@ 刘晓哲（北京工业职业技术学院党委宣传部部长）：

毕业论文、毕业照、毕业典礼、散伙饭，一系列毕业纪念活动，牵动着每一位毕业生的心。北京工业职业技术学院团委为毕业生奉献了一部由 11 位毕业生参与拍摄的毕业"大片"，讲述了他们从第一天踏入大学校园的懵懂，走过艰苦的军训生活，开始丰富多彩的学习和生活到最后依依不舍地离校毕业。校团委以此片号召毕业生做到"七不"：不抽烟、不酗酒、不打架、不赌博、不起哄、不乱掷杂物、不损坏公物，坚决杜绝毕业生离校不文明行为的发生，确保毕业生离校"文明、愉快、安全、有序、和谐"。此片在校园媒体播放时受到师生赞扬，在校园微博、人人网公共主页等转播数千次。

@ 董竹娟（北京工商大学党委组织部部长）：

又是一年毕业季！学校试图给每一届毕业生设计不一样的温馨与回忆。今年，学校党委组织部以"回顾入党历程、积极建言献策"为主题，引导各学生党支部在毕业生党员离校前夕召开专题组织生活会；党委宣传部以"那些年，我们一起走过的北工商"为题，通过微博等平台，让 2014 届毕业生共同回忆校园师生情、同学意，怀着炽热的心——前进；学生处举行"毕业生纪念品创意设计遴选"：从学生创业团队中遴选出优秀创意作品，由学校统一购买，赠送给全体毕业生。这些都是学校对毕业生一如既往的期许：坚定信念、牢记使命，为实现"我的梦"与"中国梦"不懈奋斗。

毕业遇到疫情，高校如何做好"摆渡人"？*

@ **王洛忠**（北京师范大学政府管理学院教授、发展规划处处长）：

　　一是统筹做好学生的学业与就业工作，妥善安排好毕业生远程答辩等环节，确保毕业生按时完成学业。二是引导学生理性研判就业形势，扎实做好学生的生涯规划与就业指导，帮助学生及时转变就业理念，科学调整就业预期，广泛宣传并教育学生用好、用足政府稳就业的各类政策。三是构建就业工作合力机制，充分调动辅导员、专业课教师、导师、校友、家长等帮助学生提高就业的积极性，夯实院系和班级就业主体责任；高校要挖掘自身潜力，鼓励校办企业、内设部门等努力释放就业岗位，多种形式吸纳学生就业；高校要努力拓展校外资源，邀请用人单位和广大校友积极举办网络招聘会等，多措并举帮助学生就业。四是优化就业服务工作，运用智能办公系统开展网络签约、在线指导、智能测评等，确保便捷高效；督促各院系和班级建立就业信息员队伍，加强就业信息搜集、分类与共享，运用自媒体、融媒体、全媒体做好就业政策和就业信息推送，确保全员覆盖；逐一摸排毕业生就业情况，建立个性台账，细化帮扶措施，确保精准施策。

@ **孙宗瑞**（北方工业大学招生就业处处长）：

　　受新冠肺炎疫情的影响，毕业生的正常学习、生活、求职进程被打断。北方工业大学创新举措、科学谋划，从学业、毕业、就业三个方面发力，千方百计做好毕业生的"摆渡人"。一是稳妥安排学业。结合疫情防控实际，利用好"互联网＋"等技术手段，推动线上教学与学生自主学习紧密结合，制定形成了完备的考试考核方案，保障毕业生及时完成学业。二是统筹推进毕业。通过线上答疑、远程答辩等方式，科学组织开展毕业论文（设计）选题、开题、指导

---

　　* 本文刊发于《北京教育》（高教版）2020 年第 5 期

等工作，提前制定毕业答辩、学位授予方案，确保符合条件的学生按期毕业、获得学位。三是精心做好就业。建立精准就业台账，借助线上"云服务"，实现"一对一"远程就业指导和就业手续办理，多渠道挖掘就业岗位，精心组织网上双选会、宣讲会，引导毕业生利用好国家出台的各类促进就业的项目和政策，做到"疫情防控不见面，就业服务不断线"，帮助毕业生顺利就业。

@**宋健刚**（东南大学学生处副处长、就业指导中心主任）：

受疫情突发和经济下行等多种因素影响，加之毕业生就业规模的扩大，2020 届毕业生就业难度变大。当毕业遇到疫情，高校应该做好"加减法"，为毕业生送上就业"大礼包"。一是就业招聘做"加法"。充分发挥教育部等部门疫情期间发布的毕业生政策、招聘平台等资源优势，协同校内外资源，进一步扩大就业市场，源源不断地为毕业生持续提供充足、优质的就业岗位。二是就业帮扶做"加法"。及时了解掌握毕业生思想动态和心理状况，重点关注湖北籍毕业生等群体，有针对性地开展教育引导工作，通过开通就业心理咨询和就业帮扶热线等方式，疏导毕业生就业焦虑情绪，为毕业生做就业心理"按摩"。三是业务流程做"减法"。利用"互联网＋就业"的智慧平台，集成毕业生就业事务网上办理系统，简化毕业生就业事务办理的流程、时间，实现毕业生办理事务"不用跑、网上办"。

@**铁铮**（北京林业大学教授）：

高校要成为称职的"摆渡人"，在这样一个特殊时期，做好三个方面的工作尤为重要。一是善始善终，严把毕业环节。由于疫情原因，学生未能到校，许多常规工作难以开展，也给毕业环节的教育教学带来了困难和挑战。在这种特殊环境下，要根据具体情况，采取切实可行的考核、考察方法，保证教学水平不降低、教学要求不放松、教学内容不缩水。这既是对社会、对国家负责，也是对事业、对学生负责。二是加大力度，开拓就业渠道。高校应该把就业摆在更加突出的位置上，举全校之力做好相关工作。要充分调动社会和用人单位的积极性，竭力扩大就业渠道，为毕业生提供尽量广阔的就业空间。同时，要加大毕业生的教育引导力度，帮助和辅导毕业生正确分析和把握形势，树立正确的、符合现实情况的就业观，不放过任何一个就业机会。三是积极探索，创新毕业仪式。要因时、因地、因校、因人制宜，采取多种形式开展丰富多彩的毕业教育。要在做好防护、保障学生身体健康的条件下，推出新型的毕业典礼方式，给他们的大学生涯画上一个圆满的句号。

人才之路

招才、引才的困惑与出路*

　　最近，教育部下发了《关于进一步加强和规范高校人才引进工作的若干意见》（以下简称《意见》），针对高校在招才引才中存在的问题提出了一系列指导意见，为各高校规范和完善招才引才的制度与体系提供了很好的借鉴。鉴于人才对于高校建设的重要性，《北京教育》（高教版）特邀高校的专家和学者就这一问题展开探讨。

@铁铮（北京林业大学党委宣传部部长）：

　　日前，教育部颁布了《意见》，笔者认为非常必要。高校扩招以来，为解决软硬件不足与学生数量快速增长之间的矛盾，或为实现建立某某一流大学的目标，一些高校在办学规模上求大求快，滋生了不少弊病，表现在人才引进方面，就是重结果、轻程序，重数量、轻质量，重学术成果、轻思想素质，重第一学历、轻真才实学等。高校是高端人才的集聚地，人才质量决定了高校的发展水平与办学层次，深刻影响其在科教兴国战略中的地位与作用。高校引进人才要把质量放在第一位，通过完善机制、规范程序、严格审核，引进真正热爱教育事业、品学兼优的才俊。还要建立既遵循高等教育规律，又符合人才成长规律的管理与考核体制机制，鼓励青年教师脱颖而出，更有所作为。

@张小锋（对外经济贸易大学党委宣传部部长）：

　　近年来，在高校招才引才的"大战"中，众多高校八仙过海，各尽其能，竞相攀比，恶性竞争，甚至有些高校领导把招才引才的数量作为自己政绩炫耀的资本、作为考核干部能力高下的指标，这就令人不得不担忧了，此风若不加以规范和引导，听之任之，必将遗患无穷。招才引才的办法虽不断翻新，但其

　　＊ 本文刊发于《北京教育》（高教版）2014 年第 2 期

根本却未发生实质改变，那就是以更优厚的待遇吸引人才，表面上看是尊重人才、尊重知识了，实质是贬低了人才、贬低了知识。这种做法和逻辑，实质上是用人单位之间的"挖墙脚"行为，搞坏了社会风气不说，还把"办人民满意的教育"这一神圣任务简单化、庸俗化了。站在更高的层次看，招才引才实现的只是人才的迁徙和流动。所以，大学要想真正解决人才问题，还需要将功夫下在培育上。大学的人才，重在培育，内培是根本，是长久的；外引是补充，是暂时性的，切忌本末倒置。

@ **刘晓哲**（北京工业职业技术学院党委宣传部部长）：

《意见》的颁布实施主要针对部分高校在人才引进中存在的缺乏科学规划，片面追求数量等现象，在完善高校人才引进工作机制的基础上，力促用好用活高校人才。强调要待遇留人，更要事业留人、感情留人，要营造静心育人的良好风气，对学术不端等行为"一票否决"。尤为重要的是，《意见》进一步强调，要加强高层次人才职业道德教育，倡导潜心科研、静心育人、淡泊名利、诚实守信的良好风气。根据《意见》，高校应落实党管人才原则，充分发挥学术委员会重要作用，健全引才工作议事规则和决策程序，正确处理人才引进、培养和使用的关系，努力营造各类人才共同发展的良好局面。

@ **鲁雷**（北京信息科技大学党委宣传部部长）：

众所周知，"所谓大学者，非谓有大楼之谓也，有大师之谓也"，人才队伍的素质和质量决定着大学的水平和声誉。因此，具有海外背景、学术头衔、荣誉称号等"光环"的人才是各校延揽重用的首选目标，他们甫一加盟，便即时提升了学校人才队伍的"含金量"。这种重引进轻培养的举措实为治校理教的浮躁行为，互挖墙脚以及人才的非理性流动，其实从整体上降低了人才的使用效益。从长远来看，文件在执行过程中还有很多地方需要细化，如师德的判定与弘扬，人才培养中如何为那些"耐得住寂寞、坐得住板凳、花得起时间"的人才苗子营造更为包容、宽松、和谐、健康的氛围，合理统筹引才与引智的辩证关系等。

@ **蓝晓霞**（北京交通大学党委宣传部部长）：

《意见》直指一段时期以来我国高校人才招揽和引进过程中存在的无序、恶性竞争等主要问题，从程序、机制入手，提出了针对性措施，如明确禁止东部高校到中西部高校招聘、另建人事档案引人、高层次人才聘期内变更工作单位、兼职等，使工作有据可依，值得肯定。但关键是如何落实和监管，仅以目前该文件的效力和教育部一部之力恐难实现。应提升意见相应内容至条例规定层面，法治、道德多措并举，人社部、教育部、地方政府等协同配合，从更高更广层面为人才的有序流动创造良好环境。

"红七条" 之我见*

编者注：《关于建立健全高校师德建设长效机制的意见》（简称"红七条"）

@ 袁本文（北方工业大学文法学院党委书记）：

教师是一个特殊的职业，不能只做简单传授知识的工具，要言传身教，引导学生做人处事。可叹的是：个别教师面对社会上的诱惑，缺乏免疫力，成为传播负能量的代表，严重影响了社会对教师的客观评价。近日，教育部正式公布了"红七条"，对高校师德划出了明确的禁止线。这既是对近年来极少数高校教师师德失范的否定与回应，也体现了从根本上防止上述行为出现的决心。由此，我们应该给教育部点赞。但是，我们还应该对师德建设的长期性和艰巨性有清醒的认识，不能指望有了"红七条"，一切师德失范就会迎刃而解。良好师德规范的养成，不仅要有科学的规范，系统的师德教育、宣传、考核与监督，而且要有严格的师德惩处制度，对出现问题的教师，高校要有诸葛亮挥泪斩马谡的勇气严肃处理，不能养痈遗患。

@ 张树辉（中国青年政治学院党委副书记）：

首先，"红七条"的出台既是对习近平总书记提出的做"四有"好教师讲话精神的贯彻和落实，也是对当前高校教师师德状况出现滑坡现象的及时警示和约束。少数高校教师的道德水准严重下滑，出现一些令人难以容忍的道德失范行为，加之媒体的深度关注，直接影响整个高校教师群体在社会上的形象和地位。其次，师德建设是一项长期工程，正确分析师德现状，肯定主流，正面提出建设长效机制的原则和要求以及主要措施，这对于部分扭转以往存在"善于表扬而不敢于批判，善于鼓励先进而不勇于处理问题"的高校师德建设现状

---

* 本文刊发于《北京教育》（高教版）2014 年第 11 期

会有一定帮助。最后，"红七条"的一些内容是否合适，值得商榷。"红七条"中出现了不得"对学生实施性骚扰或与学生发生不正当关系"等内容，或属于公民必须遵守的基本法律规范，或属于普通人都应该遵循的基本道德规范。用这样的要求来约束高校教师队伍，显然无形中拉低了对高校教师的整体道德要求，也降低了高校教师在社会大众心目中的形象。某种程度上，弱化了"红七条"出台理应带来的更加全面和深远的影响。

@邸燕茹（首都经济贸易大学党委宣传部部长）：

"红七条"的最大特点是打出师德建设组合拳，从教育、宣传、考核、监督、激励和惩处六个方面入手，建立师德建设长效机制。高校可以将师德规范细化为教师行为规范，并制定对应的量化指标，将师德考核作为教师考核的重要内容，并在教师职称评审、岗位聘用等环节实行一票否决。加大师德激励，对于师德表现突出的，在教师职称晋升、岗位聘用等要优先考虑。有违反"红七条"情形的，要严格惩处，给予相应的行政处分。此规定将高校师德建设推向系统化、规范化、法制化的轨道，然而健全的规章制度只是第一步，高校严格执行更为重要。

@铁铮（北京林业大学党委宣传部部长）：

人活在世，总是要有底线的。法律底线、道德底线，万万不能逾越。以身试法者，应该也必须受到法律的制裁。应该肯定"红七条"的出台，对于推动师德建设有一定的积极作用，但是否能真正发挥作用，需要注意两点：一是谁监控、谁处理、怎么处理、不处理怎么办？因此，亟须建立健全监督管理机制，出台细化的、具体的管理惩处办法。对于逾越底线的人，力争尽早发现，依规依法处理；对处理不及时、不妥当的部门和人员应该问责。二是师德问题必须综合治理。师德问题发生在高校、发生在教师身上，但绝不仅仅是高校的问题、教师的问题。要彻底解决这些问题，仅靠高校的努力和教师的自律显然是远远不够的。高校早就不再是象牙塔了，也不是与世隔绝的净土。所有的社会问题都会在高校有所反映，都会在教师身上产生影响。许多问题出在教师身上、发生在校园里，根子在社会。因此，要下大力气加强社会主义核心价值观教育，营造积极向上、遵纪守法的社会风气，为师德建设营造有利的舆论氛围和社会环境。

@**韩宝志**（天津大学档案馆馆长）：

　　大学生的素质如何，直接决定着我们国家民族的优秀文化能否传承。大学以育人为本，育人以德育为先。从某种程度上讲，教师的师德如何，决定着国家的未来。师德的产生需要外部监督机制，但更是一名教师的内在自我要求。这不仅需要教师有为天地立心，为生民请命，为往圣继绝学，为万世开太平的理想，有仁义礼智信的个人修养，更需要社会尊重教师，让教师有尊严，师德才可以弘扬。目前，这三方面都需要加强。要从经济上对教师的地位予以保障，让教师尤其是青年教师没有后顾之忧，全身心投入教学科研。

246

"教师难当"，职业背后的挑战 *

@铁铮（北京林业大学党委宣传部部长）：

　　"教师难当"是个伪命题。因为教师从来就没有好当过，既要学为人师，又要"行为世范"，怎么可能是轻而易举的事情？之所以不少人再次发出"教师难当"的慨叹，和"后喻时代"的到来不无关系。过去知识都掌握在教师手里，学生只能依赖教师的传授，教好、教不好的问题还较为隐蔽。如今，获取信息的渠道日益增多，教师没有学生知道得多的现象越来越普遍。特别是在新知识、新技术、新媒体面前，教师的自信越来越少是不争的事实。在这种大背景下，当好教师之难更加凸显，有效解决"本领恐慌"迫在眉睫。只有做"四有"好教师的美好愿望是不够的，还必须要多下功夫才行。不管年龄是几零后，思想都要与时俱进，知识都要即时更新，都要因势而谋、应势而动、顺势而为。还要了解学生、贴近学生，不断分析学生的变化，科学把握学生的心理，不能仅凭过去的老经验办事。教育教学方法也要符合时代的特点、满足今天学生的需求。还有一点特别需要强调，教育不是教训，教育也是服务。真正做到以学生为本，在提供必要的服务中实现教育目标才是最好的教育。

@张小锋（对外经济贸易大学党委宣传部部长）：

　　"师者，人之模范也！""师者，传道授业解惑也！"两句很经典的话，道出了教师职业的伟大之处，同时也赋予教师职业很高的标准。教师，其道德情操、学识视野、言行举止均要超出其他职业人。只有如此，才能诲人不倦、垂范后昆。然而，达到上述标准，教师需要付出超乎常人的努力，始终扮演着圣人和超人的角色，不能有丝毫的怠惰和任性。教师不仅要知识渊博，更要品德高尚，处事公允、淡泊名利、不为物役、不为权倾。但是现实生活中，教师也是一个

---

　　* 本文刊发于《北京教育》（高教版）2015年第11期

普通人，也需要面对诸如职称晋升、住房改善、子女教育等现实问题和烦心事，也需要去打拼、去化解，甚至折节屈身，就食人间烟火。从某种程度上说，教师是一个公众（或社会）期望、要求度和社会给予的地位、待遇不对等的职业；如由非教师因素（来自社会、家庭等）而酿成的教育悲剧，却要由教师本人来"买单"。同时，处于互联网时代，良莠杂陈的信息满天飞，知识的更新越来越快，学生的知识面越来越广、面临的诱惑也越来越多，教师必须要不断地学习各种知识，增强各种本领，才能站稳讲堂，荣膺"师者"角色。

@周晔（北京邮电大学党委宣传部部长）：

网上这个题目吵得很热，什么一瓢水、一缸水甚至一潭水的关系，什么互联网时代知识爆炸与新生代特点的关系，以及什么慕课与教师岗何去何从的关系等。我不反对这些观点，但也不完全赞同。从韩愈的《师说》，"师者，所以传道授业解惑也"到如今飞速发展的时代，单就学历职称来讲，目前中国2,553所大学啥都不差。"教师难当，职业背后的挑战"，更多的是对教师学识魅力、人格魅力、兢兢业业，赋予学生智慧与人格的大爱无疆风范的挑战！在这个纷繁复杂、林林总总、诱惑充裕的世界里，教师还能否淡定从容、甘为人梯、用烛光精神照亮学生的心灵，照亮民族振兴的复兴之路吗?！所以，人民教师的"理想信念""道德情操"比以往任何时候都更加受到挑战。因为它关系到"扎实学识"和创新能力能走多远的大问题，它关系到"仁爱之心"能否让所有学生都成长成才的大问题。习近平总书记曾说："一个优秀的老师，应该是'经师'和'人师'的统一。"因此，它更关系到教师的劲头与情怀能否撑得起打造中华民族"梦之队"的筑梦人的大问题！

@李爱民（中央财经大学党委宣传部副部长）：

"教师难当"所折射出来的深层次原因就是教师对其职业变化的不适应。在传统媒介时代，教师相对于教育对象有许多职业上的优越感，无论在知识拥有的时间和数量上都占绝对优势。教师在知识传授方面的权威地位以及单向的信息、知识传播渠道，也会给自身带来一定的职业满足感。但是随着信息网络技术的迅速发展，教师的传统知识权威地位受到严重冲击，学生成为网络社会的"原住名"，而大部分教师只是网络"移民"，"我不教你就不会"的时代一去不复返，加上学生群体特点的变化，学校和家长对教师的期望值攀升等因素，教师传统的地位和职业优越感遭到严重冲击，如果不能及时做出调整应对，所感受到的只能是压力、失落甚至是沮丧。要解决这一问题，需要教师个人更新教育教学观念，调整师生交往方式，提高教学能力，重视教学艺术，涵养人格魅力，全方位适应信息网络时代对教师职业提出的新要求。相应地，有关教师培养、选拔、评价的制度标准也应该及时调整跟进，让真正喜欢教师职业的人做教师，最大限度减少制度因素造成的职业适应性问题。

人师之苦*

@铁铮（北京林业大学党委宣传部部长）：

在后喻时代里，一个教师承受的各方面压力之大、所面临的困难之多，超过了以往任何一个时期。如今的教师面对的不再是传统意义上的学生。过去师道尊严，是因为知识掌握在教师手里，学生获取知识的渠道十分单一，离开了教师，学生就无学可学。而现在学生和教师拥有同样的信息获取权，甚至在学习、掌握新知识、新技术、新媒体等方面，学生比教师有更多的优势。由此带来的压力使得不少教师都苦不堪言。站在讲台上的教师已经不再像过去那样自信，教师在学生面前的形象也不再像过去那样无所不知、无所不晓。对此，教师既要有必要的心理承受能力，更要不断地更新知识，和学生一起学、向学生学。教师的苦，还来自没有时间充电，没有途径进修，没有条件补充、完善、更新自己的知识结构。教学任务重、科研压力大、论文要求高，还要应付各种没完没了的检查、评估，没有时间和精力不断提升自己的能力和水平。教师的苦，还源于无法倾诉。教师天生就是做学生表率的、做学生思想工作的，而他们的苦恼、烦闷却无处诉说。

@姜素兰［北京联合大学（校史）档案馆馆长］：

笔者认为教师的苦主要在三方面：辛苦付出、艰苦努力和刻苦精神。对于教师而言，苦意味着付出，意味着辛劳，意味着奉献。没有教师对学生的辛苦付出、默默奉献，怎会有学生的不断成长成才？没有教师的刻苦钻研，怎会有高质量的科研成果？现在大学教师的职责是全方位的：既要搞好教学第一要务，竭尽心力地培养好学生，又要搞好科研，多出高水平成果，还有其他社会服务方面的职责。如果没有辛苦付出、艰苦努力和刻苦精神，是不可能很好完成这些任务的。为了上好每一堂课，教师必须精心准备教案，研究教学方法，推敲

---

* 本文刊发于《北京教育》（高教版）2016年第9期

教学中的每一个细节，充分考虑每一个学生的需求，可谓殚精竭虑、精益求精。搞科研也一样，也是一个非常艰苦的过程。正如马克思所说，在科学上没有平坦的大道可走，只有不畏劳苦，沿着陡峭山路攀登的人，才有希望达到光辉的顶点。教师们的辛苦换来了学生们的成长、成才和成功，赢得了学生们发自内心的尊敬和爱戴，获得了社会的认可和尊重，推动了社会进步和国家强盛，这才是一个教师最大的乐事。

@**田阳**（中国林业教育学会常务副秘书长）：

看待"人师之苦"，需要从主客观两方面分析其具体产生的根源：是由于社会期望值过高、评价机制过于僵化、教学任务过重造成的压力，还是教师自身能力与教育发展不相适应所导致。教育是常做常新的一项事业，教师既需要坚守奉献，更需要创新发展。一方面，教师要进一步树立正确的苦乐观，不忘立德树人、教书育人的初心，秉持"捧着一颗心来，不带半根草去"的育人情怀，用不懈的耕耘换来桃李满天的育人之乐，才能消除因职业倦怠而产生之苦；另一方面，教师要主动应对"本领恐慌"，积极遵循教育教学规律，主动"呼吸"创新教育的自由空气，厚培教育教学改革的育人沃土，绝不做不思进取的"笼中鸟"。当然，消除"人师之苦"的教育管理体制机制约束也至关重要。教育主管部门需要不断完善教师评价体系，切实改善教师工作的条件和待遇，加大人文关怀力度，推动教师身心减负，真正将尊师重教的要求落到实处。只有这样，才能增强广大教师的职业获得感，使教师职业真正成为太阳底下最光辉的职业。

@**周晔**（北京邮电大学党委宣传部部长）：

其实，从人师之苦到人师之乐，是一种境界的升华！人师就像如水的月光，它充盈于天地之间，一如笔者心中永恒的敬畏与怀想。习近平总书记曾说："一个优秀的老师，应该是'经师'和'人师'的统一。"这就要求我们将学识魅力和人格魅力统一起来；要求我们具有兢兢业业的风范，赋予学生智慧与人格的大爱无疆；要求我们"铁肩担道义，妙手著文章"，在诱惑充裕的世界里，淡定从容，甘为人梯，用烛光精神，照亮学生的心灵，照亮民族振兴的复兴之路，肩负起中华民族脊梁之己任！所以，从人师之苦到人师之乐，在于师者的"人格修养＋精湛的教学艺术"；在于师者的"理想信念＋道德情操＋教学功底"。从人师之苦到人师之乐，体现了一名优秀教师的"仁爱之心"能否让所有学生都成长成才的大境界，体现了其劲头与情怀能否撑得起打造中华民族"梦之队"的筑梦人之大境界！那是一种"不畏人师传道苦，只求桃李满芬芳"的坚守与豪迈！

人师之甘[*]

@**席宇梅**（北京服装学院思政课部主任）：

人们常说教师是太阳底下最神圣的职业，经历了从"先生"到"臭老九"再回归"先生"的过程，如今高校教师职位成了择业的热门之一。年轻人所看中的，大概是一年有两个自由自在的假期和不用坐班的闲暇，而从教多年的教师们发自内心热爱自己的职业，并体味因诸多辛苦之上的"甘"。教师的"甘"，源于传道授业后内心的充盈，繁重的教学让教师红烛般燃烧了自我，照亮了他人；教师的"甘"，源于辛勤耕耘后收获的爱和尊重，悉心的教育换来教师节的贺卡和毕业生的拥抱，着实让教师幸福满满；教师的"甘"，源于孜孜以求、探索未知得到的鼓励，从事教科研的教师总能有各级各类项目的支持和个人成果的呈现……做教师是幸福的，其成就不以财富数字衡量，而是以成才的学生数计算，其工作成果关系到国家和民族的未来，使命和责任令教师职业无比荣光。无论多苦、多累、压力多大，教师只要看到学生就会充满激情。如果真有机会重新选择职业，我们还会选择成为教师。因为做教师苦中有甘、再苦也甘、苦亦是甘。

@**铁铮**（北京林业大学党委宣传部部长）：

与其他职业相比，做教师的幸福显然不是一年多两个假期。事实上，寒假也好、暑假也罢，教师们基本上也很难休息：没有结束的上学期工作，即将开始的新学期准备，平日里没有功夫写的论文，拖了很久的课题，会把每一个所谓的假期塞得满满的。当教师最欣慰的莫过于过了许多年之后，遇到早已不是当年模样的学生亲切地叫自己一声"老师"，富有深情地讲述教师自己都早已忘却的小事。教师的每一点点付出，学生们都知道、都记得；做教师的幸福，心理年龄总是小于社会年龄，总觉得自己还年轻。身边的学生总是那么青春盎然、

＊ 本文刊发于《北京教育》（高教版）2016 年第 9 期

生机勃发,感染得自己都不好意思说自己老了;为了履行好职责,教师们要不断学习最新的东西、了解最前沿的动态,不断地更新观念,不断地突破自己。在教育和引导学生的同时,自己也在与时俱进。不被时代所淘汰,不就是幸福吗?教师对学生的关爱,是发自内心的、是无私的,燃烧自己的同时带来照亮学生的充实和丰盈。当教师最最幸福的,就是看到学生的每一点进步和成长。

@ **张小锋**(对外经济贸易大学党委宣传部部长):

有人说,"教师是蜡烛,燃烧了自己,照亮了别人",这种观点太过悲观;有人说,教师"起得比鸡还早,睡得比狗还晚",这种观点太过消极。事实上,社会上任何职业和角色,要做好都不容易;而真做好了,其乐趣和价值都很了不起。相较而言,教师,没有政治家那样心累,没有企业家那样实际,没有消防员和警察那样危险,教师的最大优势是永远保持一颗年轻的童心,永远处于学习和提高之中,能赢得学生的尊敬和社会的认可,能拥有相对自由的时间去完成自己的梦想。教师的工作环境是校园,面对的对象是学生;环境是安静的,对象是天真的,他无须低眉顺目看人眼色,无须钩心斗角残酷竞争,无须降低身段迎合讨巧,他只需用自己的道德精神去塑造灵魂,用自己的知识智慧去培育学生。由于每年都要面对新面孔,时刻都会涌现新知识、新事物,所以教师必须不断学习充电,而学习充电是其延展生命宽度和深度、丰富人生阅历的难得机会。这种过程既是一种付出,更是一种享受。教师最大的快乐,还在于看着学生们一天天长大、变强,能够分享学生的成功和欢笑。

@ **李爱民**(中央财经大学宣传部副部长):

"人师"是中国传统文化中对为人师者的最高称许。相对于"经师"重知识传授而言,"人师"在传道、授业、解惑过程中更重立德树人,以人格力量影响学生。真正的"人师",应该是幸福感满满的。为什么这么说呢?第一,"人师"热爱教师职业,将教师这一职业作为毕生神圣的事业来做,而不是将其仅仅作为谋生的手段不得已而为之。从事一份从心底里认可,并且愿意为之付出的工作,就会有激情,也一定能够享受因为热爱而带来的快乐与充实。第二,人师关爱学生,言传身教,诲人不倦,而不是只把学生作为机械的传授对象。为学生倾心付出,自然会收获学生的铭记、尊重与爱戴。当毕业多年的学生仍然不忘在成长过程中对自己有着深刻影响的教师,通过各种方式表达对教师的尊重和感恩之心时,教师的成就感与幸福感是无可比拟的。第三,"人师"注重修养自我、完善人格,往往对物质没有太多太高的要求。他们"谨身修行",平淡自守,以悉心培育莘莘学子为实现个人情怀的需求,通过桃李天下成就自己最大的幸福。

教学与科研的"相爱相杀"*

@铁铮（北京林业大学党委宣传部部长、教授）：

　　教学与科研，是大学教师的双翼，缺一不可。即便是那些以教学为主的高职院校的教师和本科教师，也需要做一定的科学研究。科学研究不一定非要承担多高级别的项目，而是结合教育教学实际、学生实际，选择一定的题目进行。这显然有助于提高教学水平、补充教学内容、提升教学质量。在大学里，离开了科研的教学，很可能是肤浅的、不深入的。但是，以教学为主、以科研为主的分工是必要的。教师的时间、精力、条件总是有限的。主要承担教学任务，或者主要从事科学研究，是符合教师和学校实际的。但两者不能截然分开，在大学里也不可能完全分开。现在的大学里，存在两种倾向：其一，重科研、轻教学。其主要原因，在于政策导向和评价指标体系过多向科研倾斜。其二，只教学、不科研。一些教师对科研的作用认识不够，不愿意开展必要的科研活动，完成教学工作量就万事大吉。要求既能讲好课，又能搞科研，看起来似乎标准高了点，但作为大学教师两者不能偏废，而要相辅相成。

@蒋朗朗（北京大学党委宣传部部长、教授）：

　　教学靠科研成果支撑和推动，科研同时受益于教学活动。教学与科研的相辅相成，不仅是学者的共识，而且也是不争的事实。但近年教学与科研出现"相爱相杀"，指的是教师在科研中投入的时间和精力远远大于教学。究其原因，与目前的评价体系有关，在唯论文与课题为主的导向下，教学的投入与效果变得不重要，科研成果的多少直接与职称晋级挂钩，这必然导致重视科研而忽视教学。教学是锻造学生的重要基础，教学活动不仅给学生传授知识，更重要的还应教会学生认知和培塑价值观念。人才的评价导向，必然决定现实的取舍。

---

　　* 本文刊发于《北京教育》（高教版）2016 年第 12 期

"双一流"的建设，需要产生世界一流的科研成果，但同时必须培养一流的人才。科学史上的伟大学者，大都在著作等身的同时又倾心教学而桃李天下。如今的"相爱相杀"，不仅难以实现高素质人才培养，而且也会直接影响"双一流"目标的实现。兼顾科研创新与人才培养，兼顾可量化的成果与不可量化的付出，构建教学与科研相辅相成、相互促进的良性关系对于高等教育、对于"双一流"建设至关重要。

@**张小锋**（对外经济贸易大学党委宣传部部长、教授）：

大学是育人才、产新知的特殊场所；矢志教学与潜心科研是育好人才、产出新知的不二法门。然人生有涯，心难二用。对一些大学教师而言，教学与科研犹如鱼与熊掌，实在难以兼得。由于各种原因，每一位教师的教学与科研能力存在差异，有人擅于教学，有人长于科研。让每个人做自己最擅长的工作，是对宝贵的人才资源的最好利用。从这个角度考虑，就需要对大学教师划分出一定的岗位类型，制定出合理公允的岗位标准，教学型、科研型、教学科研型，其中第三类是占比最大的。换言之，大学里的教师绝大多数都应该是教学科研兼顾型的。教学是为了培养出好人才，而教学需要新知，没有新知，拿什么去教育学生？而要获得新知，就必须潜心搞科研。当然，我们还要明白，大学里的科研，又不同于一般的科研机构和师徒作坊，必须肩负培养人才的重任，搞科研的方法、成果、经历、感悟等必须传授给学生，实现裂变式的人才培养效应，这才是办大学的最大价值。所以，搞科研的大学教师，必须进课堂、站讲台，从事教学。值得警惕的是，当前教学与科研分离的倾向似乎愈演愈烈，必须从根本上予以扭转。

@**高金萍**（北京语言大学党委宣传部部长、教授）：

人才培养和科学研究是高校最重要的两大职能，人才培养靠教学、学术发展靠科研，教学与科研相辅相成，对高校来说，二者犹如鸟之两翼、车之两轮。在"双一流"建设时期，能够确保一所高校处于学科一流、学校一流的唯一办法，是坚持教学与科研并举，以科研促进教学质量提升，以教学保证科学研究的持续。中国高校的发展，可坚持分类处置，科研型高校、教学科研型高校、教学型高校，分而治之，各司其职。应当看到，科研型高校和教学型高校应当是中国高校中很少的一部分，绝大多数高校的主业是教学与科研并重，偏于一隅，难免丢弃了大学的真谛。大学不是纯粹的科研机构，否则它就可以转型为科研机构；大学也不是单一的技能培训机构，否则它就成了技师培养的摇篮。

高等教育只有在充分张扬教学为先的功能之下，辅以开拓创新的科学研究，才会实现其教育本质。同样，不开展科学研究，教学就难以站在学科发展的前沿阵地，难以培养优秀人才、创新人才。因此，对于每位大学教师来说，兼顾教学与科研，才能"鱼与熊掌"兼得，实现教师生涯的圆满。

专业如何"自由转"?*

@铁铮（北京林业大学党委宣传部部长、教授）：

自由从来都是相对的，而不是绝对的。转专业也不例外。任性地转专业，在当前和未来一个时期内，都只能是一种美好的憧憬和愿望。任何一个专业的教育资源、师资队伍、设备条件等，都是有限的。再退一步讲，如果学生转完专业又后悔了、变卦了，又当如何？一方面，一些专业对于学生也有基本的要求，并不是所有的人都适合学的。因此，设定一定的转专业的门槛是必要的。另一方面，一个专业定终身也是极其不合理的。所以，给学生一定的转专业的自由，是大学教育的一大进步，其步伐还可以迈得更快些。首先，要采取多种措施，让考生、家长了解不同专业的不同特点，尽量选择适合自己的专业；其次，要缩小各专业之间教育教学资源的差距，不要用世俗的眼光给专业划分三六九等；再次，提倡入校后给学生一定的适应期、犹豫期、选择期，在可能的情况下，尽量满足学生合情、合理、合规的转专业需求；最后，学生也要有正确的认识和务实的态度，能转争取转，实在转不成则尽量适应所在专业的学习、培养专业兴趣，待日后考研等机会再转，而不能怨天尤人、消极怠学。

@封林（三峡大学学生处处长）：

大学专业对大学生毕业求职和就业质量至关重要，也是高等教育满足社会发展对人力资源需求的重要方面。高考填报专业是学生接受高等教育的权利和自由，入学后转专业则是大学生弥补高考考分不足和对填报专业认识不深而导致未能就读理想专业缺憾的有效措施。作为学生，应主要根据兴趣爱好、个性特长、经济环境、行业前景等来选择专业。而学校在专业设置上，则以学生生源专业填报意向、就业前景以及学校教学资源可持续发展三方面来确立专业取

＊ 本文刊发于《北京教育》（高教版）2016 年第 12 期

舍平衡点。总的说来，学生就读大学的专业，是学生高考成绩和学校专业吸引力相互妥协的结果。同样，学生大学期间转专业也是学生在大学期间的综合表现和学校专业实力相互妥协的结果。

@ 苏小河（井冈山大学国交处处长、国际学院院长）：

　　转专业已经成为大学生，尤其是大学新生及其家长特别关注的焦点问题，也是各大高校工作的亮点之一。个别高校甚至把允许学生转专业作为招生宣传的重要内容之一，以此吸引考生报考自己的学校，大学生转专业的需求热度由此可见一斑。大学生抱有转专业的愿望无可厚非，允许学生转专业正是"以学生为本"教育理念的体现，也保障了学生学习的自主权和选择权。但是，如果高校过分强调学生转专业的自由，不对学生转专业加以正确引导，无论对高校的学科专业建设、学生管理还是对学生自身的发展都会百害而无一益。为了真正发挥转专业在人才培养中的积极作用，高校应该制定相关的实施细则，规定转专业的具体条件和要求。作为学生本人，在正式提出转专业申请前，必须想明白这么几个问题，即为什么要转专业？对目标专业了解吗？转专业可能需要付出何种代价？成功转专业后该如何发展？如果没有想明白以上问题，或者转专业的动机只是厌学、人际交往或学习困难，建议还是不转的好，我们该做的应是解决问题，而不是逃避。

@ 董竹娟（北京工商大学党委副书记）：

　　能否自由便捷地转专业是高校学生及其家长时常议论的话题之一。究其原因，大约有以下几种：一是围绕"就业"指挥棒，热衷于热门专业；二是兴趣爱好和自身特长使然。因高考分数、填报志愿技巧等原因，没有被录取到自己喜爱的专业，对自己目前所学专业不感兴趣；三是身体原因，不适合在本专业就读；四是学业压力等。每所学校依据教育部相关文件都制定了本校的《学籍管理办法》，其中对转专业的规定及流程都有较为详细的规定。例如：受资源的限制，大多数学校对各专业转出人数和转入人数有要求，对拟转专业的学分绩点和专业排名有要求等。部分欲转专业的学生认为门槛高、实现不易。如何让学院与学生双赢，可以进行几方面的努力：第一，加强新生的专业教育，增强学生专业认同感；第二，实行大类招生，在第二学年按照学生志愿、成绩等细分专业；第三，积极扶持"冷门"专业小班授课，让学生在享受高质量教学过程的同时，也能让转出学生人数较多的学院适当保留原有资源；第四，实行学分制，学生可以根据自己的兴趣进行一定程度的个性化的课程选择，满足其学科需求。

如何实现"高乐高"*

编者注：（《中共教育部党组关于加快直属高校高层次人才发展的指导意见》）

@邓军（广西师范大学党委书记）：

对于一所大学而言，高层次人才队伍建设是高水平大学建设的根本所在。健全党管人才领导体制和工作机制，创新党管人才方式方法，让高层次人才乐于高端事业。一是要加强政策支持，让高层次人才"乐"起来。不断完善工作配套政策和激励保障机制，为他们干事创业营造良好舒适的工作环境、生活环境和制度环境。二是要加强情感关怀，让高层次人才"暖"起来。建立密切贴心的联系服务制度，拓宽建言献策渠道，切实形成"尊重劳动、尊重知识、尊重人才、尊重创造"的良好氛围，使高层次人才真正把学校当作安身立命的精神家园。三是要完善资源配置，让高层次人才"活"起来。通过"人才—团队—项目—平台—学科"协同建设，形成以高层次人才为中心的资源配置机制。四是要加强价值引领，让高层次人才"红"起来。引导高层次人才自觉树立具有爱国情怀、敬业精神、高尚情操的师德师风典范，主动聚焦国家社会发展重大需求，将个人事业同国家命运紧密结合。

@李洪波（江苏大学副校长）：

做好高层次人才队伍的选育、管理和服务工作，是发挥好高层次人才作用的基础。做好选育工作是发挥好高层次人才作用的前提：一要平衡好"本土"和"外来"人才的关系；二要保证人才选拔的公正性；三要避免人才引进的盲目性。做好管理工作是发挥好高层次人才作用的关键：一要看到高层次人才和

---

* 本文刊发于《北京教育》（高教版）2017 年第 10 期

普通师资的共性和差异，构建以柔性管理为主的高层次人才管理模式；二要充分尊重高层次人才科研的独立自主性；三要避免工作成效评价的功利性。做好服务工作是发挥好高层次人才作用的保障：一要统筹人才培养、科技创新、学科建设等方面的政策和资源，为高层次人才在政策、平台、经费等方面提供强有力的资源投入保障。二要加强组织协调，为高层次人才团队建设提供有利条件。特别是对引进人才，要配备人才梯队，使高层次人才尽快融入工作，发挥领军作用。三要构建专门的高层次人才事务服务机构，为他们协调学术工作之外的事务，使他们有更多的时间和精力安心于教学科研。

@**张小锋**（对外经济贸易大学党委宣传部部长）：

　　高层次人才短缺仍然是制约高等教育事业发展的瓶颈，如何让已有的高层次"人尽其才"，做自己最擅长的事，更好地发挥聪明才智；如何让更多的具有高层次人才潜质的人尽快地成长为高层次人才，挑大梁、担重任，始终是高校人才工作的主题和难题。《中共教育部党组关于加快直属高校高层次人才发展的指导意见》的出台，对高校破解高层次人才工作困局提供了遵循。要贯彻落实好文件精神，加快高层次人才发展，高校最关键的是树立正确的人才观和培育好有利于人才发展的校园文化氛围。要以容人的雅量、开阔的视野，正确对待高层次人才和其他人才的关系。高校内的办学资源有限，为了吸引人才，一些高校下功夫、花血本吸引高层次人才，把有限的资源投入高层次人才建设上面，没有开好源，只好拆借资源，把原本投入所谓的"校草"般人才身上的资源和政策撤去，这样虽保障了高层次人才成长的环境和资源，但却弱化或枯死了其他人才，也扼杀了未来有可能成长为高层次人才的命运和希望。

@**铁铮**（北京林业大学教授）：

　　为了做到"高乐高"，"四以"尤为重要，即以德量人、以情感人、以法管人、以业留人。首先，要以德量人。对高层次人才的界定应该有明确的"德"的标准。在引进人才时，除了专业上的考察、业务上的测评，还必须有素养上的判断、品德上的甄别。其次，要以情感人。高层次人才的成长不仅需要必要的经费、高水平的实验室等物质条件，而且还需要情感上的共鸣与呵护。要带着感情关心他们、饱含深情支持他们、充满热情对待他们，帮助他们解决成长中遇到的困难、克服前进中受到的阻力。再次，要以法管人。不能因为是高层次人才，就放松对其的教育、引导和管理。要根据他们的特点，采取行之有效的方法，制定相应的措施，而不能放任自流。对于出现的问题、产生的偏差，要依规、依法严肃处理。最后，要以业留人。既要允许和支持高层次人才的合理流动，又要用事业使得他们有相对的稳定性。要压担子、给任务、创条件、造氛围，使得高层次人才能够全身心地投入事业之中，更好地发挥最大的作用。

人才分类评价怎么"分"？*

@**李爱民**（中央财经大学高等教育研究所研究员）：

　　人力资源管理理论将各种职业工作者都看作是一种人才资源。从职业属性和岗位要求来看，现代大学内部人员越来越呈现出职业多元、岗位复杂、层级众多的特点，需要区分不同职业和岗位特点，使大学教师、管理人员和其他类型人才各得其所，进入不同的评价体系。一是明确职业和岗位分类。这是人才评价科学化的基础。需要依据各种职业和岗位的工作性质、繁简、难易程度、责任大小及所需人员资格条件等因素，进行分门别类和划分等级。对大学内部各类职业和岗位分类工作完成后，将其以法规形式加以确定并发布实施，为人才分类评价在大学贯彻实施提供法律保障。二是细化人才评价标准。对于大学内部同一职业类型，实行统一的评价标准，而对于不同岗位则应有不同的要求。按照现代大学组织结构中不同职业类型和岗位职能、特点以及专业要求，制定不同的评价指标体系，对不同类型、不同层次的人才，分别进行评价。要区分不同类型、不同层次的人才，不同的评价重点，实现人才评价的专业化取向。

@**韩宝志**（天津大学档案馆馆长）：

　　2018年2月，《关于分类推进人才评价机制改革的指导意见》出台。在这个文件贯彻执行的过程中，有一个重要的内容，就是人才分类评价，到底怎么分？实际上这就是分类的标准问题。在分类上，涉及两个方面：一方面，从管理者角度，要"以职业属性和岗位要求为基础，健全科学的人才分类评价体系"，这个方法非常重要。首先，要清楚其职业的社会定位，社会定位不同，其评价标准必须有所区别，否则就会出现导向性错误。其次，要细化其内部岗位区别。即使同样是教师，在立德树人的根本定位之下，还有不同的岗位之分，如教师与管理人

_____

　　* 本文刊发于《北京教育》（高教版）2018年第4期

员等；即使是同一类人员，也需因学科不同而评价标准不同。这样的标准制定要充分发挥"教授治教"的作用，找到本学科的国际标准，国内统一的业内标准，根据公认的标准公正、公平、公开地进行评价。另一方面，从被管理者角度，也应该更加清晰地明确自己的人生定位，找到适合自己的"社会位置"和人生追求。

@**陈鷟**（中国海洋大学党委宣传部部长）：

高校进行人才的分类评价势所必然，然而具体怎么分却知易而行难。各学校要根据自身实际情况和发展要求具体分类，才切合实际。我们能想到的分法，也不外乎几种：一是根据学科领域分。学校一定要根据不同学科特点，根据各学科自身发展过程中自然形成的评价方式，结合学校对学科发展前景的预判，还有自身学科布局，分别给出相对精准的评价标准。二是根据岗位职责分。大学的人才因岗位职责不同而分成教学科研人员、教学科研辅助人员等各类人才。要根据其岗位职责区分评价，建立不同的评价体系。三是根据年龄阶段分。高校既要发挥老专家、老教授、老同志的带动引领作用，也要注意中青年教师的培养和发展。由于不同年龄段教师的身心特点、历史基础、发展诉求不同，在教学、科研、社会服务和文化传承创新方面承担的任务也不同，所以评价的方式和标准也不应相同。这样粗分之后，再针对不同的评价对象、学科领域、研究类型、研究成果，建立健全网格状分类评价标准体系，服务于高校人才的分类评价。

@**铁铮**（北京高校新闻与文化传播研究会理事长）：

显然用一把尺子量人才是不科学的，也是不妥当的。通过分类评价，尽量使评价达到个性化、精准化和科学化，以便更好地促进人才队伍建设，从而推动教育事业的发展。在具体实施中，应该特别注意处理好这几个关系：一是处理好业务和素养的关系。既要防止仅从专业水平、业务能力高低评价的做法，也要避免单纯从政治态度、思想表现来衡量，更要处理好两者的关系。在评价专业人才时，不能忽略其政治思想、教书育人等情况。在制定基本要求的同时，对从事不同工作的人，确定不同的政治标准和素养要求，不能简单化、一刀切。对于从事党务、行政的人员，也应该有业务能力的基本要求。二是处理好定性和定量的关系。在评价人才的指标体系中，能量化的尽量地进行量化，以避免主观性、片面性。对于那些很难量化的内容，则需要进行必要定性的分析和评价。凭感觉、凭印象，显然是不科学的。但只靠几个指标、用一张表打个分了事也是不负责的。三是处理好个性和共性的关系。既要有相对统一的评价办法，以方便进行横向比较；又要在评价中注重个性化特点，使评价有一定的灵活性。

人才流动的"爱恨情愁"*

@**周晔**（北京邮电大学马克思主义学院院长、教授）：

　　说起"人才流动"的"爱恨情愁"，第一感受就是"人才流动"真是一个"猴皮筋儿"，引进的那头被抻得傲娇欢喜，流失的那头儿被弹得懊恼堪忧！流水不腐、户枢不蠹，"人才流动"的关键在于"合理"，否则就是"流失"。这是不可逾矩的客观规律。"人才流动"有微观、中观和宏观之分，而宏观人才流动讲的是各类人才依据其产业、系统、部门、专业等类别，在全国乃至世界范畴内的转动，其总体趋势无非是从发展中国家向发达国家流动，从较发达国家流向更发达国家、从社会和政治不稳定的国家流向社会政治相对稳定宽松的国家。人才流动不可小觑，人才流失相继带来的是资产、情报、技术的流失。因此，市场法则决定了人才流动的方向，核心城市的"虹吸效应"是中小城市人才流失的心悸。怎么办？国家层面，继续发展壮大自己，日益走近世界舞台中央；地区层面，解决不平衡不充分发展的现况；政府层面，加强人才流动市场的法制、道德建设，规范流动机制；同时，为人才竞争、有序流动创造公开、合理、健康、文明的社会环境。

@**张小锋**（对外经济贸易大学党委常委、宣传部部长）：

　　近来，人才特别是高端人才越来越成为高校"双一流"建设制胜的"杀手锏"，优先重金吸引而非倾心培育高端人才，成为快速提升"双一流"建设实力的"明智选择"。尽管国家已明令禁止到中西部"挖人"，但不可否认，"俊鸟攀高枝"和"孔雀东南飞"已成为"人才流动"的两大"铁律"。客观而论，灵活而富有活力的"人才流动"机制有利于人才竞相涌流，有利于激发各类人才的最大潜能；但按市场规律来配置"高端人才"的做法是否与社会倡导的主流价值观同向同行，还需好好反思。人才特别是高端人才的匮乏是令人担忧的，

　　* 本文刊发于《北京教育》（高教版）2018 年第 4 期

而人才的价值纯粹用"薪酬高低"来衡量、"人才流动"仅仅依靠"待遇优劣"来牵引，那才是一种真正的可怕和可悲。我们需要深思并努力实现的是如何让"人才"反向"流动"，即人才如何由东南向中西部流动、由一线城市向二三线城市流动、由"双一流"高校向非"双一流"高校流动；同时，高校要在培育人才上多花心思，要多育苗，而不是光摘花。达此目的，我们还有很长的路要走。

@铁铮（北京高校新闻与文化传播研究会理事长）：

人往高处走，水往低处流，这是规律，也是人才流动的内在动力。在一定意义上说，人才流动是社会进步的标志，也是在情理之中的事儿。随着时代的发展和对人才的重视与渴望，人才流动会越来越频繁。问题的关键是，人才的流动应该科学、有序、规范。作为人才，在自己的砝码上，不能只有物质待遇的高低，还应该有事业的进退；在自己的权衡中，不能只是考虑个人得失，还应该顾及团队的建设和培养单位的发展。现实中的确有人自恃有才、为利而动，谁给钱多就去哪儿，全然不顾其本应该承担的社会责任。这样的人不是真正意义上的人才。作为用人单位，求贤若渴是重视人才的表现。但还应该有大局观念、一盘棋意识，不能只顾自己，不管他人。既要引来人才，更要用好人才；既要引进人才，又要培养人才。人才引进要有度，不能到处乱挖人家的墙脚。有的学校凭借自己的招牌和强大的财力，一味地提高待遇标准，败坏了人才流动的风气。这样的做法应该受到批评和制止。

@李洪波（江苏大学副校长）：

由于我国高等教育发展的不平衡不充分，高校人才流动让"几家欢喜几家愁"。面对这个问题，高校可以从以下几个方面着手：第一，导向"合体"。在国家加强"双一流"建设的时代背景下，高校差异化发展已逐渐成为共识。因此，高校要紧扣国家"双一流"建设需要，根据自身办学定位、发展目标，提高人才引进的目的性和实效性，从"重头衔、轻贡献"转向"重能力、重贡献、重实绩"。第二，引进"合序"。各高校应该切实提高内部治理水平，把握好引才目标任务、重点领域和优先次序，合理有序地做好人才引进工作。第三，管理"合规"。如何让人才留得住、能发展、出成果，这需要加强对人才的科学规范管理。不仅要给他们提供适合其发展的"土壤"，助其开花结果，而且也要严格按照学校既定的规章制度对其进行考核，更要把他们当作典型，发挥其模范带头作用和社会效应。第四，统筹"合情"。高校要在人才引进和人才培养之间做好统筹。不仅让引进的人才有幸福感，而且也要让自身培养的人有获得感，有同等荣誉的人，要同等对待，提供相同的待遇和条件。

新时代@未来更美好——教师篇[*]

@苏寄宛（首都师范大学党委教师工作部部长）：

　　刚刚过去的一年，注定载入中国高等教育事业发展史册。这一年是高校全面贯彻落实党的十九大精神的开局之年，中国高等教育稳步走过了40年光辉历程，党中央召开了全国教育大会，习近平总书记对高等教育发表了一系列重要讲话，高等教育事业进入了新时代。教育大计，教师为本；教师大计，师德为本。习近平总书记十分重视高校教师队伍建设，他强调指出，师德师风是评价教师队伍的第一标准。古往今来，立德树人、教书育人，历来都是教师对社会承担的神圣职责。在新的一年，高校要进一步提升师德师风建设水平。首都师范大学以立德树人为根本任务，师德建设要在"六个着力"上下功夫，即着力加强理论学习，提升教师思想认识水平；着力加强制度建设，使教师守规矩、明底线；着力开展评优评先，使教师身边事教育身边人；着力开展社会实践，使教师在社会大课堂阔视野、长才干；着力发挥文化涵养作用，优化教师精神家园；着力尊重关爱教师，提升教师教书育人内驱动力。新的一年，让首都高校全体教师协力耕耘，让高校师德建设之花盛开！

@刘向兵（中国劳动关系学院党委副书记、校长）：

　　教师队伍建设是建设教育强国、办好人民满意教育的基础工程。习近平总书记关于教育工作的重要讲话均将教师队伍建设作为重点布局谋划。教育部在继"十条红线""红七条"之后，于2018年11月发布了《新时代高校教师职业行为十项准则》，既明确正面导向，又划定师德底线，彰显了新时代党和政府造就政治素质过硬、业务能力精湛、育人水平高超、方法技术娴熟的高素质教师队伍的信心、决心与要求。这就启发我们要把劳模精神、劳动精神、工匠精神融入教师队伍建设。劳动是人类创造世界、改造世界的一切实践活动，是工作、

---

　　[*]　本文刊发于《北京教育》（高教版）2019年第1期

做事、干事、奋斗的统称。广大教师是在从事传道、授业、解惑、铸魂的脑力劳动、复杂劳动、创造性劳动，同样需要并且能够发扬劳模精神、劳动精神、工匠精神，作为培育优良师德师风的重要举措、构建德智体美劳全面培养体系的重要环节。正如习近平总书记所说："广大劳动者无论从事什么职业，都要勤于学习、善于实践，踏实劳动、勤勉劳动，在工作上兢兢业业、精益求精。"

@ 铁铮（北京林业大学教授）：

百年大计，教育为本。教育大计，教师为本。如果离开了高质量、高水平、高素质的教师队伍，教育事业的发展、教学水平的提高都是很难实现的。近年来，党和国家高度重视倡导尊师重教，高校在教师队伍建设和培养方面做了大量工作，取得了显著成绩。在新时代，我们期待这项工作能更上一层楼。要关心教师、爱护教师、支持教师、助力教师，要继续提升教师的社会地位，让教师成为受人敬重的职业，给教师必要的尊严和荣誉感。应该看到，现在社会上仍存在对教师缺少必要尊重的现象，甚至出现了极个别的暴力事件。要下大力气解决教师遇到的实际问题，帮助他们解决住房等具体生活问题，使他们能轻装上阵，集中精力投身教学工作；要为教师的成长、提高创造必要的条件。有些人以为教师工作十分清闲，实际上他们面临着来自许多方面的、非常大的压力。他们需要业务上的继续提升、专业上的不断深造、学术上的进步历练。这些都需要得到社会的重视、政府的关心和学校的支持。

@ 黄国华（北京林业大学教务处处长）：

教育承担着提高人民综合素质的重任，影响和制约着中华民族伟大复兴中国梦的实现，是国之大计、党之大计。党的十九大做出了优先发展教育事业、加快教育现代化、建设教育强国的重大部署。当前，党和国家对教育更加重视，教育步入了最好的发展时期。教育大计，教师为本。随着我国社会发展特别是科教兴国战略实施，广大教师做出了巨大成绩，社会对教育更加认可，对教师更加尊重。在全国教育大会上，习近平总书记强调，全党全社会要弘扬尊师重教的社会风尚，努力提高教师政治地位、社会地位、职业地位，让广大教师享有应有的社会声望。相信随着中国特色社会主义现代化建设进程的加快，教育投入将更多向教师倾斜，教师待遇会不断提高，教师安心从教、热心从教将得到更多的支持与保障。"尊重知识、尊重人才、尊重教育"的社会风气会越来越浓，教师的发展会越来越好。当前，以信息科学、信息技术为主要标志的世界科技革命正在形成新的高潮，信息技术与教育教学不断深入融合，将支持教师走向更好的职业发展，迎来更好的未来。

新时代@未来更美好——育人篇*

@**周晔**（北京邮电大学马克思主义学院院长）：

　　中国特色社会主义新时代是一个重大的历史判断，是特指、专指中国特色社会主义大有可为、大有作为，并有能力、有实力为中华民族和人类社会作出自己伟大的历史贡献。作为一种实践形态的新时代，美好未来不只是呼唤，而是世界竞争场上实力的角逐！美好未来要靠今天撸起袖子加油干。如今，信息社会生产的核心要素不同于农业社会的"土地与劳动力"，也不同于工业社会的"商品与资本"，而是响当当的"知识与人才"。所以，"十年树木，百年树人"。若一个社会人民生活水准提高1%或3%，那是建筑在年生产率提高1%或3%的基础之上的。1%和3%在数值上看起来差别不大，但随着时间的推移，社会之间的差距将日益拉大。年生产率提高3%的社会，每24年就能实现生活水平翻一番；而年生产率提高1%的社会，翻番需花费70余年。两者的差距几乎是3∶1。而提高劳动生产率要靠教育提高劳动者的文化程度；要靠学校的德智体美劳强化育人标准；要靠高校、科研院所的研究与创新，不断改善社会完成工作任务的方式；要靠治国理政等一系列好的公共政策挖掘国家潜力。

@**孙冬梅**（北京建筑大学党委常委、党委宣传部部长）：

　　对标习近平总书记"育新人"的新要求，如何在育新人上取得扎实成效？守好"社会主义核心价值观"之正，牢固树立"以学生为本"的育人理念，以"文化融入"为切入点，是新时代高校有效教育、引导和激励学生成长的重要内容和有效途径。一方面，要将培育和践行社会主义核心价值观与凝练、弘扬大学精神，优化校风、教风和学风相结合。透过引导学生对大学精神文化内涵价值的挖掘，为爱校、荣校教育找到文化基础、历史依据和现实支撑，在大学精神成为

---

　　* 本文刊发于《北京教育》（高教版）2019年第1期

师生共同的文化自觉和价值追求的同时，学生更容易认同和遵循社会主义核心价值观。另一方面，要优化育人环境，实现课堂环境、校园文化环境和社会文化环境的有机融合，建立实践育人共同体。思政课程和课程思政，使课堂环境直接融入更多优秀传统文化、革命文化和社会主义先进文化要素；校园文化环境以物化的方式更多地展示、传播学校精神和特色文化传统；而博物馆等社会文化阵地可以使师生在充满时代感、艺术性和人文情怀的文化氛围中，主动参与并接受教育。

@**宁秋娅**（中国农业大学党委副书记）：

百年大计，教育为本。改革开放 40 年，教育成为国之大计、党之大计。新时代党和国家事业发展对优秀人才的渴望和需求比以往任何时候都更为迫切。全国高校思想政治工作会和全国教育大会开启了新时代育人新征程、新篇章。新时代要有新担当，新征程要有新作为。要以更高远的历史站位、更宽广的国际视野、更深邃的战略眼光谋篇布局，以抓铁有痕、踏石有印的韧劲和钉钉子精神抓好落实，努力构建德智体美劳全面培养的教育体系，在坚定理想信念、厚植爱国主义情怀、加强品德修养、增长知识见识、培养奋斗精神、增强综合素质上久久为功、狠下功夫，帮助大学生扣好人生第一粒扣子，让每位大学生都深深懂得，伟大的梦想不是等来的、喊来的，而是拼出来、干出来的，最好的成长方式是奋斗。全员、全过程、全方位育人将成为新时代高校育人的"风向标"；新视野、新思路、新举措、新作为将成为立德树人的"风景线"；坚定"四个自信"、全面发展、努力成长成才将成为新时代大学生的庄严承诺和实际行动。

@**铁铮**（北京林业大学教授）：

培养什么人、怎样培养人、为谁培养人、谁来培养人，这些关系到党和国家、民族前途、命运的命题，应该说从理论到实践都有了明确的回答。在未来的日子，最要紧的是如何把党和国家的要求、各界人士的共识落地、落实、落细、落小。一是要强化意识。充分认识高校承担的育人使命和责任，事事、时时都从育人的高度思考、分析、谋划、破解。二是警钟长鸣，而不能掉以轻心。要充分认识到争夺新一代"斗争"的长期性、复杂性和艰巨性。三是不断创新。要处理好继承育人传统与探索新途径、新方法、新手段的关系，适应新时代的新要求。四是提升质量。建立完善的长效机制，增强针对性、讲求贴近性，切实提高育人的水平和质量。五是要有国际视野。借鉴和吸收国外的先进经验和做法，培养适应构建人类命运共同体要求的国际化人才。六是突出特色。扎根中国大地办大学，探索出具有中国特色的人才培养之路。

人才之道不止于"抢"*

@**谭华霖**（北京航空航天大学人事处处长、教师工作部部长）：

功以才成，业由才广。一流大学建设要秉持"人才是第一资源"的理念，把人才工作放在优先发展的战略位置，引得来、留得住、用得好，着力打造一支德教双馨、顶尖引领、高端集聚、分类卓越的一流师资队伍。做好人才工作，要坚持引育结合，分类、分层次梳理各学科人才队伍规模和结构，按照一流大学学科发展的优先序和"高精尖缺"导向，优先支持重点发展学科人才引育，精准引育顶尖杰出人才，着力培育学科领军人才，智引精育优秀青年人才。做好人才工作，要坚持以事业责任聚心，以资源协同聚力，以平台机制聚才，建立以人才培养、学术能力为导向的"校—院—平台团队"三级体系，完善各类人才引育资源配置机制。做好人才工作，要完善多元化人才队伍发展与评价机制，坚持分类发展、分类卓越，提升人才队伍的创新活力、核心能力、发展潜力，将学校战略、学院发展、个人成长紧密结合，切实提升全体教职员工的获得感与幸福感，建立人尽其才、卓越发展、和谐包容的人才生态环境，让每一位教师都能够成就精彩事业。

@**李洪波**（江苏大学党委副书记）：

为了应对高校间"抢挖"人才的乱象，有关部门和高校要为人才的合理流动和使用创造良好的环境条件。一是要还原"帽子"的本质。获得"长江学者""万人计划""黄河学者""珠江学者"等国家、省级人才称号的学者是"抢挖"市场的"抢手货"。有关部门应当将"帽子"与学科申报、项目评审、成果评价等进行脱钩，去除人才称号的利益化、功能化。二是要回归"人才"的本分。高校"抢挖"的"人才"实质上是教师，教师的本分应是潜心教书育人。而事实上，高校"抢挖"的人才履职后，基本上专职从事科研工作，高校期望他们拿"大"课题、出"大"成

---

* 本文刊发于《北京教育》（高教版）2019年第9期

果、发表高质量文章，却偏离教书育人的本分。有关部门应当建立科学的高校教师评价机制，以学生培养成效作为高校的用人评价标准。三是要强化人才流动的本意。当下的"抢挖"行为是一种恶性人才竞争，政府部门应当加强制度建设，通过法律法规的手段引导高校建立合理的薪酬体系，使"抢挖"行为失去"价格"严重偏离价值的可能。

@**封林**（三峡大学水利与环境学院党委书记）：

人才是高校生存发展的第一资源。近年来，高校学科建设和评估的压力加大，用优厚的经济待遇和科研条件"抢人""挖人"成为高校人才队伍建设的一种重要手段。高校人才队伍的流动性越来越强，"孔雀东南飞"的高校人才流动趋势一度引起社会各界的广泛关注。高校应基于本校发展水平制定适当的人才引进资助额度，高端人才引进与学科建设要"无缝衔接"，引才的同时建设好已有的优秀团队，形成"筑巢引凤"的良性循环。有了一流的人才，还得有一流的环境。高校和院系应尽快建立与新时代教学科研特点相适应的人才引进、职称评定与聘任、考核与薪酬等现代大学制度。例如：建立职称评聘分离制度；尊重科研规律重视周期成果产出，实行"准年薪制"；建设坚强的基层党组织，凝练"比学赶帮超"艰苦奋斗的作风，营造开放包容、视野开阔的文化氛围；提供省心满意、减少人才后顾之忧的家庭教育、医疗等生活条件。"双一流"建设不仅需要一流的教学科研队伍，而且也需要一流的管理队伍。一流的管理队伍是高校制定战略规划、学科定位以及保障规章制度高效执行的重要力量。

@**铁铮**（北京林业大学教授）：

重视人才，是社会的进步。但为了学校的一己之利而"抢"人才，则是缺少大局观的具体表现。首先，应该强调树立中国高等教育"一盘棋"的思想。从这种意义上说，不顾一切地"抢"、不择手段地"抢"本身就是错误的。其次，要树立正确的、科学的"人才观"。科学评价优秀教师的指标体系尤为重要。因为这个体系出现了偏颇，所以使得一些管理者在"抢"人才时，只注意头衔而不注重实际水平，只重视成果而忽视了与学校的融合度。"抢"来的人才在短期内可以为学校排名等增加砝码，但并不一定对学校的长远发展有利。再次，要走出"远来的和尚会念经"的误区，把主要精力放在为学校的教师成长创造条件上，为学校的发展培养出优秀人才。最后，对于"抢"来的教师，一定要继续关心、支持、爱护、帮助，要加强监督、管理、严格要求。既不能放任自流，又要继续培养，真正发挥其应有的作用。要创造有利条件，帮助他们适应学校的环境、融入学校的文化，尽量缩短"缓苗期"，心情舒畅地投身到新的教学、科研工作中。

激励之道聚焦于"人"*

@程华东（华中农业大学党委宣传部部长、马克思主义学院党委书记）：

《中庸》言："君子之道，辟如行远必自迩，辟如登高必自卑"。王阳明也说过"事上磨炼"。自古道："水不激不跃，人不激不奋。"讲的都是如何激励和造就人才。基于教育语境，笔者谈谈高校教师的激励之道。高校具有价值共同体、教育共同体、学术共同体的组织属性，"大学之道，在明明德，在亲民，在止于至善"。因此，高校教师的激励之道，一是大兴尊师重道风尚，激发教师"至善"之动力，激励教师以德立身、以德立学、以德施教、以德育德，成为模范践行"十项准则"的"四有"好老师。二是坚持以师为本理念，激发教师育人之能力，激励教师牢记立德树人之根本、深耕教书育人之要务，当好学生的四个"引路人"，唤醒学生成长成才原动力，培养超越自己的人。三是完善激励约束机制，激发教师创新之活力，激励教师创新思维方式、创新育人模式、创新研究范式，勇于挑战、勤于革新、善于创造，成为时代的引领者。

@陈鷟（中国海洋大学党委宣传部部长、教授）：

新中国成立70周年之际，党中央决定首次开展国家勋章和国家荣誉称号集中评选颁授，隆重表彰一批为新中国建设和发展做出杰出贡献的功勋模范人物。日前，候选人名单公布，得到社会广泛认可。所有候选人，不仅功勋卓著，而且还有一个共同的特点：在功成名就之前，都没有鲜花簇拥、物质重奖，但他们为崇高理想奋斗的精神意志不曾泯灭；而功成名就之后，面对滚滚而来的名利，均是淡泊处之。对他们而言，最好的激励，不是通过外在的物质利益的刺激，而是点燃他们内心崇高的理想之光。激励之道，当聚焦于精神之"人"。真正高明的社会管理，就应该着眼于崇高境界的弘扬与引导，而不宜过分强调物

---

* 本文刊发于《北京教育》（高教版）2019年第9期

质奖励。就个体而言，聚焦于"人"的激励将让人生精神自足、内心幸福；而聚焦于"物"的激励，长此以往会令人浮华虚荣、心灵空虚。就社会群体而言，过分强调物质奖励，还容易导致价值观的偏失，使社会群体浮躁功利，使人们变得短视狭隘，让社会走向异化、畸形，不可持续。

@**孙冬梅**（北京建筑大学党委常委、党委宣传部部长）：

激励之道聚焦于"人"，是"双一流"建设背景下大学人力资源管理应该坚持的重要理念。高校激励的出发点必须是满足教职员工的需要，激励的关键是激发教职员工做事的动力，从而最大限度地调动教职员工的积极性和创造性，最终有效地实现学校及教职员工个人的发展目标。营造一个有利于发挥每个人最大潜能和动力的发展环境，对高校人力资源队伍的激励作用不可或缺，且这种激励作用更持久、更有效。一方面，要把学校发展规划总目标分解成教职员工发展的若干小目标，给教职员工呈现出清晰可见的个人发展通道，并让不同需求层面的教职员工感觉这样的目标通过努力是可以达成的，他们才能有动力去挖掘自身潜能；同时，要找准教职员工最迫切的需要，并有针对性地采取激励措施，以提升激励的实效性。另一方面，要善用尊重激励、信任激励、文化激励等手段，使教职员工在享受精神满足的同时达到被激励的目的，最终自觉提升投身"双一流"建设的主动性、积极性和创造性。

@**铁铮**（北京林业大学教授）：

在激励中，物质的奖励可以起到一定的作用，但长久的力量还是来自精神上、环境上、氛围上的激励。特别是对高校教师而言，单纯地使用经济的杠杆来激励在短期内可能奏效，但在更多的情况下却难以持久。一是激励之道在于了解人、熟悉人、贴近人，走进人的心里，成为教师的知心朋友，而不是冷若冰霜、拒人千里之外。二是激励之道在于帮助教师做好规划，使教师有用武之地。要让教师看到前途、看到光明、看到希望，从而激发出不断前行的勇气和力量。三是激励之道在于从细节上关心、爱护教师，切实解决好教师生活上的实际问题。过生日时的祝福、过节时的慰问、假期时的看望，都能让教师们感到温暖，工作起来更有热情。四是激励之道在于让教师有主人翁的感受。现在有些学校只把教师当成管理对象，总是发号施令，而很少认真听取教师的意见和建议，未能给教师归属感。五是激励之道在于在科学管理上下功夫，在政策上有一定的稳定性，而不能朝令夕改，使教师无所适从，疲于应付。

"焦虑"之下的高等教育——人才培养[*]

@ **刘向兵**（中国劳动关系学院党委书记）：

当前，中国正在着力化解由高等教育现代化的"追赶者"向"并肩者"跨越、向"领先者"迈进所引发的长期性、深层性的"大焦虑"；全球性新冠肺炎疫情又给我国的高等教育研究者、工作者，也包括广大学生和家长带来了新的群体性、阶段性"小焦虑"，即大规模在线教育能否保障人才培养的质量？疫情期间，各高校慕课、临时录制、在线直播等齐上阵，不仅保证了正常的教学秩序，而且还保证了教师授课、学生听课、考核考试、教学督导与评价等环节的有效实施。更为可喜的是，在线教学还提高了教师的信息化素养，提升了学生的学习获得感，促使高校依靠大数据更加精准有效地提升教学管理水平。可以说，在线教学能够实现与课堂教学"实质等效"，也能有效推进打造本科教学"金课"目标的实现，确保人才培养质量。我们要在坚持和改进在线教学的过程中，逐步化解疫情之下人才培养质量的"小焦虑"。长远看，这也有助于我们探索中国在全球高等教育领域的"范式改革"，化解建设高等教育强国的"大焦虑"。

@ **铁铮**（北京林业大学教授）：

之所以会产生焦虑，是因为不适应。高等教育的人才培养不能完全适应人类进步、时代发展和社会前进的需要，焦虑之下的高等教育在人才培养上必须有大视野、大格局和大变革。大视野，是在全球视阈下谋划中国高校的人才培养战略。既要立足中国，也要眺望世界；既要有中国特色，也要瞄准世界一流；既要为祖国服务，也要为构建人类命运共同体贡献力量；既要培养好中国学生，也要培养好外国留学生。大格局，是要全面系统、创新发展地构建中国高校的

---

* 本文刊发于《北京教育》（高教版）2020 年第 8 期

人才培养体系。对于培养对象，既要有专业上、学术上的要求，又要有思想上、政治上的考量；既要为其奠定扎实的理论基础，又要训练其较强的实践能力；既要有相对明确的学科专业方向，又要有综合全面的素质能力。大变革，是在守正的同时改革创新，积极探索新时代多主体、多渠道、多形式的人才培养的新模式。要进一步解放思想，有新思路、新方法、新技术、新路径和新模式实现人才培养；要注重将最新、最前沿、最先进的大数据、人工智能等技术引入人才培养。

@**刘长旭**（北京师范大学党委组织部常务副部长）：

克服压力之下的焦虑，培养出能够担当民族复兴大任的时代新人，是摆在高校面前的重要课题。一是办学方向要明确。要遵循习近平总书记关于高等教育"四个服务"的明确要求，在担负起为党育人、为国育才的根本任务上毫不动摇。二是社会心态要平和。社会各界都要以理性平和的心态，支持和参与高校的常态化改革，为高校聚精会神育英才创造良好的社会氛围。三是培养内涵要与时俱进。一方面，聚焦中华民族伟大复兴的时代需求，在引导学生做真学问、解决真问题中，造就其科学素养与家国情怀；另一方面，面对重大传染性疾病、气候变化等安全问题，引导学生敬畏自然、尊重生命，培养其人类命运共同体意识和担当精神。

@**于世洁**（北京信息科技大学党委常委、副校长）：

新冠肺炎疫情给高等教育带来了新的"焦虑"，是其对自身发展定位及其外部环境变化的一种审视。应努力探索走出"焦虑"的人才培养之路。一是差异化发展、突出特色优势是地方大学人才培养的根本。学校以信息技术服务创新升级为目标，实现传统学科与信息技术深度融合，不断拓展学科建设内涵。二是以学科建设促进创新型交叉人才培养。学校以信息类学科群建设为平台，围绕智能感知与装备、智能控制、智能决策三个学科方向，努力培养实践能力和创新能力突出的高层次"人工智能＋X"复合型人才。三是将提高人才培养质量作为发展的落脚点。学校以学科发展促进专业建设上水平，形成了新一代信息技术等专业模块大类，开展一系列人才培养模式试点改革。

@**胡连利**（保定学院党委书记）：

教育评价是人才培养质量的灯塔。高等教育在目前分类评价的引导下，高校过度强调个性化教育，市场化泛化，造成了办学水平和人才培养质量评价的混乱性。与高等教育其他领域改革相比，高校人才培养质量并不能完全回应社会期待。作为教育部"十三五"产教融合工程项目试点高校的保定学院，构建了《应用型高校建设质量标准体系》，从学生的能力标准和终身教育的视角，审视人才培养问题，调整和改革专门化教育的模式和目标。通过跨专业课程模块的设置给予学生更多个性化帮助，满足学生多样化学习需求，提升学生适应社会变化的能力。人才培养是大学的"根"，在强调高校分类设置和市场评价引导的过程中，不同类型高校仍须坚守教育质量和人才培养标准。

宣传部部长读书会——从《论党的宣传思想工作》
中汲取智慧力量*

@ 张小锋（对外经济贸易大学党委常委、宣传部部长）：

高校在党的宣传思想工作大局中举足轻重，必须发挥好"头雁"的引领和示范作用。一是要通透把握《论党的宣传思想工作》诞生的时代背景，站在实现中华民族伟大复兴战略全局和百年未有之大变局的战略高度上来认识。一方面，面对波谲云诡的国际形势、"东方之治"和"西方之乱"的强烈反差、新冠肺炎疫情对世界经济的影响以及国际格局的重塑，要善于在危机中育新机，于变局中开新局，以更加进取的心态和更加艺术的手法，讲好中国故事、传递好中国声音，为中国日益走近世界舞台的中央赢得良好的国际舆论；另一方面，随着我国第一个百年奋斗目标的实现和"全面建设社会主义现代化国家"新征程的开启，亟须更高质量、更高水平的宣传思想工作，凝聚人心，夯基铸魂。二是要切磋琢磨《论党的宣传思想工作》中每一篇的内容，准确把握宣传思想的根本任务、责任使命、原则方法、重点难点、涵盖领域等，做到烂熟于心、娴熟运用。三是要不余遗力地推动高校宣传思想工作守正创新、固本培元、创新应变。

@ 冯玉军（中国人民大学党委宣传部常务副部长）：

一是要强化权威宣讲解读，在入脑、入心上下功夫。加强党委理论中心组学习、发布相关课题、组织专项研究、持续推出有影响力的理论成果，及时传达习近平总书记系列重要讲话精神，用学术讲政治，发挥主流意识形态的引领作用。二是要全力做好重大活动报道，在新闻宣传工作守正创新上下功夫。深度挖掘新闻素材，统筹协调学校内外媒体资源，集中展现高校师生与时代同行

＊ 本文刊发于《北京教育》（高教版）2020 年第 12 期

的精神风貌，全面报道学校"双一流"建设的主要成就。三是要夯实拓展对外宣传和媒体融合能力，构建"大宣传"格局，在兴文化、展形象上下功夫。生动讲述高校师生在改革开放大潮中的奋进故事，认真做好重大活动报道，着力营造团结、和谐、奋进的良好氛围。高度重视新媒体平台的窗口作用以及融媒体的发展趋势，推陈出新、与时俱进。四是要把握意识形态工作主动权，在意识形态管理和及时研判、处置舆情上下功夫。旗帜鲜明处置意识形态领域事件，切实履行意识形态工作主体责任，坚决种好"责任田"、守好"主阵地"。

@ 于成文（北京科技大学党委宣传部常务副部长、教师工作部部长）：

当前，做好宣传思想工作，重点在于牢记使命、立足实际，着力解决好"宣传什么"和"怎样宣传"的问题。在"宣传什么"的问题上，要始终坚持正面发声，做到四个"聚焦"：聚焦党和国家的重大方针和重大成就，增进师生"四个自信"；聚焦学校办学传统和助力行业发展成果，彰显社会服务职能；聚焦典型人物宣传，发挥示范引领作用；聚焦服务师生群众，切实回应师生关切。在"怎样宣传"的问题上，要创新宣传思想工作方式方法，重点做好"宣传＋融合"的文章。一是与理论学习相融合，借由多样化宣传形式，切实提高学习实效。二是与课程思政相融合，结合学校办学传统和优势，积极打造"大国钢铁"等具有显著办学特色和文化认同的精品课程。三是与文化建设相融合，发挥以文化人、文化育人的重要作用，达到潜移默化、润物无声的效果。四是与多媒体相融合，坚持协同发声，遵循信息传播规律，发挥不同平台的传播效能，打造全媒体立体化宣传格局。

@ 刘生全（北京外国语大学党委宣传部常务副部长）：

学习宣传贯彻《论党的宣传思想工作》的精神要义，应放在首都"四个中心"功能定位背景下进行，应体现到扎实稳步推进全国文化中心建设的伟大实践中去。北京是一座享誉世界的历史文化名城，文源深、文脉广、文气足、文运盛，形成了源远流长的古都文化、丰富厚重的红色文化、特色鲜明的京味文化、蓬勃兴起的创新文化多元并存、互相辉映的文化格局。以习近平同志为核心的党中央明确的"四个中心"功能定位，是首都北京最大的比较优势，蕴含着无比巨大的能量。北京是全国的教育高地、人才高地，首都各高校有责任、有义务、有能力代表首都教育界，充分发挥各自的人才优势，充分利用各自的资源禀赋，主动靠前、积极作为，找准切入点、精准发好力，与北京市委市政府同心同德、同向而行、同频共振，为北京建设全国文化中心、打造国际和谐宜居之都、为我国早日建成文化强国，提供强有力的人力资源支撑，做出首都高校应有的贡献，展示首都高校的热情和魅力，向党和人民交出合格答卷。

@**黄延敏**（首都师范大学党委宣传部常务副部长）：

充分认识学校意识形态工作的极端重要性，深刻分析高校意识形态工作面临的新形势，精准把握学校意识形态工作的任务与要求，科学构建学校意识形态工作的体制机制，努力提升做好意识形态工作的能力和水平。要深入分析世情、国情、党情、媒体、师生的变化，精准判断高校意识形态工作面临的新形势。深入研究学术繁荣与管理引导，分层、分类与统一要求，正面宣传与批驳错误，学术研究、思想认识与政治问题的关系，精准把握高校意识形态工作的任务与要求。切实做到压紧、压实责任，避免层层递减；落细、落实责任，实施精细化管理；构筑严密的舆情监控体系，健全舆情应急处置机制。逐步提升高校宣传干部队伍的政治觉悟与理论素养，提高意识形态的敏感性与舆情应急处置能力。唯其如此，高校党委才能牢牢掌握高校思想政治工作主导权，巩固马克思主义在高校意识形态中的主导地位，用科学理论培养人，用正确思想引导人，保证高校始终成为培养社会主义建设者和接班人的坚强阵地。

@**赫丽萍**（北京舞蹈学院党委常委、宣传部部长）：

北京舞蹈学院作为在京艺术院校，意识形态属性非常强，我们要深入学习领会这本著作的精神实质：一是要深刻认识高校做好意识形态工作的极端重要性。始终坚定社会主义办学方向，落实立德树人根本任务，始终绷紧意识形态安全这根弦，努力培养德智体美劳全面发展的社会主义建设者和接班人。二是要深刻认识在实现中华民族伟大复兴进程中推进文化强国建设的迫切性。习近平总书记在文艺工作座谈会上的讲话指出"实现中华民族伟大复兴需要中华文化繁荣兴盛"，党的十九届五中全会提出到 2035 年建成文化强国的远景目标。伴随着中国日益走近世界舞台中央，越是接近实现中华民族伟大复兴的目标，就越要重视文化的价值，越要加强文化建设。三是要自觉将"举旗帜、聚民心、育新人、兴文化、展形象"的使命任务，融入北京"四个中心"建设和文化强国建设之中。发挥艺术院校专业优势，推动文化传承与文艺创新，推动社会主义文化繁荣兴盛，不断满足人民群众对美好生活的新期待。

@**陆花**（北京电影学院党委宣传部部长、教师工作部部长）：

一是要提高政治站位。电影教育应抓住文化强国建设的战略机遇期，同频共振，把北京电影学院办成一流的人才教育、艺术教育和艺术创作的基地，培养高质量艺术人才，师生和校友创作出更多的精品力作，书写和记录时代，助力文化强国和电影强国建设。二是强化责任担当。党的十九届五中全会把"坚持以人民为中心"确立为"十四五"时期经济社会发展必须遵循的原则。习近平总书记指出，以人民为中心，就是要把满足人民精神文化需求作为文艺工作的出发点和落脚点。北京电影学院的教育理念就是"向人民学习，为人民服务，做人民的艺术家"的"三人民"艺术观，宣传思想工作紧紧围绕着"三人民"艺术观展开，引导师生强化责任担当，不负党和人民重托，运用专业所长，创作艺术精品，把满足人民精神文化需求和人民美好生活需要作为电影教育和创作的根本立足点，努力推出更多人民群众喜闻乐见的好电影，让人民通过看电影增强幸福感、获得感，增强对国家和生活的热爱。

@刘幸菡（北京工业大学党委宣传部常务副部长）：

作为工作在高校宣传战线的同志，既是党的宣传工作者，又是党的教育工作者，要吃透精神实质，深刻领会贯穿全书的坚定信仰信念、强烈历史担当、鲜明人民立场、深厚文化自信、鲜活时代气息，还要掌握其中蕴含的科学的世界观和方法论，从中汲取推动宣传思想工作守正创新的智慧和力量。一是要运用历史唯物主义来深刻认识当前高校宣传思想工作的使命和任务，从历史和现实、理论和实践、国内和国际等维度的结合上全面思考和把握宣传思想工作的一般性发展规律，既言之有理又言之有物地讲清楚我们从哪儿来、到哪儿去，更好地担负起"举旗帜、聚民心、育新人、兴文化、展形象"的使命任务。二是要运用辩证唯物主义来正确处理好当前高校宣传思想工作中自上而下和自下而上、举重若轻和举轻若重、单媒宣传和融媒宣传、文化建设和文化活动、中心工作和宣传工作之间的关系，以辩证思维、战略思维应对机遇和挑战，调动一切积极因素画出最大同心圆，为培养堪当民族复兴大任的时代新人贡献力量。

思政课教师职业发展的"喜"与"忧"[*]

@**巩前文**（北京林业大学马克思主义学院副院长）：

办好学校思政课，事关中国特色社会主义事业后继有人，是培养一代又一代社会主义建设者和接班人的重要保障。作为一名思政课教师，积极、主动、创造性地参与办好学校思政课是其职责所在。回顾过去、把握现在、展望未来，思政课教师职业发展有喜有忧。"喜"在国家高度重视思想政治理论课建设，习近平总书记亲自主持召开学校思政课教师座谈会，专题讨论做好新时期学校思想政治工作，思政课教师理直气壮地开好思政课有了重要遵循；"忧"在不同群体在思政课重要性认知上的差异，思政课教学中难以实现"同频共振"，思政课教师"剃头挑子一头热"，职业获得感不强。"喜"在"马克思主义理论"已单独成为一级学科，思政课教师有了自己的学科依托，实现以研促教，更好支撑思政课教学；"忧"在学科发展基础薄弱，过去侧重经典文本研究，关注现实问题不够，与社会实践联系薄弱，新时代能否在国家新战略落地落实决策中发挥更大作用是学科地位、社会影响力提升的关键。

@**罗涤**（重庆大学马克思主义学院党委书记、教授）：

2019 年 3 月 18 日，习近平总书记在学校思想政治理论课教师座谈会上发表了重要讲话，他的讲话激励着全国思政课教师，广大教师为此欢欣鼓舞、喜上眉梢。教师们感谢习近平总书记对思政课教师队伍的关心，为自己所从事的神圣职业感到自豪，为自己能为中华民族伟大复兴建设贡献一份力量感到骄傲。习近平总书记提出了"政治要强、情怀要深、思维要新、视野要广、自律要严、人格要正"的要求，指出办好思政课关键在教师，也引发广大思政课教师的思考：思政课教师如何能担负起党中央赋予的神圣使命？教师们"忧"育人情怀

---

* 本文刊发于《北京教育》（高教版）2019 年第 4 期

的构建，希望能加强教育培养；教师们"忧"专业知识的提升，希望能加强在职培训；教师们"忧"教学渠道的单一，希望能加强课堂教学与社会教育相融合；教师们"忧"德育环境的打造，希望能加强学校乃至社会大德育体系的建设等。在新形势下，成为一名称职的思政课教师实属不易，喜忧兼有，只有不断努力，方能无愧于伟大时代，无愧于神圣岗位！

@ 侯衍社（中国人民大学马克思主义学院教授）：

2019 年 3 月 18 日，习近平总书记出席学校思想政治理论课教师座谈会并发表重要讲话，给予全国思政课教师巨大鼓舞，思政课教师的职业荣誉感和自豪感进一步增强。主要表现在以下方面：一是各高校领导和相关部门普遍重视马克思主义学院建设、马克思主义理论学科建设和思想政治理论课建设，广大思政课教师对自身职业的认同感和荣誉感在不断增强。二是教学科研的软硬件条件有了明显改善，给思政课教师进行教学方式、方法改革提供了很大便利，他们的积极性和创造性明显提高。三是广大学生对思政课和思政课教师的认同度和满意度大大增强，给予广大思政课教师很大鼓舞，教学相长，推动他们的能动性、主动性和职业自豪感进一步提升。广大思政课教师决心自觉按照习近平总书记所寄予的政治强、情怀深、思维新、视野广、自律严、人格正的殷切期望，努力做为学、为人的表率。广大思政课教师希望，对思政课和思政课教师的认同和重视能够持之以恒地坚持下去，千万不要出现摇摆和松劲，那样后果会非常严重。

@ 铁铮（北京林业大学教授）：

党和国家高度重视、管理部门大力扶持、学校积极培养，使思政课教师的全面素质得到了极大提升，队伍建设初见成效。与党和国家的要求、广大学生的期盼、错综复杂的形势相比，思政课教师目前尚存在着一些不适应的问题，亟待通过加快思政课教师职业发展加以解决。第一，要加大思政课教师的培养力度。一方面，对原有教师的培养，按照党和国家的最新要求和新形势需要，创造条件、提供机会，帮助他们更新知识、更新观念，提升教学水平，创新教学方法；另一方面，对新进教师更要加强管理和培养。第二，要为思政课教师职业发展提供良好的环境和条件。现在思政课教师普遍感到要求严、压力大，提升教育教学质量并非易事。要切实研究解决教师面临的问题和困难。既提要求，又创造条件帮他们达到这些要求。既给任务，又想方设法帮他们完成这些任务。第三，要加强对思政课教师队伍的动态管理和科学管理，及时树立榜样，经常鼓励先进，对出现问题的要视情况迅速解决，对不适合留在思政课讲台上的教师应该及时调离。

教学之法

论文，论道？*

又临毕业季，再逢论文时。有关毕业论文的各种问题如约映入我们的眼帘，论文查重生意火爆、短时间内完成论文、对论文质量的质疑、论文存在的意义有多大等争议颇多。鉴于此，《北京教育》（高教版）邀请相关学者就这个问题，从不同角度进行了探讨，以梳理出一定脉络，探寻解决之道。

@**铁铮**（北京林业大学党委宣传部部长）：

毕业论文考核的是学生的科研能力、学术基础、写作水平和综合素质。论文的写作和答辩过程，是学生学术成长、成熟、成功的必由之路。没有写过论文、没有经历过答辩的大学生，不能算是真正意义上的大学生。不能因为抄袭成风、不能因为论文水平下降，就怀疑和否定毕业论文环节本身。要采取有效措施强化这一环节，而绝不能迁就姑息。同时，毕业论文环节也应该与时俱进、不断改革。论文的选题既要考虑学术、理论标准，又要提倡问题导向、国家需求。对于不同学科的学生，需要提出不同的要求、确立不同的评价指标。对于特殊的学科，也可考虑用毕业设计等形式替代。论文答辩可以适当公开，条件成熟的可向社会开放。论文答辩通过之后，可在网上或用其他形式加以展示，既可接受各界的监督，又可发挥其辐射作用。

@**张小锋**（对外经济贸易大学党委宣传部部长）：

近年来，学生论文写作备受关注，也饱受诟病。招生规模和就业压力的增大、教育功利化倾向明显等多重因素导致一些学生论文抄袭严重、粗制滥造等质量问题，使得学术期刊和学校学位论文管理审核部门不得不采用"论文查重"的办法。论文查重火爆的背后，折射出的是学风浮躁，以及科研工作者、学生

---

* 本文刊发于《北京教育》（高教版）2014 年第 6 期

培养者和学生本人存在的急功近利倾向。论文写作是一件严肃的事，一定要有一种敬畏之心和敬业精神。对于高校教师而言，既要洁身自好，注重自己的学术清誉，遵循学术规范，确保论文质量，又要甘为人梯，耐心指导学生进行论文写作和科研训练，不能在论文把关上"放水"。作为学生，要把论文写作当作与修学分、考试、找工作一样重要的学习环节，不应付、不抄袭、不蒙混过关；作为学校相关管理部门，也要建立一套完善的管理和奖惩制度，确保论文写作始终沿着健康正确的方向前行。

@邸燕茹（首都经济贸易大学党委宣传部部长）：

目前，一些高校毕业生对毕业论文的撰写不重视，敷衍了事，论文存在质量不高、拼凑，甚至是剽窃现象。究其原因主要有：社会功利化思想影响；论文质量管理体系不健全；受学生就业压力影响等。毕业论文是高校人才培养中不可缺少的环节，是学生完成学业的标志性成果，是学生学术水平的重要考量。同时，学生撰写论文的过程，实则又是一次重要的学习和提升过程。因此，高校应从两方面入手：一方面加强对学生学术道德的教育；另一方面加强质量监控，形成严格的过程管理，包括论文写作教学课程、导师选配、答辩、评估等各个环节。

@刘凌（华南师范大学党委宣传部部长）：

系统的知识学习，复合的技能训练，健全的人格建构组成了大学生活的主要内容。大学生应从一进校起就建立大学生活相对明确的学习规划和职业生涯规划，对决定毕业学位获得与否的毕业论文撰写任务尤为重视，并把目标细化到每一个学习阶段，打好基本功，充分观摩借鉴，到了真正开始毕业论文撰写阶段厚积薄发，最后磨炼出一篇检验几年大学学习成果的毕业论文。同时通过这个过程教育学生遵循学术研究规范，学习科学研究方法，并初探学术研究的志向。因此，我认为，大学生的毕业论文撰写环节要一以贯之地抓牢抓好，任何时候都不能松懈。

@周飞（安徽大学党委宣传部部长）：

毕业论文反映的是作为学人对学术最起码的追求，不仅不应该取消，而且应得到切实加强。毕业论文作为申请学位和毕业的重要依据之一，有着比较严格的要求，有选题、开题、论文撰写、导师审核、答辩等多个环节。毕业论文代表的是作者的学位水平和学术素养。学术的事情需要用学术的方法去解决，提高毕业论文质量，圆满完成学业要从营造学术氛围、尽早参与学术训练、坚持从理论联系实际入手，从浓厚的学术氛围中培养学生兴趣，从学术训练中掌握学术方法，从理论联系实践中寻找创新选题，才有可能创作出高质量的毕业论文，也才有可能为人类贡献积极的思想。

休学，创业？*

编者注：《教育部关于做好 2015 年全国普通高等学校毕业生就业创业工作的通知》（文中简称《通知》）

@ 高金萍（北京语言大学党委宣传部部长）：

《通知》是教育部力图破解就业难题的一个奇招。弹性学制并非对所有高校都有价值，应该分而论之。我国高校既有科研型大学、科研教学并重型大学，也有各级各类职业院校。对于前者，弹性学制弊大于利，前者的培养对象具有知识接受能力强、思维敏捷的特点，毕业后可能会选择进一步深造，弹性学制可能会改变班级成员，影响学生连续快速地获取专业知识，并给教学管理带来新的问题；对于后者，弹性学制利大于弊，有利于学生在掌握基本技能后，先行了解市场、熟悉社会，培养其独立自主的社会适应能力。

@ 袁本文（北方工业大学文法学院党委书记）：

教育部发布的《通知》一时成为舆论焦点。笔者认为，当前，制约大学生创业的主要困难不是学制问题。一些高校早就建立了弹性学制，不过，罕有学生休学创业。这表明，不是有了弹性学制，大学生的创业积极性就能够被释放。那是什么阻碍了大学生创业？是创业环境。创业环境包括政府金融和政策支持、教育和培训、市场开放程度和观念等多个方面。对大学生而言，创业首先要解决的是创业资金、创业能力、创业观念等问题。我国只有大力培育良好的创业环境，才能激发大学生的创业积极性，让"休学创业"成为大学生的自主选项，而不是"看起来很美"。

---

* 本文刊发于《北京教育》（高教版）2015 年第 1 期

@苏寄宛（首都师范大学党委宣传部部长）：

这一鼓励大学生创业政策的出台，对于那些具有创业愿望的大学生群体具有积极促进作用。大学生在校学习期间，学习专业知识的同时，可以提前进入社会，有目的、有计划地谋划自己的创业设想，学习创业知识、积累创业经验、增强创业能力，为将来演绎精彩的创业故事、实现创业梦想奠定一定的基础。高校应适时出台相应的配套规章制度，如创业课程设置、学生休学年限等，既要鼓励大学生通过创业增强就业技能、实现创业梦想，也要确保学生通过自己的勤奋努力，学好专业知识，成为一名优秀的大学生。

@蓝晓霞（北京交通大学党委宣传部部长）：

教育部出台的《通知》，无论对于拉动创新、提升国家创新能力，还是缓解就业难、深化高教综合改革、促进社会经济发展都具有重要的促进作用。但文件落实关键要过好完全学分制这一关，使弹性学制真正"弹起来"。一是确立宽松的休学年限，而不是现在大多高校执行的1—2年；二是与弹性学制相适应，变现在的按学年收费为按学分收费，以完全学分制为核心深化高校教育教学改革；三是改革当前的学生管理机制，明确学校与学生的权利与义务，形成激发学生创业激情的良好环境。

@张小锋（对外经济贸易大学党委宣传部部长）：

近年来，无论是教育部，还是各大高校，均在"如何做好创业这篇大文章"上下了不少功夫，也取得了一些成效。但总感觉有点"雷声大、雨点小"的味道。有一点是肯定的，即相比就业而言，创业的风险更大，创业者需要在大学期间就为未来创业做各种准备，甚至要边学习边进行创业实践和锻炼，为未来创业成功增添更多的可能性。但这样很可能会造成既耽搁学业又影响创业，《通知》给"学业"与"创业"二者不可兼得的学子吃了一颗定心丸。从这个意义上看，恰似给"大学生创业"这个"幼苗"搭起了一个牢固的支架。

@张艳（北京信息科技大学机电工程学院党委副书记）：

允许休学创业，具有积极的现实意义。但由于学生既缺乏对社会充分的认识，也不具备创业的相关知识和技能，更缺乏对风险的控制和承受能力，使得休学创业"看上去很美"，但鲜有人实施。要让休学创业之路走得更稳更远，高校须在落实"创新创业教育作为推进高等教育综合改革的重要抓手"上下功夫，如开设创新创业教育课程；设立大小学期；聘请创业成功者担任指导教师等。

当创新创业教育贯穿于人才培养全过程，社会创新创业环境更加宽松优化时，休学创业这一政策的效用才能发挥得淋漓尽致。

@**张奕**（北京联合大学师范学院党委副书记）：

　　如何对弹性学制有一个客观、全面和科学的认识？第一，弹性学制所推进的创新创业教育是对高校教育教学改革的倒逼。它呼唤高校创新人才培养理念突出实践导向的专业课程内容改革、期待在完全学分制下给予大学生更多的自主权与保障。第二，它引导对大学生的系统培育和创新培养，有计划组织大学生参加各类创新创业竞赛等实践活动；它践行对大学生创新精神、创业意识和创新创业能力的培育，保护创业者的创业意愿和抗风险的能力，避免盲目创业和激情创业。

师生，治学！*

@**铁铮**（北京林业大学党委宣传部部长）：

师生治学不能只是听起来很美。师生治学的具体含义是什么？师生通过什么途径参与治学？师生治学如何在办学中真正发挥作用？师生治学和教授治学之间是什么关系？诸多问题都需要加紧研究，尽快提出具体解决的思路与对策。从目前的报道看，师生治学还只是个抽象的概念，只是一个倡导或理念。真正落到实处，还有许多工作要做。北京大学作为全国高教改革的"排头兵"和"先锋队"，是出经验的地方，应该在探索师生治学上先走一步，为更多的高校提供参考。其他高校也应该积极参与，结合本校实际开展师生治学的试点，针对具体问题，进行尝试和探索。总之，不能让师生治学仅仅停留在一个听起来很美的概念上。

@**韩宝志**（天津大学档案馆馆长）：

北京大学的师生治学问题，抓住的是大学的根本问题。大学以育人为本，那么培养什么样的人，怎么培养人，就成了各个高校必须面对的问题。培养一个能够实事求是、不唯上、不唯书、只唯实，自由探索、追求科学之真、造福人民之善、大美的人，实际上就是高校的根本任务。培养人的过程，教师发挥着无法替代的作用，教师怎么教，学生就怎么学。学生成长的过程，就是一个学会治学、做事、为人的过程。让学生参与到治学当中，激发学生对学习知识的热情，就能让一代又一代人传承中华民族的优秀文化，从而为社会构建起一个重科学的价值体系，保证我们奋斗目标的实现。北京大学一直有着良好的传统，此次让师生共同治学，实际上也是历史上追求科学、民主的文化延续。

＊ 本文刊发于《北京教育》（高教版）2015 年第 1 期

@李爱民（中央财经大学党委宣传部副部长）：

　　"师生治学"其实就是大学教师和学生作为学术活动的主体参与或者主导学术事务决策和治理。从现代大学的源头——欧洲中世纪大学开始直到后来的很长一段时间，大学作为师生探求高深知识的机构，其管理人员皆由学者兼任，学术事务与行政事务管理是和谐互融的关系。但随着大学规模的扩大和功能的拓展，专职行政人员开始出现并且行政权力开始与学术权力分庭抗礼。我国大学由于历史的原因，一方面行政权力过于强势，出现了替代学术权力甚至包办学术事务的现象，影响了学术决策的科学性和学术的健康发展。另一方面过度行政化的管理体制使得师生缺位于学术事务决策和管理，降低了他们对学术管理的认可度，影响了师生在学术活动中的积极性和创造性。近日，北京大学提出"师生治学"理念，并明确了作为学校最高学术机构的学术委员会中教授委员和学生委员的席位，体现了大学学术事务管理中主体的回归。希望这一举措能让大学真正做到"学术的归学术、行政的归行政"，使大学更像大学。

@蒋朗朗（北京大学党委宣传部部长）：

　　师生治学是高校治理结构的新概念，其中蕴含着大学治理观念的重要变化。学生从高校教育和管理的对象，参与到大学治理的过程中，其作为大学主体之一的地位真正有所体现，大学管理的民主参与有了新的维度，这是深化高校改革的重要举措。当然，观念改革关键在于实践，实现真正的师生治学，首先要从顶层设计，制度安排上来谋划。学术委员会是高校学术管理的最高机构，学生委员参与学术评价机制，这无疑是创新，委员如何遴选，如何行使权力都值得探索与深思。学生委员参与校务委员会，使重大校务决策和管理有了新的面貌。其次，要从提高管理效率上，加强学生的参与和监督，在学校的党政群团组织运行与管理的机制中凸显学生的参与度，在学校行政管理职能部门运行中，强化学生的监督和参与，使师生治学变成显现实在的管理机制。第三，师生治学要处理好发挥学生主体性与育人的关系，学生既是学校的主体之一，其权益和利益都应重视和保障，但其受教育者的义务即可靠接班人与合格建设者的使命还须担当。师生治学既不能淡化用核心价值观立德树人，也不能使民主参与管理监督流于形式，浮在表层。

"三培计划"助力人才培养[*]

@张小锋（对外经济贸易大学党委宣传部部长）：

高水平人才为国家和社会之迫切需要，此人之共识。但如何培养高水平人才，众说纷纭，难有定论。高水平人才培养是一项系统工程，牵涉社会方方面面，单单依靠某一部门，很难奏效，正因如此，高水平人才培养才成了"世纪难题"。如何突破困局，迈出实质性的第一步，是需要新思维和真勇气的。常言说："千人之诺诺，不如一士之谔谔。"2015年3月24日，北京市教委推出了"高水平人才交叉培养计划"，这无疑是破冰之举。据媒体报道，此计划分为"双培""外培""实培"三个子项目，每年将惠及数千学子。此"计划"是经过了反复论证、缜密设计而后推出的，这对北京乃至全国教育系统而言，不啻为"春雨后的彩虹"，赏心而悦目。平心而论，启动这一计划的指引（或象征）意义远大于现实意义；"计划"仅是全面深化教育改革的一个探索，不可能承载"高水平人才竞相涌流"的梦想，其实际效果还有待时间来检验，其具体运作还有许多细节要落地，不能给予其太多期许。

@铁铮（北京林业大学党委宣传部部长）：

尺有所短，寸有所长。在高水平人才交叉培养上，应该进一步打破高校的院墙。不但要首都各大学"一盘棋"，还要大学与科研院所"一盘棋"、大学与社会"一盘棋"。一是要进一步解放思想，把交叉培养的步子迈得更大些。只要对人才培养有利的，政策上就应该大开绿灯。二是资源共享，优势互补，协同作战，共同培养。鼓励教师到其他学校授课、开设讲座。鼓励学生跨校选课、学分互认。三是大力推广已有的"学院路教学共同体"模式。学生们不但可听到外校教师的课，还可与其他学校学生进行交流。希望更多高校加入"共同

* 本文刊发于《北京教育》（高教版）2015年第4期

体"，希望更多相邻的高校、相似的高校，建立起各种各样的"共同体"，共同承担培养高水平人才的重任。

@张春萍（北京工商大学党委宣传部部长）：

高水平人才交叉培养采取自愿申报、人才遴选、知名高校访学、科研院所训练、企事业单位实践等方式，体现了对优秀人才培养的个性化定制。市属高校与中央高校、海外境外知名高校、校外人才培养基地等协同联动，充分利用优质的教育资源，共同打造拔尖创新人才。学生可以走出高考定音单一高校的局限，有更多的学习机会，将促使学生参与竞争，以更加开放的眼光和更加严格的自我管理去追求主动的学习、深度的学习。同时，项目实施创新了人才培养的理念和机制，释放出首都高等教育发展的活力，也必然会带动北京市属高校的整体建设水平，提升首都高等教育的竞争力和影响力。在该项目出台时，还强调了对热门专业和优势专业的遴选，实施中要以适度超强的眼界审视经济社会发展的市场需要，课程内容既要充分体现科学性、前瞻性，又要注重时效性、实用性，教学内容要及时吸纳新的知识技术和研究成果，注意增强学生的适应性、创新能力，拓宽其国际视野。

@邸燕茹（首都经济贸易大学党委宣传部部长）：

"北京高等学校高水平人才交叉培养计划"是北京高教领域推出的一项重要改革举措，是创新人才培养模式的有益尝试。"双培计划"，让原本考入市属高校的学生获得去中央高校学习的机会；"外培计划"让学生获得海外境外访学的机会；"实培计划"让学生到院士工作室、教授实验室、企业、科研院所实践锻炼。这些举措将促进学生"学思结合""知行合一""优势发挥"。然而，我们也会面临一些问题，如"双培计划"涉及的两所高校人才培养定位不尽相同，就需要两校在人才培养的目标和方式上有所衔接。同时，此举措对学校的管理也是挑战，需要建立一套良好的机制有效保障改革的运行，使之获得应有的效果。

@李爱民（中央财经大学党委宣传部副部长）：

北京启动市属高校高水平人才交叉培养计划，可以充分利用北京作为全国政治、文化中心和国际交往枢纽这一得天独厚的优势，通过建立市属高校与中央高校、海（境）外名校、相关科研院所和企事业单位的有效合作机制，消除学校之间的办学壁垒和同质化竞争现象，为更多学生提供接受优质高等教育的机会。但应注意：一是要认真分析合作双方的特色和需求，进一步明确合作的内容和方式，力戒形式主义。二是不能急功近利，要不断总结和积累经验，研讨解决遇到的困难和问题，力求取得实效。三是不同培养计划和合作方式要突出重点，努力探索行之有效、各具特色的交叉培养模式。四是市属高校要通过计划实施，不断汲取合作高校或单位的先进经验为我所用，最终提升自身的办学实力和人才培养水平。

上课不玩手机的 "挑战"*

@邸燕茹（首都经济贸易大学党委宣传部部长）：

手机在给人们提供便捷的资讯服务和无限娱乐空间的同时，也使人们对手机形成高度依赖。南京大学商学院研究生会组织发起的"挑战 21 天上课不用手机活动"，其结果充分证明了手机对学生生活的影响之大。造成这种现象的原因，部分师生认为如果课堂生动有趣，能吸引学生，自然就不需要强调"上课不玩手机"了。至于对策，部分师生认为，对大学生最好从侧面引导、培养自觉性，而非禁止。这样，"上课玩手机"就形成了教师不好管、学生不愿听的尴尬局面。笔者认为，上课玩手机一定会让学生分心，影响学习成绩，干扰课堂教学。玩手机的学生会分心，不玩手机的学生在旁边也难以专心听课，学生只顾玩手机、不与教师互动交流势必影响教师的情绪。同时，上课玩手机也是对教师的不尊重和对课堂纪律的蔑视。因此，应该将"学生上课不拿手机"作为学校的一项规定。没有规矩不成方圆，社会不能单纯靠道德教化形成良好风气，既要倡导自觉遵循道德规范，也要通过法律制度约束人们的行为。只有将自律和他律结合起来才能形成良好风尚。

@袁本文（北方工业大学文法学院党委书记）：

学生上课玩手机，既影响授课者的热情和教学效果，也分散听课者的注意力。能不能让学生上课不玩手机？据悉，南京大学商学院研究生会组织 200 多名学生参加"上课 21 天不用手机活动"。一天活动结束，只有不到 10 名学生做到了。这似乎是一个无解的难题。"学生上课不玩手机"真做不到吗？否！那么，怎样做到？须三管齐下：第一，教师是关键。教师不仅要不断提高教学艺术和水平，而且要言传身教，真正成为学生喜爱的师长。教师要积极运用新媒

＊ 本文刊发于《北京教育》（高教版）2015 年第 5 期

体提高教学效果，让手机成为有利载体；教学内容要有感染力，方法要有吸引力，教师行为要有感召力，自身做不到，就不能要求学生做到。第二，学生是主体。要鼓励学生加强自律，自觉培养良好的行为习惯。第三，学校须引导。制定细则，引导并规范学生行为，让良好行为变成习惯。对于前述活动结果不能过于悲观地解读，至少证明了在一天内"上课不用手机"不是不可以做到的。如果活动持续，21 天后会有多少人做到？一旦学生们形成习惯，效果会如何？笔者持乐观态度！

@ 姚治兰（首都体育学院党委宣传部部长）：

依赖新媒体，喜欢新事物，寻求新刺激，是网络环境下长大的"90 后"大学生共同的时代印记。手机已成为他们的伴随式媒体，犹如穿衣吃饭一样不可或缺。手机里的世界是一个充满诱惑、充满希望，能够共情、共景、共经历、共体验、共分享的世界。要求大学生上课不玩手机，在几十分钟内远离这个世界，那就是一场争夺学生眼球与注意力的大战：是讲授内容吸引力大于手机吸引力的挑战、是教师颜值高于网络红人的挑战、是教学方式大于游戏的挑战、是忍耐力大于依赖症的挑战、是自律大于放纵的挑战……如何应对这些挑战？如果把手机当假想敌，那就化敌为友。想象一下，有一种课堂，扫二维码、游戏闯关、分享点赞、实时讨论、实时统计，根据表现送分数红包，比学赶帮，那何惧手机这个"敌人"呢？当然，把手机从假想敌变为真队友，除了不断借用手机里的丰富世界来为我所用外，把自己变得更好、更有力量，让课堂更有新意、更接地气、更有活力，也是互联网＋时代教师应该不断努力的目标。

@ 刘凌（华南师范大学党委宣传部部长）：

《华南师大报》策划了《低头，你看见了什么?》专题报道。绝大多数受访者认为使用移动终端可以更加随时便利地学习；也有半数的受访者感觉到，"学习正变得缺乏连续性与专注性"；真正能做到"更好地利用学习资源"的受访者仅占两成。课堂上移动设备使用情况的调查结果更令人忧虑，虽然有 55% 的受访者使用移动设备协助学习，但 66% 的受访者用其查看社交软件，而玩游戏、漫无目的地看视频或阅读的，也各有两至三成人。在新常态下，高校的教师群体要有积极的心态来转变自身在课堂教学中的传统角色定位，不仅要提高授课质量，更重要的是转变教学理念，实现多维互动，真正用内容、方式和人格魅力来抓住学生的心。同时要善用新媒体技术和知识，在课堂上将手机作为教学的辅助手段，通过手机和学生进行互动。手机可能是教学的干扰，也可以成为教学的同盟军，关键看教师如何应对。2013 年以来，华南师大先后推出了利于移动终端客户进行学习的凤凰微课、掌上图书馆以及集社交、咨询和多项使用校园功能于一体的校园 App"华师小木"，让学生充分享受移动终端带来的便利。

高科人员离岗创业的"梦想"与"成真"*

@**李爱民**（中央财经大学党委宣传部副部长）：

2012 年以来，许多地方政府和高校都已陆续出台了一系列鼓励科技人员离岗创业的政策措施。日前，国务院常务会议做出的部署安排，更为高校科技人员离岗创业提供了国家层面的政策支持，这对于促进我国高校科技成果转化、以创业创新带动就业、加快民营经济发展、解除科技人员创业的后顾之忧等无疑是一个利好消息。但从目前情况看，这项政策要想成功"着陆"还需要克服一些"障碍"。首先，是高校科技人员创业胜任力问题。科技人员与企业家是两种不同性质的职业身份，角色的成功转换需要特定的素质能力。如果对自身能力与资源评估不足就盲目"下海"，会难以真正做到离岗成功创业。其次，是高校岗位与编制的管理问题。教师离岗创业后仍然占用编制，为了不影响正常教学秩序就需要新增编制。如果几年后离岗教师再回归，就会形成一岗多人。此外，还有离岗人员的职称评聘问题等，都会给高校管理带来困扰。因此，高校科技人员离岗创业从"听上去很美"到"梦想成真"，还需要进一步积累经验、完善制度保障。

@**蓝晓霞**（北京交通大学党委宣传部部长）：

国务院总理李克强在 2015 年 4 月 21 日国务院常务会议上表示，将继续部署促进就业鼓励创业，支持高校院所专业人员在职和离岗创业。这一举措无疑给怀揣技术、有创业梦想的高校科技人员吃了"定心丸"，也给高校科技成果转化提供了新的动力，对改变我国长期存在的科技成果转化率低，激发科技人员的创新、创业热情，提升科技创新转化效能乃至整个高校协同创新能力都是利好消息。但要把政策用好，关键还在于进一步细化有关规定，要重点解决两个问

---

* 本文刊发于《北京教育》（高教版）2015 年第 5 期

题：一是高校科技人员离岗创业的身份待遇保留问题。应深化高校人事制度改革，出台离岗创业人员收入分配等人力资源管理细则，既保证高校教师从技术转化中受益，又要兼顾校内公平。二是高校教师职务发明成果的收益归属问题。科技成果与知识产权方面缺乏成果共享及利益分配机制是当前制约我国科技创新潜能迸发的主要障碍之一。现在各地对高校科技人员职务发明成果收益分配的具体制度安排也不尽相同，应进一步改革高校科技管理体制，完善成果转化激励机制，进一步明晰责任和权利，最大限度地调动科技创业人员的积极性、创造性。

@ **张小锋**（对外经济贸易大学党委宣传部部长）：

高校科技人员离岗创业，与大学生保留学籍创业一样。唯一不同的是，高校科技人员离岗创业成功了很可能就脱离了高校，由教师摇身一变成为老板或企业人员，而大学生创业成功后很可能还会继续学业，直到完成全部学业、拿到毕业证书。直观判断，高校科技人员离岗创业者人数不会太多，所以不用担心高校科技人员离岗创业会对高校教学科研工作带来多大的冲击。从这个意义上考虑，高校科技人员离岗创业未尝不可。若再换个角度考虑，允许高校科技人员离岗创业，恰能更好地解决部分高校教师在社会上兼职取酬从而影响本职工作的矛盾。在高校，科技人员就应该把心思和主要精力放在科研和教书育人上，不应搞"身在曹营心在汉"那一套。若在课堂上冠冕堂皇地教诲学生要敬业爱岗，下课之后就去社会企业中兼职赚钱，这样的教师，很难保证科研和育人的质量、水准，其职业操守值得怀疑，这种行为也是高校所不倡导和应该禁绝的。允许高校科技人员离岗创业，也就是说，要赚钱干脆离岗，不要两头兼顾，这样就避免了跌入"义利难全"的漩涡，岂不皆大欢喜！

@ **韩宝志**（天津大学档案馆馆长）：

高校科技人员离岗创业理论上是行得通的。高校教师离开岗位，将自己的梦想付诸实践，本身就是一个生动的例子，给学生以启迪，让学生勇于实践。教师到社会中去检验科技成果，积累实践经验，对丰富教学内容，也有借鉴作用。但有两个问题：第一，教师的科技成果如果是国家项目，那么用项目的成果来创业，首先需要解决知识产权的法律问题；第二个比较重要的问题，即在社会中的教师与高校之间的关系认定问题，也就是教师离开高校之后，是否还可以回到高校的问题；目前，各高校教师名额有限，人员不足，如果离职创业，回来后教师资格是否有效、工龄等是否认可的问题。这也是社会保障体系是否完善的问题。

等级制带来的期盼 *

@ **铁铮** （北京林业大学党委宣传部部长）：

清华大学 2015 级学生的成绩单将以等级制形式呈现，使用多年的百分制将成历史。对此我们既予以肯定，又报以期望。肯定的是，等级制在一定程度上可以降低教师和学生对考试结果的关注度，有利于他们重视学习过程本身；期望的是，改为等级制毕竟只涉及评价改革的表层，建立科学有效的学业评价体系只迈出了第一步。理论上讲，根据不同课程的不同性质、采取不同的方法进行考核才是最理想的。要认真研究讨论、妥善解决在全面推行等级制中可能遇到的问题，规避等级制带来的弊端和负面影响。改革评价方法是必要的，但教学改革是个巨大的系统工程，仅仅对某一个环节"动点小手术"容易，但对整体改革而言显然是微不足道的。教学方法不改、教学内容不改，仅仅是用等级制给个最后的成绩，对学生的学习未必能起到促进作用。要尽快出台一系列相应的配套措施加以保障，以推进切实有效的教学改革。窃以为，应该从课程的教学改革入手，想方设法通过改革调动学生学习的积极性、主动性、自觉性，并辅以灵活的、科学的、有效的考核、考试、考察。这样做起来更符合逻辑、更符合教育规律。

@ **唐宇明** （国际关系学院党委宣传部部长）：

无论百分制还是等级制，从本质上说，都是评定教育结果的测量手段，无所谓优劣，只有测量精确度的差异。但是这种细微差别，却体现出教育评价观的大相径庭。中学教室里高悬的横幅"提高一分超越千人"，文字虽然惊悚，却客观反映出当前我国高考的量化分高低的绝对评价标准，这是由"挑选性"的教育价值取向决定的。进入高等教育阶段以后，"发展性"成为教育的主要目

---

* 本文刊发于《北京教育》（高教版）2015 年第 6 期

标，评价上将定量与定性相结合，适当地模糊精确度更为科学。有评论认为，这一举措是融入潮流、接轨国际的进步。事实上，我国古代科举考试"同考荐卷，主考取中"，采取的就是等级量表的评定方法。据介绍，清华大学这次改用等级制，既非该校历史上头一遭，在国内高校也算不上首创之举。一个并非"新"闻的事件，引发了如此广泛的关注，除了"名校效应"的放大作用，最主要的动因是全社会对深化教育领域综合改革的期盼，对我国由教育大国变为教育强国的期盼，对"我们的学校何时能培养出杰出人才？"的期盼。在笔者看来，把百分制改为等级制，肯定不能解答"钱学森之问"，但无疑可以算作一种回答，这样的思考和尝试值得肯定。

@**王岩**（华南师范大学学生工作部副部长）：

　　历时五年探索，清华大学成绩单正式由百分制改为等级制，无论从时代发展背景还是从当前人才培养目标实现的视角，这一举措都具有积极意义。评价体系与标准直接涉及导向性问题，成绩单实行等级制是大学顺应时代发展，倡导由重知识掌握向重知识运用转变，进而实现个性化、创新性人才培养的措施。仅就高校人才培养的评价体系而言，其影响也是深远的，小学至高中阶段，分数是学生评价体系的核心；在大学，一味追求高分的倾向与行为并未因大学没有升学的竞争性压力而减弱，分数仍是优秀学生评奖评优的关键性要素。清华大学推行等级制，势必引发人们对人才培养问题的再思考，大学究竟该培养怎样的人？大学应如何评价学生？即使这一机制下，尚有一些事宜仍需细化、确定，如高校如何在等级制（评定区间）下科学评选国家奖学金、国家励志奖学金等，但这绝不能掩盖其给大学人才培养所带来的导向性价值。

@**邸燕茹**（首都经济贸易大学党委宣传部部长）：

　　笔者认为，在深化高等教育改革的大背景下，等级制代替百分制，不失为有益的尝试。清华大学的改革是为建立促进学生全面发展的学业评价体系，让学生一定程度上跳出唯分数论的桎梏，不再把心思花在刷分数上，淡化对分数的关注度。同时，在推荐免试研究生过程中，清华大学不提供逐次排名的名单，只提供靠前的每个段位名单，然后通过面试等手段，考察学生的科研潜力和素质等，引导学生提升创新能力和综合素质。长期以来，在以分数为"指挥棒"的教育评价体系下，我们的教育过于功利化，形成了一大批"高分低能"的学生，"素质教育"多年来只能成为美好而无法兑现的目标。学生、教师、学校和家长大都追逐分数和应试技巧，忽略了学生运用知识分析、解决问题的能力，难以让学生实现个性化、差异化发展。然而，尽管等级制改革迈出了深化教育改革的第一步，但是落实提升任课教师的教学能力和评价素养，建立学生的多元评价体系，引导学生关注分数之外的能力和素质培养等一系列改革举措，才是"等级制改革成为撬动高等教育改革的切口"的意义所在。

创新创业教育如何"落地"*

@ 张小锋（对外经济贸易大学党委宣传部部长）：

创新创业教育是个系统工程，高校、社会、家庭、创新创业者都要承担相应的责任，扮演合适的角色，光靠高校唱独角戏，显然是不合适的。但就高校而言，第一，要开好创新创业课程。培养学生的创新意识，塑造学生的创业精神，激发学生的创业热情，帮助学生树立正确的创业观。只有解决好这一首要问题，才能避免学校着急、学生冷淡的"剃头挑子一头热"的尴尬。第二，要完善政策，做好帮扶。解决好学生创业的后顾之忧，如使休学创业、创业可兑换学分、创业后回学校读书等政策在程序上便利化、可操作化；同时尽可能设立学校创业孵化器、创业园或创客空间，帮助有热情、有创意但缺乏活动地方的团队蓄电、增血，也就是常说的"扶上马"再"送一程"。第三，要聘好创业导师。给创业学生针对性强的创业指导。校园内专业知识的学习和积累很重要，大学中的创业课程学习也必不可少，但创业是一门实践性很强的工作，不同的行业、不同的创意都需要具体的"一对一"式的专业指导，而这些只能由富有经验的企业界专业人士来完成。聘好创业导师，首先要重视并利用好校友资源。

@ 孙冬梅（北京建筑大学党委宣传部部长）：

在众多影响创新创业教育效果的因素中，笔者认为以下三个因素需着力解决好：一是加强创新精神的培育。我们所说的创业是基于创新的创业。因此，高校应将创新创业教育融入整个专业课程体系之中，构建一个完整的、系统的、基于创新创业人才培养的课程体系和人才培养模式，将创新精神的培育融入每门专业课程教学和实践，这样可以较好地解决目前创新创业教育与专业课教育结合不够紧密的问题。二是着力营造成熟的创新创业文化氛围。应该把产学研

---

* 本文刊发于《北京教育》（高教版）2015 年第 6 期

密切合作培养人才作为高校人才培养模式的必要环节，有助于实现创新创业教育与专业实践环节的无缝对接。实行弹性学制，可以确保有创业意愿和潜力的学生对创业项目的时间和精力投入。三是完善有关促进师生科研成果转化的政策。这样可以培养和吸引更多具有成果转化实践经验的教师充实创新创业教育师资队伍，促进创新创业课程质量和效果的提升。四是在创新创业教育课程中，应开设团队形成方法、获得技术支持和资金筹措途径及技巧等实务课程内容。

@邱晓飞（北京工业大学党委宣传部部长）：

高校首先应该明确创新创业教育的核心任务是培养学生的创新思维和创新能力而非直接帮助其创业。创业教育的实质是创新教育，其依然隶属于素质教育的范畴，不能仅仅看作创业技能的传授，应着眼于创造性思维的开发和创新性人格的塑造。因此，高校开展创新创业教育，首先，要依托专业教育的主渠道，课堂研讨、课题汇报和课程实践等专业教育各个环节都应该成为大学生创新思维养成和创新能力提升的根基和载体，高校要着力研究专业教育过程中大学生创新能力的培养方法；其次，搭建创新创业的综合教育体系，如创新思维课程、创业大赛、众创空间、企业家论坛和创业服务工作坊等，营造创新创业氛围，帮助学生产生不断自我实现的价值追求，在多层次、多类型的创新实践中塑造其创新性人格和企业家精神。需要指出的是，高校需要保持清醒的头脑，切不可急功近利地以短期内的学生参与创业数量来评价自身的教育成果。

@铁铮（北京林业大学党委宣传部部长）：

创业也好，创新也罢，都不是件容易的事，都需要下很多功夫和力气，不可能在短期内奏效。因此，创新创业教育既要有短期打算，更要有长期规划。从指导思想上，不能操之过急、急于求成，更不要搞形式主义和政绩工程。创业和创新虽然相互之间有十分紧密的联系，但还是有不同的内涵和特点。创业教育和创新教育也不能完全等同起来。从教育对象看，创新教育更具有普遍性，教育对象更加广泛，要面向广大学生开展。创新教育不是孤立的，不能只指望开几门课程加以解决。教育理念的创新、教育体系的创新、教学方法的创新，都对学生产生着潜移默化的影响。教师的以身作则、率先垂范也十分重要。创业教育在一定程度上会受专业、学科的限制。要注意研究不同学生的心理特征、性格素质、家庭背景，根据其性质和特点，加以必要的引导。创业教育首先是帮助学生树立科学创业的理念，实际操作层面要视情况而定。要重视给学生创造创业实践的环境和条件，引导他们正确地领悟创业的甜酸苦辣。

"逃客"逃课为哪般？*

@铁铮（北京林业大学党委宣传部部长）：

　　大学生"逃客"增多的原因是错综复杂的。在分析、判断和研讨对策时，切忌简单化。一些课程设置不合理，不符合学生的需求。无论教师怎样说，也难以调动学生听课的积极性；有的课程虽然很重要，但教师讲得索然无味，"逃客"自然难免；学业负担过重、社团活动太多、打工兼职频繁等，都会诱发学生成为"逃客"。但是有的学生连教师的面都没有见过就成了"逃客"，自然就不能全部归错于教师的讲授了。对自己的未来不大清晰、缺少学习动力、没有求知欲望、放松对自己的要求，也是"逃客"形成的诱因。既然"逃客"的形成如此复杂，那么将"逃客"转化成"听客"也就成了一个宏大的系统工程，需要综合治理：对于教师而言，把有意义的课讲得有意思是最重要的教学基本功，再有水平、有学问的教师，也不该"茶壶里煮饺子"；对学校而言，重要的是在教育教学改革上多想点子、多给政策、多出对策；对社会而言，积极营造尊重知识、尊重人才的良好氛围，让每个人都真正明白靠真本事吃饭才是硬道理，而真本事有许多是通过课堂学习获得的。

@封林（三峡大学学工部部长）：

　　学生逃课在高校是一个普遍现象。有调查显示：大学生认为学生获取知识的主要渠道还是"教师的课堂讲授"，所以教师有必要研究清楚学生为什么要逃离自己的课堂，他们逃课之后又去干了什么。一方面，要从更深层面去了解学生，而不是一味地想办法"防逃"或"任逃"；另一方面，要帮助引导学生树立正确的价值观和学习态度。大部分学生认为"逃课"的原因无非是"畏学""控制力差""老师讲得不好、听不懂"……这些大多是一些表面的原因，根本

---

　　*　本文刊发于《北京教育》（高教版）2016年第1期

上还是理想信念意志力的缺失。

@张奕（北京联合大学师范学院党委副书记）：

　　周琦的《目标与手段的背离——大学生"隐性逃课"的社会学分析》，对"隐性逃课"给出了定义，即"隐性逃课"是指学生按时去上课，似乎也在认真听课，但实质上则"人在心不在""形在神已跑"。"隐性逃课"越来越成为我们大学教师心中隐隐的痛。如何从根本上找到破除顽疾的有效方法？笔者认为，第一，要学会信任学生，充分发挥学生的主观能动性，坚持教育引导学生正确认知自我、认识使命，不断端正学习态度、培养对学科专业的浓厚兴趣；第二，要学会让每一堂课成为精品，发挥好教师课堂第一责任人的作用，引导教师处理好科研与教学之间的关系，使开好每一门课、争取每一堂课都能留下精彩成为教师毕生的追求；第三，要学会善用制度，要建构起一整套行之有效的现代管理制度，从源头上助力大学的科学化进程，要将对课堂和考核环节的高效管理自觉纳入现代大学治理体系中；第四，要学会高效使用现代技术手段，让"点名神器"、无线网络的自如开闭不再仅仅停留在童话，见招拆招。"逃客"回归课堂是我们共同的期盼！

@李爱民（中央财经大学党委宣传部副部长）：

　　"逃客"类型不同，逃课原因也各异。一种类型的"逃客"是所有课程"通逃"。这类学生进入大学后，没有了教师和家长的监督，对专业不感兴趣，失去了继续深造的目标和前进动力，经受不住课堂之外的诱惑，乐得逍遥自在，玩得不亦乐乎，结果一无所获。另一种类型的"逃客"是个别课程"选逃"，又分为两种：一是积极型"逃客"。这类学生通常有自己的主见，对于教师授课精彩或者自学有难度的课程不会放弃。但不愿意把时间浪费在一些教师授课水平不高、效率低且通过自学完全可以掌握的课程上面，逃课是为了做自认为更有价值的事。二是消极型"逃客"。这类学生选择逃课还是不逃课，完全看教师和学校管理是否严格，要求严格的课程就规规矩矩听，要求不严的课程则一逃了之，只求及格万岁。因此，解决"逃客"逃课问题，需要分析原因，合理引导，对症下药。

@董会泽［中国矿业大学（北京）文法学院党委书记］：

　　逃课与反逃课已成为大学师生间的一种博弈。学生说，不是我们非要逃课，而是课堂真的没有魅力；教师委屈地说，我们尽可能让每一节课都精彩，只是知识的学习不可能都很有趣味，难免会枯燥、乏味；学校管理者说，一些学生太自由、太散漫、太个性，缺乏组织性、纪律性，必须严肃校纪校规。高校要根治逃课顽疾。一要建立健全体制机制。从人才培养目标出发，不断调整专业设置，科学制定培养计划和课程体系，在全面发展的基础上，鼓励学生个性发展。二要加强教师教育。引导教师不断优化教学内容，深化教学改革，创新教学方式，使课堂真正成为学生想去、爱去的健康成长主渠道。三要加强学生学习教育。引导学生树立正确的学习态度，激发学生学习积极性、主动性，努力成长成才。

改革一年，高校思政课建设的新变化[*]

@**张晖**（中国农业大学马克思主义学院院长）：

一年来，全社会共同助力办好思政课的良好氛围正在形成，学校高度重视，党委统一领导、党政齐抓共管，有关部门各负其责，课程思政与思政课程携手同向同行、同频共振，广大思政课教师深受鼓舞，不仅进一步明晰了肩上的责任，更是增强了职业自信，积极性、主动性、创造性显著提升。再加上配齐、建强思政课专职教师队伍，高素质新生力量不断加入，思政课教师更加充满活力和干劲，政治坚定、勇于担当，锐意进取、奋发有为的思政课教师新形象在学生心中生根发芽。思政课教学在改进加强中守正创新，信息技术与教学内容深度融合，不断探索和创新教学新载体、新模式、新形态；聚焦中国特色社会主义重大理论和实践问题以及思政课教学重点、难点问题，马克思主义理论学科优势不断转化为思政课教学优势，思政课的思想性、理论性进一步增强；思政"小课堂"紧密连接社会"大课堂"，思政课不仅活起来、接地气，而且更具针对性、亲和力，学生更有获得感，到课率、抬头率和点头率显著提高。

@**王易**（中国人民大学马克思主义学院党委书记兼常务副院长、教授）：

一年前，非常荣幸能够作为思政课教师代表参加习近平总书记主持召开的学校思想政治理论课教师座谈会。这次会议对思政课建设、思政课教师队伍发展有着深远的影响并提供了根本遵循。一年来，中国人民大学马克思主义学院一直在努力践行着三方面的工作：一是把优良传统发扬好，继续传承学校的红色基因，重视思政课的光荣传统，第一时间推动党的理论创新成果进教材、进课堂、进头脑，在全国率先全面开设"习近平新时代中国特色社会主义思想概论"课；二是把鲜明特色发展好，充分发挥学校马克思主义理论及相关学科基

---

[*] 本文刊发于《北京教育》（高教版）2020 年第 4 期

础扎实、研究成果丰硕的优势，进一步打造"一体两翼"教学模式，集全校之力打造成高精尖水平的思政"金课"；三是把辐射作用发挥好，在教育部社科司和北京市委教育工委的领导下，依托北京高校思想政治理论课高精尖创新中心，建设全国高校思政课教师网络集体备课平台，凝聚起服务思政课改革创新、提高思政课质量水平的合力。

@**徐川**（南京航空航天大学马克思主义学院党总支书记、教授）：

回望过去的这一年，是用"心"的一年，也是上"新"的一年。第一，思政课铸魂育人，格局上"新"。全国各个学校"理直气壮开好思政课"，锚定"培养担当民族复兴大任的时代新人"的坐标，大、中、小学有效衔接，回答和破解"培养什么人""怎样培养人""为谁培养人"的根本问题。第二，思政课聚焦实效，形式上"新"。从"大水漫灌"到"精准滴灌"，从"单向传输"到"多维互动"，既有传统教学教艺的传承发扬，又有直播、弹幕等互联网新技术的教学赋能，思政课堂呈现更加直观立体、生动活泼，既拉近了学生和教师的距离，也缩短了知识需求与供应的距离，思政课的亲和力和实效性在学生的融入和互动中得到诠释。第三，思政课同频共振，合力上"新"。各类课程与思政课相互配合，全面覆盖、类型丰富、层次递进、相互支撑的课程体系初步建立。人才培养渠道多元，有"青椒论坛"，有"集体备课"，有"领航扬帆"，也有了一支"可信、可敬、可靠，乐为、敢为、有为"的思政课教师队伍。

@**程华东**（华中农业大学党委宣传部部长、马克思主义学院党委书记）：

一年来，思政课搭上了"开往春天的高铁"！一年来，思政课建设面貌焕然一新，呈现出蓬勃生机，特别是在这场新冠肺炎疫情战"疫"中，思政课程更是传递出和煦的育人温度和磅礴的思想力量。笔者用三个关键词表述：一是"最强音"。习近平总书记将思政课定位为落实立德树人根本任务的"关键课程"，这一年，"理直气壮开好思政课"成为思想和行动自觉，思政课培根固本、铸魂育人"作用不可替代"，思政课的底色、本色、特色更加鲜亮。二是"加速度"。这一年，思政课程和队伍建设不断提速，体制和机制创新进入快车道，评价和激励制度日臻完善，思政课的合力、动力、张力更加鲜明。三是"暖色调"。"八个统一"的方法论和"六个要"的总要求，为思政课改革创新赋能，这一年，思政课创优行动全面展开，思政课教师的积极性和创造力被不断激活，思政课的时代性和亲和力不断提升，"育人大课""网红思政教师"不断涌现，思政课的品性、品质、品貌更加鲜活。

@**袁本文**（北方工业大学文法学院党委书记、教授）：

自 2019 年学校思想政治理论课教师座谈会以来，有两个变化是根本性的：一是思政课教师队伍数量有了快速增长。办好思政课，教师是关键。一年来，高校普遍重视队伍的满额配置，队伍数量有了较大比例增长。这为办好思政课、建好马克思主义理论学科奠定了良好的基础。二是大思政课格局正在形成。长期以来，高校思政课被理所当然地看作是思政课教师的事情，是马克思主义学院的事情，似乎与其他教师、其他学院无关。这一年，高校普遍制定了课程思政建设规划并付诸实施，形成了"思政课程＋课程思政"的大思政课格局，使每个教师都清楚自己肩负着对大学生开展思想政治教育的责任，每门课堂都必须发挥引导学生"学做真人"的作用。这个格局正变得越来越清晰且将更加完善。

@**铁铮**（北京林业大学教授）：

一是"高"。思政课的地位不断提高，无论是国家和社会层面，还是高校和部门层面，都将思政课提升到前所未有的高度。对思政课重要性的认识不断提高，大力促进了思政课建设。二是"实"。思政课的建设落到了实处，各项措施有力、有效。课程体系建设不断深化，教育教学改革持续深化，创新成果不断涌现，教学效果有所提高。三是"强"。思政课师资队伍大大增强，不仅增加了教师数量，而且质量有明显提升。四是"大"。课程思政的覆盖面不断扩大，越来越多的基础课、专业课增加了"思政"的比重，与思政课同向同行、同频共振。五是"好"。思政课建设的舆论氛围好。思政课建设的外部环境不断优化，社会支持，学校重视，教师和学生积极参与，媒体传播不仅力度大，而且积极、正向。

@**罗涤**（重庆大学马克思主义学院党委书记、教授）：

当前，全国高校思想政治理论课建设呈现欣欣向荣的发展态势，主要体现在"精""细""新"三个方面。第一，思政课建设要求更加精准。央办、国办及教育部等制定了系列加强思政课建设的政策文件，体现出要求高、措施实等特点。第二，思政课建设更加仔细。教育部制定了思政课教学基本要求、思政课创优行动方案等文件，对学分、课时数、教学人数、实践教学、师资队伍等提出了详细要求，高校对照文件予以建设，从而将思政课建设做细、做实。第三，高校思政课建设更有创新。讲好思政课是第一要务的意识已深入人心，高校主要负责人带头上思政课，参与课程集体备课等，极大地鼓励和带动了思政课教师。教师们将科研与教学结合，实现课堂内外结合，不断创新教学方式，优化教学内容，提升教学效果。

@ **吴凡明**（湖州师范学院马克思主义学院院长、教授）：

一年来，思政课建设发生了巨大变化。第一，课程建设更有保障。从中央到地方，各级党委都把思政课程建设摆上重要议程，在发展规划、经费投入、科研立项、岗位聘任、师资队伍建设等方面都给予优先保障，为思政课程建设充足底气。第二，课程建设更聚焦协同育人。思政课程作为立德树人的主阵地，还需要其他课程的协同支持。"思政课程+课程思政"同频共振、"大中小学"思政课程一体化建设等为充分实现"三全育人"提供了可靠保证。第三，课程建设更突出实践特色。思政课程与地方文化和实践的融合，为思政课建设不断注入源头活水，实现思政"小课堂"与社会"大课堂"的统一。第四，课程建设更注重信息化。翻转课程、慕课（MOOCs）等教学模式以及雨课堂等多种智慧教学平台和工具，为思政课建设注入新动力、提供新载体。

@ **周晔**（北京邮电大学马克思主义学院党总支书记、院长）：

纵观一年改革，欣看五大变化。第一，从"秀说法"到"比做法"。各高校以更高标准建设队伍。看谁扩容达标1∶350；比谁课堂更鲜活；纵观基本功大赛，现场抽题就地展示，考功夫不再考演讲与颜值。第二，从"观字面"到"查地面"。汇报材料不再是唯一，各级各类督导组深入课堂，审查督办落实毫不含糊。第三，从"讲措辞"到"布措施"。从更高站位谋划课程；从重面子到讲里子；压低调子、抬高实效；拓宽路子、压实责任；加大专题培训、扩大高精尖课程影响力等措施越布越实。第四，从"重品味"到"树品牌"。打造思政"金课"，如北京邮电大学5G & 4K全息投影远程直播思政课脱颖而出。第五，从"发单力"到"聚合力"。工作从纵向贯通到横向联通推进，从"思政课程"到"课程思政"圈层，形成课内外与校内外一体化、多层次互补有机融合的"大思政"格局。

考试作弊的"罪"与"罚"*

@ 董竹娟（北京工商大学党委副书记）：

　　考试作弊所带来的社会危害性是"罪不可赦"的。作弊者或是虚荣心作祟，或是投机取巧坐享其成，以欺骗的手段取得与其付出不符的成绩，不仅个人诚信缺失，而且败坏了学风；监考者若因顾及情面纵容作弊行为，不仅缺失是非观念、极易让人盲从效仿，而且大大损害了公平公正、败坏了校风；虚假的成绩无法衡量教学水平、无法正确评价教学效果，严重影响教学质量。考试作弊必须严惩。《中华人民共和国刑法修正案（九）》规定，在法律规定的国家考试中实施作弊的，将入刑定罪，最高可处七年有期徒刑。各高校应视情节对作弊者给予留校察看直至开除学籍的处分。在处理作弊者的同时，笔者认为也应该对学校现有的相关管理制度进行反思。首先，要改进评价体系。目前，学生奖学金评定、免试推荐研究生、入党、出国留学等，均由分数定高低，导致学生"唯分论"。应加大素质教育及综合评价的力度。其次，要加强专业认可度教育，重视学生学业规划，增强学生学习的主动性。最后，要全员育人，引导学生树立正确的人生观和价值观。

@ 李洪波（江苏大学副校长）：

　　自从有了考试，作弊这一现象也如影随形，一直伴随到现在，并且频频发生、屡禁不止，其花样不断翻新、手段不断现代化，已然成为教育管理和教育公平的一大危害。学习的过程也许是痛苦的，每个人都曾幻想通过作弊不劳而获，但有些人知其不可为而为之。考试作弊就像羊群中的瘟病，传播速度极快，危害极大。它让人们错误地认为不通过辛勤学习也一样能够取得好成绩，渐渐地考试作弊成为一种正常的现象，使人们原来正确的价值观变得扭曲，此可谓之考试作弊的"罪"。作弊之"罪"表在行为，实却在学生心理的扭曲和价值

---

　　* 本文刊发于《北京教育》（高教版）2016 年第 2 期

观的错位。考试作弊之"罪"警示人们务必采取措施予以制止，维护公平和信用，形成一种对考试作弊厌恶不屑的社会氛围，使人们心中树立诚信考试的观念，此可谓之考试作弊的"罚"。作弊之"罚"表在压，实却在促发人们内心的醒悟。诚然，"罚"是教育管理的必要手段，但却不是教育的目的，教育更深层次的是纠正学生的扭曲心理和错误价值观之"罪"。

@胡伟（中国青年政治学院学生处处长）：

高校里考试作弊时有发生、屡禁不止，造成这种现象的原因比较复杂，有个人主观层面的，也有社会深层次的原因。但是，考试作弊带来的危害是极大的。作弊抹杀的是诚信道德，破坏的是公平竞争的环境，挑战的是教育的底线。试想，在一个考试作弊盛行并屡屡能成功逃过处罚，或者处罚过轻根本不足以达到惩戒效果的环境中，还怎么去谈立德树人、培养人才？2015年，《中华人民共和国刑法修正案（九）》将组织作弊等特定行为入刑定罪，说明从国家层面也清楚地看到了考试作弊的社会危害性。因此，各级学校在应对考试作弊问题上，必须要拿出真正有效的手段和措施，对作弊行为严肃处理，增加违规成本，彻底根除作弊丑象。当然，惩戒不是目的，教育才是宗旨。要从治病救人的角度出发：一方面，要严肃纪律，坚持对犯规者严肃处理；另一方面，也应该建立完善的补救措施，为其提供通过自身的努力可以完全消除犯错所造成影响的机会，让我们的制度更能体现以人为本和育人为本的基本规律。

@铁铮（北京林业大学党委宣传部部长）：

有学习，就有考试。有考试，就有作弊。我没有做过考试史研究，也没有专门分析过作弊产生的历史根源和社会环境。但我的判断是，只要考试这种形式存在，就会有作弊的潜在危险。尽管对作弊的处理一直没有停止过，但作弊的现象从来没有得到过根治。这并非过于悲观，而是想说明应对作弊的艰巨性、复杂性、长期性和持久性。按说，对于作弊的处罚已经达到了史上最严厉的程度。但作弊入刑的警示作用似乎微乎其微。如此看来，适当的处罚惩治是必要的。但显然不是一罚就灵、一判就万事大吉了！因此，要严格执行有关的规章制度和法律法规。同时，还要多种举措并举、各种方法同用。目前，有关作弊的报道依然屡见不鲜，说明威慑力不够，一些人对于法律法规缺少必要的敬畏。再有，一些作弊者年轻幼稚、涉世不深，对后果预期不足，一旦事发，无法弥补。某高校一名女硕士马上就要毕业了，因替考锒铛入狱，本人追悔莫及、后悔不已，家长、老师、学校爱莫能助、扼腕叹息。因此，还是要以正面教育、积极引导为主，大力营造遵纪守法的良好社会氛围。

科研之规

高校科研评价的"困境"与"破局"*

杜占元在 2014 年高校科技工作会议上表示:"科研评价改革是今年高校科技工作的重点,要坚持分类评价、推行开放评价,通过评价导向和政策手段,将高校学者的兴趣和目标聚焦到经济社会发展的重大需求上去。"科学研究作为大学的功能之一,在促进国家科技和经济的发展中起着举足轻重的作用。但是,在我国高校科研中存在着诸多问题和弊端,制约着高校科研质量和水平。基于这些问题,《北京教育》(高教版)特邀高校学者就此展开讨论。

@**铁铮**(北京林业大学党委宣传部部长):

科研评价改革直接关系着高校的发展和未来。毋庸置疑,改革是大势所趋,迫在眉睫。问题的关键在于到底怎么改? 首先,要通过改革,进一步明确科研的目的。新的评价体系和方法,应该能吸引、激励高校教工为满足经济社会发展的需求投身科研,而不仅仅为了发几篇论文、评评职称。是否促进了社会的前进,是否解决了现实中的重大问题,应该成为评价科学研究的最重要的指标之一。其次,科研评价的改革不能"一刀切",不能简单化,而要建筑在科学分类的基础上。对于不同类型的科研,评价的指标、评价方法也应该是不同的。再次,由谁来实施评价也应该成为改革的重点之一。只由几名专家进行评价、仅由校方进行评价显然是不全面的,要加大开放评价的力度,引入第三方评价的机制,要接受社会的监督。最后,改革要进行科学论证,积极稳妥,注重实效。不搞形式主义,不能"一阵风"。

@**张小锋**(对外经济贸易大学党委宣传部部长):

高校科研质量直接决定着大学人才培养质量以及国家科技战略的实现和中

---

* 本文刊发于《北京教育》(高教版)2014 年第 5 期

国梦的实现。高校科研受很多因素的影响，科研评价机制无疑是至关重要的。从某种程度上说，科研评价是大学的指挥棒和导航仪。然而长期以来，高校科研评价机制积弊已久，诟病甚多。数据显示，中国科研论文的发表数量位居世界前列，但质量不敢恭维，这与科研评价机制密切相关。我认为，科研评价中，重质量轻数量是最核心的。具体地讲，在职称评定中，要推行代表作制，一篇代表性论文、一部代表性著作，足以证明一个人的科研水平。要打破原有的以论文发表数量、发表刊物级别作为职称评定的硬指标；打破以获得的科研立项的数量、科研经费的多少作为硬性标准；要推行专家、同行的评审，引入社会评价；要对科研成果分级分类进行评价。当然，要做到这一点，必须下大力气尽快推行，不能久议不决，久拖不行。

@袁本文（北方工业大学党委宣传部部长）：

高校长期存在一种现象：校长们津津乐道的常常是科研经费达到了多少个亿，比上年增长了几个百分点。科研经费上去了，高校就成了科研大户和科研重镇。究其原因就是科研评价存在严重的问题。以往，高校科研评价都是项目负责人找来一些自己熟悉的专家，坐在一起同唱赞歌。这样的评价形式：只能算为自娱自乐。教育部拟推行的高校科研评价改革，对促进高校科研创新无疑是好事。但是，仅有一个科研评价改革方向是远远不够的。科研分类及评价标准如何制定，谁有资格实施开放评价且保证结果的客观与公正？这些问题都要及时解决，才能促进高校科研整体走上正确之路。

@鲁雷（北京信息科技大学党委宣传部部长）：

我们是科学研究大国，不是科学技术强国。一方面，发表成果、课题数量、人员队伍等显性指标非常可观，位居世界前列。另一方面，考量科学研究水平的隐性指标，如科技成果的质量及产出率、科技成果转化情况、科技创新领军人物等内涵建设的实效却不容乐观。此次科技评价的改革无疑为科技人员积极投身成果转化和协同创新提供大力支持；使科学研究面向经济社会发展需要，突出应用研究和科技开发；引导更多的科研成果及时转化为生产力和经济效益；大力培养学术造诣高、国际知名度大的领军人才，并形成规模化的科技创新团队。

@蓝晓霞（北京交通大学党委宣传部部长）：

科研评价体系不科学是导致我国创新动力缺乏的一个重要原因，集中表现为：重论文、重经费，轻推广、轻应用，且绩效评价指标单一，追求短期利益，对不同性质的科技活动不能分类评价，难以适应不同特点的创新活动的需要，难以调动科技人员潜心研究和投身成果转化的积极性。因此，改革应在科研评价及激励方面，建立项目中长期验收标准，完善科技成果转化及利益分配机制，向原创性、高质量、高水平成果倾斜，考察对国家、区域及行业需求的贡献力，配套实施高校职称评定、考评制度改革，形成鼓励各类创新的政策导向，努力激发学术界的创新活力。

科研诚信约定，"孰"成？*

@**周飞**（安徽大学党委宣传部部长）：

近日，"985 工程"的 29 所高校共同签署了《中国研究生科研诚信公约》，以期呼唤"研究生自觉坚守学术诚信、完善学术人格、维护学术尊严、摒弃学术不端"。然而笔者认为，也许这只是一厢情愿罢了，恪守学生道德之事当自内省始，而绝非一纸公约可以为之也。一段时间以来，研究生学术不端行为甚嚣尘上，屡屡见诸报端。究其原因：功利主义首当其冲，对科学与学术理解偏离应有之义，科研评价体制落后等。读研究生本应是从此选择了学术道路、为追求科学真理而奋斗，甘愿与清贫、寂寞为伍。可事实上，研究生学历已经成为一些人就业的敲门砖，为稻粱谋的探路石。在功利主义盛行的当下，研究生应当把内省放在第一位，始终思考如何去追求学术？沉下心来读书思考，始终把探究创造作为第一要务，在冷静地审视社会的同时，既勇于批判，又敢于引领。唯其如此，才有可能逐步引导社会对科学和学术予以足够的尊重，才有可能建立科学完善的评价机制，才有可能推动更大的创新，获得更多有价值的成果。

@**张小锋**（对外经济贸易大学党委宣传部部长）：

人无信不立，国无信不强。诚信无论是对于一个人而言，还是对一个国家而言，都是十分重要的。故晋文守其诺，退避三舍报楚恩；商鞅欲变法，先立木取信于秦民。近闻 29 所高校研究生签订了《中国研究生科研诚信公约》，心中悲喜交替。研究生之所以不同于本科生，正是因其秉持严谨的科学精神，接受严格的科研训练，养成系统而扎实的研究能力。这其中，最重要的是科学精神，也就是毛泽东同志所说的"来不得半点虚伪"。研究生要把科研诚信变成求学时和今后的人生信条，要"像阳光和空气一样"融入自己的生命。唯如此，

---

* 本文刊发于《北京教育》（高教版）2014 年第 7 - 8 期

才能确保研究生的培养质量。但近年来，研究生的科研失信日益滋长，甚至成为普遍现象，若长此以往，研究生质量将上演"千里长堤，溃于蚁穴"的悲剧，研究生声誉将荡然无存。29 所高校研究生签订科研诚信公约，旨在力矫时弊，以身作则，值得点赞。但愿这一公约成为研究生乃至所有科研工作者"科研诚信伟大复兴"的冲锋号，而不是喧嚣世俗中浮光掠影的"昙花一现"。

@姚治兰（首都体育学院党委宣传部部长）：

诚信，本是一个社会公民应该遵守的道德底线。大学签订研究生科研诚信公约，一方面说明科研诚信之于研究生学习生涯的重要性；另一方面也意味着当今学术诚信的缺失。公约的签订无疑对研究生坚持学术诚信、恪守学术道德、维护学术尊严、摒弃学术不端起到一定的作用，但如何让一份公约不变成一纸空谈，恐怕是问题的关键。马克思曾说："一步实际行动比一打纲领更重要。"因此，公约的执行和落实才是目的。公约的落实：于学校而言，包括研究生科研水平的评判标准、与研究生科研成果挂钩的相关政策、原创科研成果的激励和学术剽窃的责罚等。例如：牛津大学就出台了非常具体的规定，连续 10 个词引用他人作品不注明出处的，应被视为剽窃的证据。于研究生而言，则需要自觉把个人的科研诚信作为大学诚信、社会诚信的重要组成部分，在"勤学、修德、明辨、笃实"上下功夫。唯有下得苦功夫、修得公德心、明辨是与非、知与行合一，方能求得真学问，做得真科研。

@高金萍（北京语言大学党委宣传部部长）：

研究生是我国高等教育重点培养的高级人才，他们能否以科学的方法研究真问题，以诚信的态度推动学术研究发展，决定着未来中国"创新驱动战略"的成败，决定着未来中国能否占领世界科学技术前沿。因此，他们的科研道德和学风显得更为重要。由南开大学研究生科研道德与学风建设自律促进委员会发起，29 所高校联合签订的《中国研究生科研诚信公约》，充分体现了研究生的自我管理意识和中国传统文化中"知行合一"的理念。诚信不是虚无缥缈的道德标尺，也不是空洞的口号，而是具体落实在每个人身上的具体行动。签订科研诚信公约，仅是研究生自觉自愿在科研诚信道路上迈出的第一步。能否真正落到实处？能否真正做到诚信？不仅需要他们的自我约束，更需要学校管理制度的刚性约束："把老虎关进制度的笼子里。"高校管理部门需要尽快通过技术的控制、惩戒的制度，把剽窃、抄袭等不诚信行为关进笼子里，为研究生开展学术研究提供制度保障、平台支撑，使研究生更快、更好地成长。

@铁铮（北京林业大学党委宣传部部长）：

29 所高校研究生共同签署了《中国研究生科研诚信公约》，这是件好事，体现了当代大学生的思想觉悟和社会责任感。我既为研究生的这一举动叫好，同时也认为坚守学术诚信、完善学术人格、维护学术尊严、摒弃学术不端，仅仅靠这些研究生的力量显然是不够的。这是全社会的一项系统工程，需要各方面的共同参与，而不能让这些研究生孤军作战。首先，研究生的导师应该做践行科研诚信的榜样和典范，检点自己的言行，端正学术态度，恪守学术道德，对学生言传身教，引导、帮助、监督研究生在这条路上走下去；其次，校方也应该履行相应的责任，建立健全有关的奖励和惩处机制，在高等学府中真正营造科研诚信的浓郁氛围；再次，高校是社会的一个子系统。社会风气如何，对高校、对学生都会产生影响。社会不讲诚信，怎么好苛求这些学生们呢？在社会主义核心价值观教育中，全社会都要把诚信放在重要的位置上，形成人人讲诚信的社会风气。

@蓝晓霞（北京交通大学党委宣传部部长）：

诚信乃科学研究之本，研究生作为年轻的科研工作者，我国高层次科研人才的后备军，其科研诚信水平不仅关系个体的学术生命与未来，更关系我国整体科技创新水平提升与建设创新型国家的未来。笔者认为，加强研究生科研诚信应抓好教育和管理：首先，应加强宣传教育，促进道德自律。思想是行动的先导，应通过丰富多彩的教育活动使学生具备科研诚信的知识，特别要知道为什么要坚持科研诚信、什么是科研诚信、如何做到科研诚信等基本问题，明确科研诚信的标准和规范，增强底线意识、禁区意识，强化厚学养德、正心诚意的自律意识，自觉提高学术道德修养，使学生不想不诚信。其次，应加强建章立制，强化管理约束。应建立学术道德相关规范，对学术不端零容忍，加大对违反科研诚信等学术不端行为的惩戒力度。须明确认定标准等具体问题，完善调查处理机制，增加违法成本，使学生不敢不诚信。另外，还应关口前移，做好论文开题查新、独创性声明、相似性检测等环节工作，使学生不得不诚信。

@邱燕茹（首都经济贸易大学党委宣传部部长）：

国内首份《中国研究生科研诚信公约》不仅得到了全国"985 工程"高校的积极响应，也得到了教育部门和社会的关注。人文教育和科技创新是高校人才培养和学术研究的使命，而诚信是人文教育的根本。首先，众所周知，缺乏诚信、品行不佳的人，学历越高，对社会危害越大，因此诚信对于高学历人才尤为重要；其次，大学文化对社会文化具有引领作用，《中国研究生科研诚信公约》旨在充分发挥"985 工程"高校在科研诚信建设中的示范引领作用，进而加强中国高校研究生科研诚信建设，最终带动全社会良好学术环境的建设。然而《中国研究生科研诚信公约》只是走出科研诚信建设的第一步，我们更要关注科研诚信建设的长期性和系统性，形成长效机制。要切实加强研究生的学术道德教育，培养研究生的创新意识和学术能力。加强质量管理，建立监督奖惩机制，充分发挥导师的指导作用。培育积极健康的校园文化，营造风清气正、求实创新的学术生态环境。

@**鲁雷**（北京信息科技大学党委宣传部部长）：

　　诚信是立国之本、做人之基，然而，诚信既不会与生俱来，也不可能一成不变。在研究生教育过程中突出强调学术诚信养成，是培养德才兼备的高素质人才的必然要求，更是治理当下学术领域浮躁现象、杜绝学术腐败问题的时代命题。通过政策引导、完善机制、奖掖先进、约束不端，使研究生明确自身的职责使命、规范学术行为，营造"耐得住寂寞、坐得住板凳"的研究氛围，无疑将为更多高水平、原创性成果的问世奠定坚实基础。但是，我们还要清醒地看到，高校学术诚信建设是一项系统工程，在研究生培养领域予以重视非常必要，但还远远不够，高校乃至社会对科研成果的评价模式如何改革，如何科学、公正地鉴别学术质量与水平，个人信用（包括学术诚信）信息系统如何全面、合理构建，单位或个人非诚信行为如何惩戒等问题，亟须配套完善。

"中国芯"，差点啥？*

@周晔（北京邮电大学马克思主义学院院长）：

"芯"事重重看我"芯"，装备制造缺"芯"不能，信息产业缺"芯"少"魂"（操作系统）不可。"芯"痛种种，一观差技术核心。美国是世界第一大信息强国，拥有主根服务器和九个辅助根服务器，掌握着互联网的核心技术和基础资源。习近平总书记在近日全国网络安全和信息化工作会议上强调指出，"核心技术是'国之重器'"。二观差大国匠心。一个公司办事水平和职业素养的缺失导致"芯"片大战，一代学子若失工匠精神、丢老一辈科学家"两弹一星"的精神，功利主义缠身，导致的将是"星球大战"。中"芯"要兴必需强"芯"走起；"芯"禁脑要开，要尽快缩短中国研制周期；要让国产服务器CPU、手机 IC 手握国标，担起重任。三观差国安重心。要提振民族精神，国人当自强；要看到国家安全非儿戏，要有自己的立足之本；要让中兴事件，震醒整个中国。面对美国对中国的薯片经济输出、大片儿文化输出、芯片互联网输出、纸片（SAT 考试）价值观输出的渗透形式，别再懵懂得三心二意了。

@于成文（北京科技大学党委常委、党委宣传部部长）：

2018 年，关于"中兴""中国芯"引发了激烈讨论与思考。由规模看来，半导体行业中的半导体制造是中国比较欠缺的行业，是制约"中国芯"的关键。近些年，国家投入大量资金建设硅片厂，大概花费五年左右的时间可以明显提高产量，但材料纯度和制造精度还是需要长时间的努力和提高的。从人才培养来看，近年行业高端人才主要从国外引进，半导体制造也有大量从国外引进的工艺工程师。另外，IC 工作者本身需要一些工作实践的培养。其中，行业内流片的成本非常高，具有流片经历的学生就业竞争力和薪资水平会比普通学生明显高出

---

* 本文刊发于《北京教育》（高教版）2018 年第 5 期

很多。这依然说明半导体制造是重中之重，如果能扩大工厂规模，那么留给科研的生产排期就会多一些，流片机会也会多一些。因此，我们的"中国芯"，需要更大规模的工业生产，也同样需要市场支持下的人才培养体系。就像在大数据时代，我们需要优秀的程序员，也同样需要优秀的存储条制造者来共同完成这个飞跃。

@**刘长旭**（北京师范大学党委宣传部常务副部长）：

2018 年，美国政府激活对中兴公司"7 年的出口特权限制"，"中国芯"问题及其相关的集成电路技术研发、行业人才培养等一度成为社会关注热点。高校作为科研重镇和人才培养重镇，更应该进行深刻反思。一是真正培育经世致用的新型智库。充分发挥高校综合性学科优势、跨学科专家优势和国际合作交流优势，围绕国计民生的关键领域、关键环节、关键要素设立新型智库，开展专题研究，为国家有关部门提供有价值的研究报告和咨询建议。二是高度重视学科调整和校企合作。据专家介绍，集成电路专业横跨四十多个学科，但是高校在学科设置和人才培养上还存在对接不够的问题。今后，高校要根据国家建设和产业发展需要，及时调整学科与专业设置，做到与时俱进。三是加强对师生法律意识和诚信意识的培养。高校在校师生，将是 2035 年中国社会各行各业的中坚与骨干，是实现党的十九大战略部署的关键力量之一。我们要为实现中国梦、建设人类命运共同体做出贡献，守法意识、诚信意识，断不可缺。

@**铁铮**（北京高校新闻与文化传播研究会理事长、教授）：

有关"中国芯"的话题，可谓众说纷纭。有的人唯恐天下不乱，趁机嘲讽攻击，给中国的改革开放大泼冷水。这种说法即便不是别有用心，也是站错了立场、迷失了方向。有的人仅凭朴素的爱国热情，喊些空洞的口号，说起来慷慨激昂、听起来热血沸腾，但对改变在高新技术领域缺乏自主创新的现状于事无补。正确的做法是，以此事为契机，冷静地、全面地、认真地、科学地分析形势，实事求是地找出自己存在的不足和差距，并尽快做出规划、尽早采取行动。一方面，亡羊补牢、尽量将损失降低到最小；另一方面，未雨绸缪、主动查找薄弱环节、避免类似事件发生。从本质上来说，这一事件是我国自主创新能力不强引发的。杜绝这类事件发生的最好办法就是苦练内功，让自己真正能在高新技术领域挺直腰板。这是全社会的共同责任，其中，大学更应该成为自主创新的主力军和生力军。要在人才培养、科学研究等方面，为我国高科技自主创新提供强有力的支撑。这应该成为新时代中国大学的历史使命，也是"双一流"建设的应有之义。

科技 = 创新?*

@ **张小锋**（对外经济贸易大学党委常委、党委宣传部部长）：

科研创新能力强弱，是一个国家和民族走向兴盛和维系引领世界优势的重要因素。从某种程度上看，一部人类史，就是一部新故相推的科研创新史。科研与创新往往相伴相生，创新是科研的灵魂和翅膀，缺乏创新的科研，犹如无阶梯而欲登高楼，无舟楫而欲渡江海，纵有百般努力，也难有作为；没有创新的科研，只能是重复"昨天的故事"，抑或停留在原地打转，徒费心智物力。仔细深究，科研与创新又有所不同，科研带有强烈的导向性，其目的在于探知未知世界、造福人类，使人类社会变得越来越美好。而创新的范畴则更为广泛，适用于包括科研在内的任何社会领域，科研必须秉持科学精神，遵循科研伦理，既要实事求是，容不得丝毫马虎，也要遵循社会伦理，不能有反人类的行为，其过程往往是漫长而艰辛的。创新更注重时效性和经济效果，往往抱着"略胜于前"的心态。因此，只有厘清科研和创新的关系，才能有的放矢、精准施策，为科研创新营造更好的土壤环境。

@ **铁铮**（北京林业大学教授）：

习近平总书记强调，"创新是引领发展的第一动力"，也应该成为科研的导向。但科研与创新是两个既有联系又有区别的概念，不能简单地画等号。在科研上，要广义地定义创新的概念。任何科研都不应该是在过去基础上的简单重复，任何科研都应该具有创新的成分，应在科研中以创新的思维模式提出有别于以往或他人的见解，或者赋予研究对象以新的内涵或新的形式。离开了创新的科研，就等于忘记了初心。但对创新的理解不能过于狭隘。无论是选题，还是立项，都不能只盯着能出、易出所谓"创新成果"的高精尖项目，而应该立

＊ 本文刊发于《北京教育》（高教版）2019 年第 7 - 8 期

足"促进社会发展、推动经济建设、服务人民群众"的根本。现在有一种不好的倾向，就是在科研的取向中，只盯着所谓的"创新"，而对社会急需的、人民群众所迫切需要的技术、产品、成果等不上心、不在意。在操作层面，要以社会需求和人民需要为导向，既瞄准自主创新的大成果，又不嫌弃实用、急需的小项目，让科研真正造福社会、造福人民。

@**董会泽**［中国矿业大学（北京）党委宣传部部长］：

第一，科研为创新提供理论依据。科研是为认识探究客观事物内在本质和运行规律而进行的调查研究、实验、试制等一系列的活动，它能够为创新、创造、发明新产品和新技术提供理论依据。第二，创新是科研的目的和落脚点。创新作为人类特有的认识能力和实践能力，它在经济、社会、技术等研究中举足轻重，可表现为知识创新、技术创新和制度创新，是科学研究的出发点和目的所在。第三，以创新引领科学研究。科研的基本任务是探索认识未知，是创新的基础和依托，创新的基本任务是促进经济、社会、技术发展。因此，应该在国家基础研究、应用研究、开发研究等科研体系建设中，以创新为引领，强化创新意识，提升创新能力，促进创新发展。第四，营造科研创新的氛围。科研推动创新，创新促进科研。必须不断深化科研体制机制改革，大力消除影响制约科研发展的体制机制藩篱，解放科研人员的身心，积极营造重视创新、鼓励创新、支持创新、推动创新的浓厚氛围，让创新成为科研活力不断迸发的源泉。

@**何裕**（北方工业大学学校办公室主任）：

一是实现管理"再松绑"。以"政策＋服务"的组合拳，完善人才引进、项目管理、评价考核、转化激励、税收优惠等相关政策，打破科研管理机制的条块分割，给科研人员"松绑"，为科研创新赋能。二是夯实科研根基。加强基础和应用研究投入力度，基础研究要保持足够的耐心，应用研究要聚焦前沿研究，提高源头创新能力。培养造就一批具有国际水平的科技人才，保障创新人才供给和储备。三是打造创新平台。通过共建重点实验室、重大研发机构、学科交叉科研机构、大学科技园等基地和平台体系，汇聚高层次人才和创新资源。四是破除成果与产业"两张皮"。将科研创新资源导入产业发展，以科研孵产业，以产业促科研，产出一批高质量科研成果，突破一批"卡脖子"关键领域核心技术，实现技术与市场对接，支撑引领战略性、高精尖产业集群发展。五是厚植创新土壤。创新是长远任务，要大力弘扬新时代科学家精神，付出时不我待、分秒必争的努力，做到未雨绸缪。要勇于创新、敢于创新、集智攻关、团结协作。

科学家与科学"潮"*

@**铁铮**（北京林业大学教授）：

　　科学是社会进步的驱动力。人类离不开科学家，社会离不开科学"潮"。但是越重要的，往往越容易被忽视。所以，科学家社会地位的真正提升、全民科学热潮的蓬勃兴起，才是社会文明进步、发展繁荣的重要标志。给科学家必要的尊重，让他们更加有尊严地投身科学事业，是健康社会应做的努力，也是形成科学"潮"的必要条件和不可或缺的生态环境。科学家引领科学"潮"，要心系社会，情系家国，为全民挚爱科学、崇尚科学、献身科学起到带头表率作用。既潜心研究，又普及推广，让众多科学成果走出实验室，让高质量的论文变成现实的生产力。同时，科学家又不应随波逐流，要有事业的定力和科学的硬核。无论是选择科学方向，还是研究实施，或是成果推广，都应严格按科学规律办事。坐"冷板凳"时，坚持自己的初心，耐得住寂寞。走到台前时，能够娴熟地运用最时尚的传播手段和方法，让自己在科学"潮"里成为"流量明星"，让自己的科学思想、学术观点、人生理念成为引领社会发展的动力。

@**李丽平**［中国石油大学（北京）党委宣传部常务副部长］：

　　全球经济竞争的关键是科学技术竞争，而新一轮科技竞争归根结底是人才这一核心要素的竞争。谁能够发现、培养、吸引、凝聚更多、更优秀的科学家，谁就能赢得真正的核心竞争力，抢占创新发展的第一资源。因此，推动科技创新如大潮涌动，必须要让科学家们先"潮"起来。要增强宣传的力度、温度和效度，讲好科学精神，讲好科学家故事，让那些为国家富强、民族振兴、人民幸福做出重大贡献的科学家成为时代偶像，引领全社会形成崇尚知识、热爱科学、尊重人才的氛围。要倡导优良的学术风气，努力建设良性循环的科技生态、

―――――――――――――
*　本文刊发于《北京教育》（高教版）2019 年第 7 - 8 期

学术生态，让追求创新成为一种发展态度，摒弃急功近利的浮夸浮躁，心无旁骛，勇攀高峰；要坚持精准的政策导向，改革人才评价机制，健全培养机制、使用机制、激励机制、竞争机制，为优秀科学家的脱颖而出创造积极宽松的环境。要重视发挥高校在科学家"后备力量"培养储备中的先导能力和基础作用，培植好创新人才成长的沃土，给创新自由开放的天地。

@ 于成文（北京科技大学党委宣传部常务副部长、教师工作部部长）：

华夏文明博大精深、源远流长，中华民族所创造的科技成果荣载世界史册。从"火箭之王"钱学森到"时代楷模"黄大年，从"两弹元勋"邓稼先到"天眼之父"南仁东……中国科学家是民族的脊梁、祖国的中坚、时代的先驱，他们的精神跨越时空、激励世人，是中国精神的重要组成部分。进入新时代，科学家精神被赋予了更加丰富的内涵：胸怀祖国是核心、锐意创新是动力、求实励志是态度、忘我奉献是品格、协同发展是理念、传道授业是使命。作为科技强国的排头兵，中国科学家深刻改变了人们的生产生活方式，引领着社会发展的潮流。国也家也，时也运也。跨过科学跟跑阶段的中国，已进入了多领域并跑、强领域领跑的大科学时代。我们要充分尊重科学家，弘扬科学精神，积极投身到科技报国、科技兴国和科技强国的热潮中去，投身到讲科学、爱科学、学科学、用科学的新潮中去，投身到中国特色自主创新道路浪潮中去，乘风破浪、砥砺奋进，向着建设世界科技强国的伟大目标前进！

@ 鲁雷（北京信息科技大学党委常委、组织部部长）：

马克思在对人类社会发展规律深入研究的基础上，深刻地指出了："社会劳动生产力，首先是科学的力量"。科学大潮风起云涌，带动经济社会迅猛前行，科学技术愈发凸显出"第一生产力"的功效。人类对于科学的敬畏、信服和尊崇也达到了无以复加的程度，甚至深深影响到人类的价值追求和思维定式。在科学大潮之中，科学家更是被寄托了更多的期望和要求。作为科学研究事业的"扛旗"者，科学家的一举一动、一言一行引领着社会公众对科学精神的认识和体味。科学家这一称呼已不再是"遥远的英雄"。我们身边也不乏这些可敬可爱的科学家，他们可能没有豪言壮语，但却有矢志不渝、赶超先进的家国情怀；他们可能没有闪耀荧屏的身影，但却有心无旁骛、严谨务实的初心坚守；他们可能没有引人注目的颜值担当，但却有迎难而上、携手攻关的砥砺脚步。催人奋进的新时代必将涌现更多的科学家，波澜壮阔的新征程也必将在科学"潮"的推动下，谱写下光辉灿烂的新篇章！

破除"SCI 至上"后,"青椒"们何去何从?*

@王成(中国民航大学党委宣传部部长、教师工作部部长):

对于广大高校青年教师而言,要积极顺应客观环境的发展和变化,无论学校人才评价方式如何调整、人事分配制度如何改革,都要目光向内、正视自身,积极探寻与学校改革建设发展高度契合的现实路径,将自身的成长进步根植于学校事业发展的客观需求,以实实在在的工作业绩贡献自己的力量、彰显自身的价值。一是要客观理性看待人才评价体系的变化,破除"SCI 至上"并非否定高水平论文的重要性,而是引导大家在注重发表高质量论文的同时,还要在申报专利、加快成果转化、贡献行业标准、完善产业服务体系、建言献策资政服务等多元化评价方面下功夫,要坚持扬己所长、精准发力。二是要摒弃急功近利的心态,遵循成长成才规律,功不唐捐,玉汝于成,一个人的发展势必需要一个专心治学、潜心研究的过程。三是要做到为人师表,规范言行。评价高校教师的首要标准是师德师风,"青椒"们要严格遵守《新时代高校教师职业行为十项准则》,注重个人综合素养的提升,只有这样才能够水到渠成。

@铁铮(北京林业大学教授):

"青椒"成长,既靠外因保障,又靠内因自强。其重点有三:第一,导向要科学。"SCI 至上"的形成与泛滥,有其复杂的原因,且受多种因素的影响。科学的教师评价体系要以教师成长为导向,创建符合国情、社情、校情和学科、专业实际的评价体系是当务之急。第二,政策要稳定。对于教师们的工作要求、晋升标准、评选条件等,要保持相对稳定;各项政策的出台要经过反复的论证;出台新的政策,要视实情留有必要的启动时间,以免教师措手不及。第三,"青椒"要自强。要按照学科专业的发展、国家社会的需要,制定切实可行的发展

---

* 本文刊发于《北京教育》(高教版)2020 年第 5 期

规划：既要有远大目标，又要有具体行动；既要术业有专攻，又要全面发展。特别是需要不断提升科研水平和论文写作的能力。论文的写作和发表，应该成为青年教师的基本功之一，对其成长和发展至关重要。论文写作既能反作用于科学研究，又能深化观察思考。切不可因破除"SCI至上"，就全盘否定论文写作。较熟练地掌握论文写作规律和方法，应该成为对"青椒"们的基本要求之一。

@ 郭新春（赣州师范大学副校长）：

破除"SCI至上"，将对"青椒"们价值的衡量由简单粗暴的量化转变为工作中所体现的科学精神、创新质量、服务贡献。高校教师作为科研工作者，科研是不可跨越的重要部分；同时，教师角色也决定了教学工作是首要任务。科研和教学是教师职业发展的"两条腿"，只有均衡发展才会走得稳、走得远。我们需要看到的是，无论是教学还是科研，专业底蕴都是基础，只有围绕专业、方向和课群，不断深入研究，夯实专业基础，才能不断提升自我。因此，"青椒"们要在科研和教学中找到平衡点，以教促研、以研促教。破除"SCI至上"，取而代之的未来的评价体系会更加科学合理，更有利于"青椒"们的职业发展。针对不同领域的科研情况，也会设立不同的考核标准。兼顾存量与增量、科学性与功利性之间的平衡。在评价观、评价标准和评价方法上持续完善、更新。在新的评价体系下，"青椒"们要在教书育人的基础上，将作为科技创新成果表现形式、学术交流重要载体的论文撰写在课堂里，撰写出真正有创新、有价值、体现中国智慧的学术论文。

@ 于世洁（北京信息科技大学党委常委、副校长）：

破除"SCI至上"，目的是促进高校积极营造良好创新环境，加快提升教育治理体系和治理能力现代化水平。北京信息科技大学突出科学精神、创新质量、服务贡献，净化学术风气，优化学术生态，积极探索健全教师分类评价体系，在职称（职务）评聘中突出"代表作"，重点综合考察教师实际水平与能力，对不同类型的教师岗位分别建立各有侧重的评价路径，特别为青年教师设置绿色通道，为不同类型、不同特长、不同兴趣爱好的教师创造了成长与发展的空间和机会。作为奋斗在科研一线的"青椒"，要主动适应新形势下科研评价体系的变化。一是要将科技创新活动从追求数量转变为追求质量，破除科技创新中的功利主义，去除"学术泡沫"，塑造踏实创新的学术氛围。二是要提升"代表作"研究水平，重视科研成果解决实际问题，提升科研成果转化和应用。三是要勇担使命、敢于创新，面向国家重大科技问题，在创新中用科学的思维、巧妙的方法破解问题，扎根祖国大地，在创新中积累经验、服务人民、奉献社会。

科研也需"防腐计"*

@ 蒋朗朗（北京大学党委宣传部部长）：

　　长期以来，科研经费被当作科研项目负责人的"私产"，怎么使用完全由科研项目负责人说了算，缺乏必要的监督和审核。中国科协的一项调查显示，科研资金用于项目本身的仅占约四成。有的科研项目负责人凑发票、假借与企业合作转移经费，还有的拿着国家的课题经费办公司、做生意，把学生当劳力，俨然成了"老板"，严重损害了教师与学校形象。预防和惩治科研腐败，关键在于完善管理机制：一是监督科研经费使用。结合《学校章程》要求，各院系成立监察小组，使用科研经费必须先提交监察小组审查，再提交财务部门；如果是设备，一律由学校统一公开采购；如果是劳务支出，涉及聘用人员的，要公开招聘；涉及劳动报酬的，要由专家小组或监察小组复查后才能发放。二是大力加强信息公开。所有科研经费使用情况，具体到每个事项和每一张发票，如参加学术会议的人员名单、住宿费等细目，都应公开，至少在校内网络公开，接受师生和社会的监督。让科研经费使用在阳光下运行，是预防和惩治科研腐败的重要手段。

@ 张小锋（对外经济贸易大学党委宣传部部长）：

　　科研经费本是科研工作者构筑"科研大厦"的柱石，却成了一些"科研硕鼠"的"诱鼠蛋糕"。如何才能使科研经费使用者和利益相关者"不占、不挪、不腐"？首先要从制度上考虑，科学设计经费的支配程序、各项资金的使用比例等。在经费使用的程序上，可设立团队成员审核制，让经费使用更透明、更规范、更人性一点；在经费的报销使用上，让科研费违规使用失去实际意义和社会土壤；在经费配比的额度上，既要避免"一刀切"，也要避免运动员和裁判员集于一身的现象；在科研经费的比例设置上，既要有充足合理的经费支持科研

---

　　* 本文刊发于《北京教育》（高教版）2014 年第 11 期

项目的开展，又要让科研工作者获得一定的劳务报酬。不能让科研工作者既白了头发、花了眼睛、改了容颜，又敝了衣衫、匮了稻粱。要杜绝科研经费成为某些人的"诱鼠蛋糕"，还要加强对科研工作者的思想教育，注重对其科研精神的培养和道德人格的塑造。一个热爱国家、愿为国家发展和科技进步竭力奉献的人，其对待科研经费的态度应是："苟非吾之所有，虽一毫而莫取。"

@李爱民（中央财经大学党委宣传部副部长）：

科研防腐需要学术人员自身具有较强的"免疫力"，做发挥保鲜作用的"防腐剂"，以及防止病毒繁衍生长的"阳光"和优良环境。近来曝出的一些科研腐败案例，有当事者思想的堕落导致的，也有科研管理制度的不足造成的。预防科研腐败，需要内修科研道德，外筑有效制度。首先，要加强科研人员的学术道德教育，提高对科研腐败的免疫力。要通过扎实有效的教育形式，使科研道德内化于心、外化于行。其次，要健全符合科学研究规律的科研管理制度。预防科研腐败，不能单凭学术人员的自觉自律，还要有"良规"来引导和约束。在制定制度时，要充分发扬民主，广泛征求科研人员的意见，遵循科研规律。最后，要加强监管，依法严惩科研腐败。监管的最好办法就是公开透明，将科研项目与科研经费使用情况呈现在阳光之下。对追求私利铤而走险者依法严惩，提高科研腐败成本和代价。通过建立科学的教育、管理、惩治体系，使得人们不敢、不能也不愿腐败，才是科研防腐的治本之策。

@蓝晓霞（北京交通大学党委宣传部部长）：

一个人出问题可能是个案，如果很多人出问题，甚至需要靠潜规则来应对管理，就要求我们理性看待科研腐败问题，深入现行科研经费管理的制度缺陷来思考解决路径。以科研经费使用为例，现行制度"重物不重人"，科研经费可买设备、调研实验，但不能给人，不能体现科研人员的人力资本投入，更勿论体现人文社科类研究需要大量思想创造的特性。与此相关，我国科研劳务费只能用于参加项目的研究生、博士后人员，不得向有工资性收入的项目组成员列支，对劳务费的严苛限制，导致该报的报不了，只能靠造假、虚列支出或增加无关票据来获取收入。有研究显示，我国科研经费投入中劳务费占23.6%，而发达国家则达45%。因此，当前完善科研经费制度应变"以物为本"为"以人为本"，合理核算科研项目中人员成本、消耗成本、运行成本等比例，增加对人力资本的补偿，从根本上减少由于管理制度僵化导致的科研人员逆向选择问题。使科研人员能够心无旁骛开展研究，并从中得到应有的激励，理应成为科研管理改革的应有之义。

"焦虑"之下的高等教育——科学研究*

@李爱民（中央财经大学文化与传媒学院党委书记）：

19世纪伊始，科学研究成为继人才培养之后大学的又一项职能，发展科学成为高等教育的重要功能之一。洪堡创办柏林大学时提出的"教学与科研相统一"原则，倡导"象牙塔式"的纯粹的科学研究，目的是通过科学研究培养学生的完美道德修养和大学后备力量。这与当今大学里的科学研究有很大不同。随着高等教育发展和大学的演变，科学研究的功能逐渐扩大，当今大学的科学研究不仅是为人才培养服务，而且还要服务于经济社会发展和国家创新能力的提升。尤其是在世界一流大学和学者的评价标准中，科研成果数量和质量首当其冲。但是，近年来，我国高等教育领域中各种评价"唯科研"，而科研考核中又"唯项目""唯数量"，注重立项不注重成果、注重数量不注重质量、注重科研不注重教学的现象越来越突出，大学科学研究的目的和功能越来越被异化。有效改善高等教育的"科研焦虑"，使大学科研回归初心，需要辨证施治，在科研生态环境建设、科研管理制度优化、科研人员素质提升上狠下功夫。

@郑承军（北京第二外国语学院研究生院院长）：

当前，高校正在大力加强"双一流"建设；同时，也在开展"唯论文、唯帽子、唯职称、唯学历、唯奖项"（简称"五唯"）的全面清理。有人说："这不是一道难题吗？一方面，让我们搞学科建设；另一方面，又没收了我们的'武器'，怎么搞学科建设？"其实，这是把学科建设与科研评价混为一谈了。学科建设并不是仅仅注重科研成果的堆砌，而是要更加注重人才培养、社会服务、文化传承和创新。可以说，学科建设是一项团体赛，就算科研成果再多，若不能为人才培养、社会服务、文化传承与创新等事业所用，也只不过是废纸一堆。同时，反"五唯"并不是反"五

---

* 本文刊发于《北京教育》（高教版）2020年第8期

用"，该用还得用，只不过这五项并不是唯一标准，而应辩证看待、统筹兼顾各种因素，将评价体系科学化。教育不是急功近利的工程，而是一项润物无声、潜移默化的事业。既然是事业，就需要静下心来，抛开浮躁和虚妄，用好评价标准和体系，只有这样，教育才能回归教育的本质和初心，真正做到"十年树木、百年树人"。

@ **铁铮** （北京林业大学教授）：

　　高等教育科学研究的"焦虑"，具有极大的普遍性。教师的"焦虑"主要来自考核指标体系中科研的硬性要求。无论是项目级别，还是经费数额，都直接关系着教师职业生涯的荣辱兴亡。往往是没项目时茶饭不思、坐卧不安，不是在写申请书、立项报告，就是在想着如何申请、在哪儿立项；有了项目之后，"焦虑"非但不减，还会更多：愁拿什么交差，愁如何按规定使用经费，愁在哪家刊物上发文章，愁怎么申报奖励。校方的"焦虑"主要来自追求政绩的考量。教学、管理、大学文化等都难以量化，而科研的量化指标是实打实的，经费总额、获奖级别和数量都直接关系着学校的名誉和领导者的业绩。管理部门和社会的"焦虑"也不少：科研经费下拨了，总不能"打水漂"。真正需要的技术和成果依旧难寻，不胜枚举的成果束之高阁、难以推广应用。消除科学研究的"焦虑"，其根本在于回归。科研应该为教学服务，而不是与教学对立；科学研究应为人类进步、社会发展、市场繁荣、生活幸福服务，而不应该成为"敲门砖"和装潢门面的"幌子"。科学研究更要讲科学、更要遵循科学规律、更要有科学的谋划与科学的管理。

@ **陈鷟** （中国海洋大学党委宣传部部长）：

　　今天，很多大学都患上了"焦虑症"，主要表现在科学研究与人才培养、眼前声名与长远发展之间的平衡与取舍。究其原因，是学校既被各种排名和政绩所困扰，又承受着社会和办学者自身立德树人之责的拷问以及对教育规律的敬畏。很多高校都在两者之间徘徊和焦虑。这种焦虑自然会传递到师生身上，有时甚至导致其价值观扭曲，急功近利，弄虚作假，完全背离了办学宗旨和学术追求。长此以往，无疑会使大学难以健康发展。那么，治疗大学"焦虑症"的药方在哪里？一是师生心里的"药方"。大学师生都应该经常静悟"大学"之道，着力于诚意和正心，实现"明明德、亲民、止于至善"。这种静悟是一种心灵的成长，是立德树人的重要起点。二是国家引导的"药方"。各级教育主管部门应既有时不我待的紧迫感和责任心，又有功成不必在我的淡定从容。这样在制定政策、给予高校评价的时候，就会多一分长远眼光，少一分急功近利。各级主管领导只有率先既做政治家又做教育家，才能更好地引领高校领导们向此目标看齐。

构建科研成果收益分配"新常态"*

@ 张宏宝（华南师范大学社科处副处长）：

科研收益的合理分配是科研创新的动力源泉。完善成果转化激励政策，科研人员成果转化收益比例从不低于20%提高到不低于50%，看似简单的两个数字变化，却实实在在地从根本上触及了科研创新的三个核心问题。一是从理念层面，释放出强烈的尊重知识、尊重创新的政策信号，充分体现尊重智力劳动价值的分配导向，让科研人员实实在在地感受到知识创造价值、创造财富。二是从制度安排层面，确立了科研收益分配的新格局，根除了计划体制遗留下来的由政府计划和行政指令驱动科学研究和应用发展的制度弊端，建立并完善了合理的利益驱动机制，实现了科研成果转化过程的利益均衡。三是从行为层面，释放了科研创新行为主体追求利益的原动力，变被动创新为主动创新，并最终释放科研人员及其他专业技术人员的创造力和创新力，这将从根本意义上确保国家创新驱动战略意图的实现。

@ 韩宝志（天津大学档案馆馆长）：

实施《中共中央 国务院关于深化体制机制改革加快实施创新驱动发展战略的若干意见》，是对科研收益分配体系的重新架构，是贯彻"四个全面"的重要举措。体现如下：一是对现有科研体系的改革，体现了对知识、人才的尊重，更体现了"智力劳动"所创造的价值导向。二是科研收益分配体系对科研方向的引导意义重大。合理的科研收益，可以让科研人员不用过分担心自己的"稻粱谋"问题，安心工作，从而有益于基础性科学研究的进展。三是相关配套问题需要全局考虑。例如：如何向以企业作为创新主体转化；科研带来的知识产权等法律问题；多单位协同开展科学研究的机制问题等。四是科研成果的转化

---

* 本文刊发于《北京教育》（高教版）2015 年第 4 期

收益。这样会引导科研人员瞄准国家重大战略需求、瞄准国计民生的重大问题，问题解决得越好、越彻底，收益越大。同时，有利于把项目一做到底，改变原来把发表论文、申请专利、结题作为项目结束的现象，打通最后一个环节。

@ **董会泽**（中国矿业大学党委宣传部部长）：

科学研究是高校的基本职能之一，如何有效调动科研人员的积极性，促进人才培养根本任务完成，是高校面临的重要课题。多年来，高校广大科研人员积极探索、勇于创新，成为国家科技创新体系不可或缺的重要力量，为培养高素质创新人才做出了重要贡献。但随着经济社会的发展、深化改革的不断推进，高校科研领域也出现一些不容忽视的问题，个别高校科研经费管理混乱，少数科研人员采用各种方式套取、骗取科研经费，甚至走上违法犯罪道路，以致该问题成为一段时期社会关注的热点，给高校的形象和声誉带来了很多负面影响。针对这些情况，一个政策性的问题必须引起我们的足够重视，就是我国现行的科研收益分配政策，对于科研人员激励作用非常有限，使他们的辛勤劳动得不到应有的尊重、利益也得不到应有的保障。因此，必须完善相关法律法规制度，充分尊重高校科研的基本规律，注重科技成果转化的特殊性，建立科研校内外激励机制，制定科研收益分配实施细则，努力建立一个合理有效的科研收益分配体系，促进高校科研工作健康有序展。

@ **铁铮**（北京林业大学党委宣传部部长）：

长期以来我国的科研成果转化率低，而科研成果不转化成生产力就没有意义和价值。其原因之一，就是科研人员转化科技成果的积极性不高。常常是一个科研项目通过鉴定了、验收了、得奖了，就"重打鼓、另开张"了。这是《中共中央 国务院关于深化体制机制改革加快实施创新驱动发展战略的若干意见》将科研人员成果转化收益比例，从现行不低于20%提高到不低于50%的一个理由。相信这一利好政策能够在一定程度上调动科研人员的积极性，鼓舞、激励他们重视转化、致力于科研成果转化。但仅仅是提高转化收益的比例显然是不够的。因为，利益的杠杆可以在一定程度上发挥作用，但并不是调动科研人员投身成果转化的唯一动力。特别是对高校的教师而言，并不是人人都把钱看得那么重。因此，强化科研成果转化，还需要出台更多的引导性政策、采取更多的措施。例如：科研成果验收、结题时，加大对成果转化的考核力度；科研成果评奖时，增加成果转化情况的权重；科研人员考核、晋升时，重视其科研成果的转化率，而不是仅仅看完成了多少科研项目等。

附　录

高校联考何时才能不"撞车"[*]

　　1月12日,"华约""北约"和"卓越"三大自主招生联盟不约而同将笔试时间由原计划的3月2日改成了3月16日,这意味着2013年的自主招生考试不仅是历来最晚,而且比前一年推迟了一个多月。自主招生制度实施以来,社会热议不断,考试时间撞车、科目缩减、生源危机加剧,2013年自主招生可谓变化多多。不管怎么说,自主招生都是对选拔优秀创新人才的新探索,但其是否能够促进教育公平,有待于不断完善自主招生制度。

　　@熊丙奇:2011年,三大联考推出的第一年,"北约""华约"考试时间"撞车",在舆论的质疑声中,两大联考终于错开一天时间;而到了2012年,"北约""华约"的考试时间再次"撞车","卓越"联考则晚一周进行,舆论虽再次质疑时间"撞车",可"北约""华约"没有再理睬;而今年,这三大联考,来了个大"撞车",全部放在同一天。对于联考"撞车",相关学校的解释有二:一是自主招生时间紧张,安排不过来;二是学生参加多个联考,最终也只能选择一所大学填报志愿,与其如此,还不如在考试时就做好选择。学校称,这是引导学生"理性选择"。

　　@《解放日报》:当被问及改期原因时,多校招生工作负责人表示"因教育部要求""延期并非己愿"。至于为何改期仍"撞车",他们表示希望考生根据

---

　　[*] 本文刊发于《北京教育》(高教版)2013年第2期

自身定位及特点，只选择最适合的盟校报考，并不希望考生为备考而加重负担，为赶考而"疲于奔命"。

@新华网：对于赶考意愿非常强烈的学生来说，也不是没有其他选择。复旦大学已明确表示，其在江浙沪地区的自主招生"千分考"，将不会和"三大联盟"安排在同一天。

@北师大二附中高三学生韩靓：其实自主招生也是和高考一起准备的，推迟肯定有影响，但合理安排的话，影响应该不会很大。

@高考专家梁挺福：考试科目减少，的确让部分考生优势变小，但总体上是让自主招生变得更简单，给学生减负了。可考试科目减少会让考生的分数特别扎堆，如何从一两分之差中选才，高校的选拔标准让人很担心。

@全国人大常委会委员朱永新：校长们普遍反映自主招生已经成为"小高考"，成为高校争夺生源的另外一个战场，同时大大增加了学生的经济负担和思想负担。建议取消自主招生的文化考试，加大农村学校和普通学校的推荐、自荐力度，加大录取过程的透明度。

@杨亚军：正如复旦大学校长杨玉良所说，自主招生对农村学生不公平：报考一所学校起码要三天，家长陪着去其他城市，食宿少则上千元，多则几千元，农村家庭又有多少负担得起？除了出行、住宿等高成本外，五花八门的考试内容也成了农村学生通过自主招生考试的"绊脚石"。

@《新京报》：日前，某大学圆梦计划的"考生资格"中有一项引发热议：被推荐考生家庭中三代之内无大学生的农村户籍学生。初衷虽好，却有不少人质疑规定太令人无语，也难以查证。通过大学自主招生的渠道，推动教育公平还远远不够。我们需要国家层面的制度安排。

@北京大学招生办：从很早开始，北京大学就努力对自主招生对象的城乡差别进行平衡，同时对家庭经济困难又希望能够通过自主招生的渠道进入到北京大学就读的学生，我们都给予了一定程度的经济资助和财政支持。我们希望能够通过这样的努力，使得一些身处偏远地区的孩子也能够有机会获得和发展较好的地区的孩子一样的机会。

@清华大学招办主任于涵：应届生认为自主招生向往届生开放了，就会使应届生的机会减少，这是不正确的。对应届生而言，他们本身占有机会，不应该以占有甚至剥夺往届生机会为前提。所以在自主招生选拔中，不应该去区分他是应届生还是往届生的身份，这才是机会公平。

就业率与专业捆绑是否合理？*

2013 年，全国普通高校毕业生将达 700 万人，但企业用人规模缩减，毕业生求职难度增加。为应对大学生就业难，有关部门一方面会采取措施应对，另一方面也会根据就业率调减招生计划或停招。在高等教育大众化和高校毕业生就业形势严峻的现实环境下，将就业率与专业捆绑是否合理呢？请听专家道来：

@解廷民（中国政法大学学生就业创业指导服务中心主任）：实现人才培养、社会需求与就业的良性互动是深化高等教育改革的重要目标之一。就业率仅仅是就业状况的重要指标之一，而非唯一指标。脱离毕业生就业的实际状况，要想全面提高质量、办好专业等人才培养工作无异于"只拉车、不看路"，也显然不可能顺利实现预期工作目标。

@孙宗瑞（北方工业大学建筑工程学院党总支副书记、北京高等教育学会就业研究会副秘书长）：减招或停招就业率低的专业，一方面有利于高校集中精力办好优势专业，更好地完成人才培养任务；另一方面是高校对学生负责任的表现。对就业率常年较低的专业，高校应该毫不手软地减招甚至停招，否则无法体现"办好人民满意的教育"。当然，对于一些就业率低但社会仍然需要的基础学科和人文学科，可以通过政府购买就业岗位的方式，实现毕业生的就业，而不是让这些专业的学生承担社会成本。

@林骥佳（北京理工大学招生就业工作处副处长）：就业率与专业捆绑，我个人觉得是合理的，问题不在于是否"捆绑"，而在于掌握好"捆绑"的松紧度。不同办学定位的高校侧重点不同，不同性质的专业也应该有所区别，长线专业与应用型专业无法用同一标尺衡量。就业率是社会需求的体现，专业设置与招生规模如果不考虑就业率因素，脱离社会需求，也不会有长远发展。同时，就业是民生之本，如果一个专业的毕业生绝大部分一毕业就失业，这不仅是教

---

* 本文刊发于《北京教育》（高教版）2013 年第 3 期

育资源的浪费，也是对学生和家长的不负责。

@马德富（用友新道科技有限公司高级副总裁）：针对目前高校中就业市场化程度较高的专业，将就业率与专业捆绑，有利于学校及其各专业主动深入研究行业与企业用人需求，重视教产与校企面向未来的深度合作，将学校的专业建设与行业企业的发展紧密结合，从而实现专业设置定位清晰，务实与前瞻结合；专业发展与时俱进，教育与产业互动；专业价值得到社会认同，育人与用人双赢。

@王伟（华北电力大学人文与社会科学学院副院长）：就业率不应该捆绑专业设置，高校的专业设置是为了培养全面发展的人进行的学术专业分工，而就业是个人综合素质在不同领域的展现，专业能力只是就业能力的一部分，而不是全部，因此专业设置应该分类考虑：一是对人类社会具有长远影响意义的基础研究专业，必须坚守学术理性，不能以就业率来考核专业设置。二是在本科生阶段开展通识教育，让其形成完整的知识结构，为就业和深造打下创新基础。三是对受市场需求波动性影响较大的专业，逐渐以高等职业教育培养为主，以就业率为主要指标进行专业设置评价和取舍。

@孙善学（首都经济贸易大学党委副书记）：职校依据职业需求设置专业，所以毕业生就业岗位与所学专业应该有很强的契合度。将这类学校学生就业的专业对口率作为教育评价内容是合理的。而对于普通高校来讲，所学专业的口径及其职业适应性要宽泛一些，若机械地把学生就业与专业"挂钩"进行评价就不够科学。其实，学生从在校学习到工作，角色的转换是一个非常重要的社会命题，西方一些国家为此构建了专门的转换体系和法律制度。我们把任务完全交给高校不合理，高校也难以完全落实。

@胡启镔（北京邮电大学人文学院党委书记）：显然不太合理。如果比较功利，那自然强调哪些专业受社会热捧就主办哪些专业，就业率固然可观。从全局以及学科结构方面来看，一些冷门专业、长线专业还是具有存在价值和需要鼓励的。自然环境强调和谐生态，学科环境同样需要这样，不能唯就业率而论。

@张春萍（北京工商大学党委宣传部部长）：对一些专业限招是合理的，但只以虚实难辨的就业率来决定不科学。目前的就业率由高校自报，其包含的灵活就业率可能水分很大。应科学评估就业率，综合考虑专业师资、学科建设水平、就业前景等并以此来决定专业去留。

学生论文作弊，导师连坐该不该？*

中国高等教育的规模已经位居世界首位，但我国研究生培养质量不高一直是很多人所诟病的地方。学位论文作弊可能是造成这个问题的原因之一，作为论文指导者的导师是否应该为学生论文作弊而负责，甚或被连坐，且看专家观点：

@郑秀英（北京化工大学理学院副书记）：导师作为在校大学生，特别是研究生的"学术监护人"，不但要承担起学生学术培养的职责，更要对其道德品质进行严格把关，以实现学生全面发展的培养定位和目标。在学生出现抄袭等不端行为时，导师应该负有重要责任。然而在校大学生和研究生作为具有独立思想的成年人，其思想具有开放性和自由性，当出现论文抄袭现象时，还应根据具体情况进行具体分析。

@范明（北京工业大学人事处）：关于学生论文作弊，要分两种情况：一是投稿论文作弊，如果导师署名，导师要承担部分责任，如果导师不署名，由学生承担全部责任。二是学位论文作弊，由于学位论文撰写必须经导师指导，目前一些高校研究生管理部门具备学位论文查重职能，所以导师不能推卸学生论文作弊的责任。

@韩世文（中国教师报记者）：连坐必须有一套细致的评价和惩罚标准，包括如何评定导师责任，连坐的等级和惩戒方式等，既要符合法律法规，又要符合教育和科研背景。

@卢晓东（北京大学元培学院副院长、研究员）：对于目前处于学习阶段的学生，特别是那些需要写论文的学生，应该在其前期加入有关学术规范的教育，明确何种行为属于抄袭作弊；如果这类情况发生，学校会如何处理。在此之后如果学生发生这类行为，可以给予涉及学籍和学位的处理决定。当然，如果学校在这方面失于教育和告诫，那么对于学生的处理就不应当过重，对于指导论文的教师连坐给予处罚是不适当的。因为老师给予了学生论文指导，由于失察

---

* 本文刊发于《北京教育》（高教版）2013 年第 4 期

未发现学生抄袭作弊，属于一种疏忽，予以告诫就可以了。导师连坐等严刑峻法，过去从来没有解决过问题，今后在逻辑上也不会。

@洪成文（北京师范大学高等教育研究所、首都高等教育研究院教授）：尽管学生作弊与导师失察有关，但是"连坐"思想显然有法律上的漏洞和管理的简单化倾向。从法律上讲，你总不能因为孩子犯了罪，就将其父母也关进监狱吧？就管理而言，你也不能因为学员违反交通法规，而将驾校的教练一同治罪吧？因此，将导师与学生的论文作弊做简单的对应关系处理，显然是思维简单化。解决作弊问题：一要明确论文作弊的边界；二要加强教育和引导；三要明确作弊的危害和严重后果。让学生知其后果，方能产生威慑作用。

@朱启臻（中国农业大学农民问题研究所所长、教授）：学生论文抄袭教师连坐，是对师生关系的混淆。有的学生称自己导师为"老板"，有的认为学生是"上帝"，导致了纯洁师生关系的极大扭曲，一些师生关系紧张，出现矛盾也与角色认知错误有关。连坐制同样是对教师和学生角色认知错误的表现。师生关系是教育者与被教育者的关系，不是合伙关系，就像贪官的老师和提拔他的领导不能连坐一样，如果学生犯罪是否导师也要连坐？教师只是负有教育责任，而没有连带责任。除非教师明知道学生抄袭而放任或指导学生抄袭，当与作弊同论，其他情况则不能同日而语。何况在信息文献高度发展的今天，教师发现学生抄袭的难度同其他人并无太大区别。

@刘慧珍（北京师范大学高等教育研究所副教授）：本人的意见是文责自负，导师不应该受到惩罚。导师对研究生的教育指导是有责任的，但责任只在于教导学生如何做学问和如何做人，最终的选择权在学生手中，所以学生该为自己的最终选择负责任。如果仅因为研究生论文剽窃而惩罚导师，是封建株连思想在学术管理事务中的表现。如果这样的株连原则延伸下去的话，学生剽窃该受到惩罚的就不止导师了，学校领导呢？教育部也做了相关的规定，学生违背了这些规定，教育部的领导是否受罚？再推而广之，个人违法，最高立法机构领导们是否该受罚？我承认惩罚是预防和制止错误行为的有效工具，但惩罚要足够严厉、对象要足够准确才能有足够的威慑力。学生剽窃惩罚导师是责任转移，只能削弱相关规则对人的威慑和约束力量。

复旦大学黄洋的离开给我们留下了什么?*

2013 年,"复旦大学投毒案"一度成为媒体热议的焦点,这个案件的发生让我们觉得特别痛心和惋惜。无论最终的作案动机是什么,都不能成为一个人剥夺另一个人生命的理由和借口。尽管我们并不想通过这种付出生命的方式来反思和完善什么,但同时我们也清醒地知道确实需要我们每一个看似无关的人来弥补和完成一些事情,以避免类似悲剧的发生。

@谢宝富(北京航空航天大学公共管理学院教授):"复旦大学投毒案"是高校学生群体中的个案,但"苍蝇之微中有宇宙之大",个案之中不乏普遍性问题的影子。中国的教育体系需要反省了,不仅是高校要思考,在给学生以专业技能的同时,怎样给学生以健全的心理素质,而且中国的小学、中学、各级教育部门和我们的家长们更需要思考:究竟是超常的学习能力重要,还是正常人的思维和心理更重要。

@刘海骅(北京大学学生心理健康教育与咨询中心主任):首先,个体人格是一个复杂的心理结构,很难仅通过一般社会交往行为进行预测,虽然黄洋和林某平时均被同学们看作是"阳光、热心、活跃的",但在近距离的宿舍交往中,他们内心应对问题、处理分歧、解决矛盾的风格可能与表面行为举止完全不同,甚至截然相反;其次,挫折理论认为,尽管是日常琐事引发的矛盾,但因一味回避,缺乏有效沟通而使愤怒长期累积,同样会诱发激烈的攻击行为;最后,无论是他杀还是自杀,都是一种极端形式的攻击行为,是对生命缺乏敬畏心、同理心、尊重感的表现。

@曹专(北京师范大学生命教育研究中心主任助理、中国生命教育网执行主编):首先,这是生命悲剧,悲剧背后是人性的罪恶和教育的无力;其次,这是小概率的生命悲剧,不宜过度放大,放大到让我们看不见人性的美好和教育的光辉。而且,我们不能把所有人性问题都归罪于教育?教育如能消除人性之恶,那么坏人就不能存在于时空之中了。性恶是毒草,教育不过是野火,野火烧不尽,春风吹又生!

---

* 本文刊发于《北京教育》(高教版) 2013 年第 5 期

@张宏宇（北京工商大学心理素质教育中心副主任）：用伤及人命的方式来处理内心的失衡与人际的失和，拷问的与其说是一个学子的最基本良知，毋宁说是拷问着社会文明的底线、教育与家庭的责任。不妨审视，在追逐快速发展的今天，我们失去了什么？迷失了什么？需要弥补何种缺失？什么样的社会、教育与家庭能够滋养健全的心灵世界，让我们能够安然地信任——信任教育、信任食品、信任医生、信任路人、信任邻居、信任同学、信任室友，让我们无须调侃：感谢室友不杀之恩。

@熊丙奇（21世纪教育研究院副院长）：可以说，在任何教育环境和社会环境中，都无法消除极端的个案，但是，是可以采取办法减少极端案例发生的。如果不遏制我国教育的功利化趋势，不在学校教育、家庭教育中关注学生除知识之外的生命教育、心理教育、人格教育等这些影响一个人终身发展的教育，那么，类似的极端个案还会发生。

MOOC、网上大学等会使大学消亡吗？*

信息技术的发展以及网络的普及引起了高等教育领域的教学模式发生了巨大的变化，来自世界知名大学的MOOC（大规模在线课程）使人们可以足不出户就享受到优质的教育资源。英国一份《雪崩来了》的报告认为网上大学的兴起会引导高等教育领域发生一场革命。英国首相府前顾问麦克尔爵士说，如果十年之内英国没有几所大学关门，他会感到"非常吃惊"。真的是这样吗？

@赵国栋（北京大学教育学院副教授）：MOOC正在朝着给学习者颁发学习证书、推荐工作机会，甚至给予学分这些令人惊讶的方向发展。这些新特点引起了愈来愈多研究者的关注，有人甚至发出了"MOOC可能会使大学消亡"之感叹。真的会出现这样的结果吗？这是不可能的。原因很简单：从科技发展史的角度看，当任何一种新技术出现时，都曾出现过类似的预言，从爱迪生时代的电影，到如今的互联网，都曾有诸多预言学校消亡之言论。但结果呢？互联网的出现确实给如今的知识创造和传播带来了全新的载体和方式，但它并没有真正改变大学这种作为当今社会最庞大的知识生产体的内在运转规律，知识创

---

* 本文刊发于《北京教育》（高教版）2013年第6期

造和文化传播仍然按照其自身规律在发展。换言之，某种新技术或许可以加速这个进程，但不可能彻底改变这个进程，更遑论使大学消亡。

@蒋香仙（中国人民大学教务处副处长）：跨时空、跨地域的网上在线学习方式由于自身的一些独特优势，已经形成了一种学习潮流，尤其受到高校学生的欢迎。但这种学习模式有其局限性：对学生来讲，如果完全靠网络学习获取知识，久而久之学生的团结协作等群体意识会渐渐淡薄，归属感也不强，不能很好地促进学生的全面发展；对教师来说，要通过言传身教来帮助学生成为对社会有用的人、有健全人格的人。而在网络学习模式中，教师只能言传却无法身教。网络在线学习的局限也正是传统课堂教育的优势。所以说，MOOC、网上大学等应该只是一种辅助型的学习方式，是知识学习的一种补充手段，而不可能完全替代传统课堂教学模式尤其是其所具有的育人属性。最理想的状态是两者有机结合而不是"一边倒"，大学是不会因为网络学习方式的冲击而消亡的。

@冯海荣（中国戏曲学院党委宣传部部长）：信息技术飞速发展，将对教育教学带来革命性影响，但归根结底起到的是辅助作用。教育是一门需要用心的职业，比如戏曲艺术教育秉承的是"口传心授"的方法。相信无论任何专业，学生面对教师时接收到的不只是知识和技能方面的信息，更有教师个人魅力修养对学生做人做事的示范。这种潜移默化的影响不是网络教育所能做到的。课堂互动的氛围和效果也是网络互动所不能替代的。

@刘霄（北京市教委高教处副处长）：MOOC正在引领高等教育课程改革的风潮，逐渐兴起的网上大学也偏重于课程教育，但网络课程教育的互动性还不强，短期内仍无法达到高校面对面课程教学的效果。课程教育只是高校教育的一小部分，实践教学、校园文化熏陶这些对互动性要求更高的环节，以目前的网络条件难以实现。当然，随着3D技术、虚拟现实技术、网络传输技术的飞速发展，更多的大学教育可以在网络上完成。例如：化学燃烧、机械加工、地质勘测这样的实验和实践，都可以在网上虚拟的环境中完成，但这注定需要一段很长的时间，而且成本难以预料。相较而言，传统意义上的高校教学更简便快捷、成本较低，因而高校不会消亡。

@廖青（北京服装学院副院长）：大型开放式在线课程等新兴教育方式必将成为未来高等教育的重要组成部分，但我个人认为：它们并不能使传统的大学教育形式消亡。教育不仅仅是知识的传授，更是人格的培养。学为人师、行为世范的优秀教师日常的言传身教显然在实体教学环境中才能更好地展现。同时，由于网络教育缺乏人与人面对面的语言交流和情感沟通，对于人的非智力因素的培养有明显的欠缺，它也无法提供某些必须借助实体环境才能完成的实践教学。

给新生导师发经费是噱头、探索抑或?*

近日，有媒体报道："中国人民大学给每位新生导师发两万元请学生吃饭"。经本刊求证，此消息并不准确。中国人民大学业已做出回应：学校发给每位新生导师 1 万元作为课程建设费，用于课程准备、资料印刷以及师生交流等。设置"新生研讨课"，强调课外实践和师生交流。尽管这个举措最终会给学生培养质量带来什么样的影响，或是对提高中国高等教育质量带来什么样的影响都未可知，还有待观察，但这一举措已引起了学界的关注和热议。让我们看看各方的观点：

@刘慧珍（北京师范大学教育学部高教研究所）：笔者认为这是中国人民大学人才培养模式改革的重要举措，也体现了学校新的本科人才培养模式自"关爱新生成长"开始，完成从注重专业发展的传统教育目标，向育人为首的新教育目标的转变。这些改革代表了高教的进步，是时代所需也是社会所盼。引发媒体关注的是"新生研讨课"的课程建设费，因其涉及学校课程管理制度的基本原则和教学经费的分配原则问题。笔者担心，这种以特例形式发放的课程建设费，会否暗示灵活的教学形式比规范的教学内容更重要？传授社会适应性知识比传授学科知识更受学校重视？1 学分的非系统知识性的课程建设费用如此高的话，那些 3 学分的系统知识课程该给多少课程建设费？有课程建设费的课程与没有课程建设费的课程评价标准是否该有所不同？如果按照公平原则进行分配的话，学校的教学经费够用吗？如果特事特办的话，会不会带来教学管理的新问题？

@施枫（北京工商大学教育研究中心）：中国人民大学"新生导师"制借鉴了英国牛津大学、剑桥大学导师制的做法，鼓励学生与导师面对面地交流，

---

* 本文刊发于《北京教育》（高教版）2013 年第 7 - 8 期

促进学生与教师的交流互动，这项教改举措是提高本科教学质量的有益尝试。近年来，我们的本科培养没有受到足够的重视，师生之间接触的时间大多在课堂上，这对人才培养来说是有欠缺的。特别是本科新生要适应从高中生到大学生的角色转变，他们在专业学习、人生规划等方面需要指导，现在很多学校主要靠学生辅导员等学工干部来解决这些问题。在这方面由一些学术功底深厚、经验丰富、有责任心的专业教师担任导师更具优势，这些教师在与学生交流的过程中培养学生看待事物、评价事实、将事实联系起来分析问题的能力。为了鼓励新生导师把活动开展得更丰富，学校提供一些经费支持是非常必要的，这些经费也是人才培养成本的一部分。

@蒋广学（北京大学《北大青年研究》主编）：讨论问题首先应该建立在对信息真实性加以甄别的基础上。所谓"给导师每人发2万请学生吃饭"的说法以偏概全。这则新闻的传播发展突出反映了提升公民媒介素养的重要性。回归到高等教育本身，一所高校的"小动作"就能引起社会各界的"大反响"，高度关注的背后体现出的是高度期待。对于高校而言，只要对学生长远发展有利的举措都应该得到支持和实践；而对于社会而言，给高校更多的探索空间和试错机会，用建设性的意见代替无意义的牢骚，或许是对教改最好的支持。

@张树辉（中国青年政治学院党委宣传部）：在教育资源局部相对充裕的前提下，通过发钱鼓励教师与学生加强交流无可厚非；在现有教师收入构成未名列此项开支的前提下，此举似还应鼓励和提倡。但是，在有条件或没条件发钱的学校，教师均不应以是不是拿到钱而判断要不要加强对学生的课下指导，因为传道、授业、解惑是为师之根本，也是职业特征所必须。有钱要传道，没钱照授业，贴钱也解惑，实为教育之幸事。

@高玉峰（北京语言大学教务处）：新生导师制对于使大学新生尽快适应大学生活、明确专业学习方向具有积极的意义。人才的培养需要多种途径，不仅限于专业知识的教与学。学生人格、心理素质、适应能力等在一个人成长阶段最需要被培养的素质并没有在进入大学前受到足够重视。学校为导师拨专款用于推进此项工作，表明了对此种做法的肯定与支持，学校将用于学生培养的经费提供给导师支配，加强与学生的沟通交流是有必要的，这在教学经费的使用上也是个大胆的创新。与此同时，做好经费使用的监管也是需要与之并行的工作。

后　记

2013年2月《北京教育》（高教版）开设了《话题圆桌》栏目。本书以该栏目见刊稿为基础进行了再加工，并按照话题的内容进行了分类。每一类中基本按刊出的时间顺序排列。该栏目从2013年10月起由铁铮教授任主持人，其栏目风格和形式一直保持至今。为保持本书文稿统一和栏目内容的完整性，特将前几期的内容以附录的形式加以呈现。文章作者的身份、职务等信息，均与见刊时保持一致。

在各方面的共同努力下，本书即将与读者见面了。值此付梓之际，对支持该栏目的专家、作者，以及为该书出版给予大力支持的北京林业大学、北京教育音像报刊总社、九州出版社，表示衷心的感谢。

编者
2021年9月5日